Le bonheur pour une orange

n'est pas d'être un abricot…

Dans la même collection, entre autres

Harem, D. Zintgraff et E. Cevro Vukovic

Comment les jeunes deviennent des assassins, comprendre et enrayer la violence des jeunes, Dr. Michel Bourgat

Enquête sur les disparitions, Jacques Mazeau

Peut-on rire de tout?, Me Gilbert Collard et Denis Trossero

Irak, l'apocalypse, Père Jean-Marie Benjamin

Falun Gong la voie de l'accomplissement, Li Honghzi

Peut-on vivre avec l'Islam, Jacques Neirynck et Tariq Ramadan

Éditions Favre
Siège social
29, rue de Bourg – CH-1002 Lausanne
Tél.: 021/312 17 17 – Fax: 021/320 50 59

Bureau de Paris
12 rue Duguay-Trouin – F-75006 Paris
Tél.: 01 42 22 01 90

Dépôt légal en Suisse en février 2001

ISBN: 2-8289-0576-4

Texte enregistré au S. N. A. C. sous le N° 5-2324

Photo de couverture: Jean-Louis Soularue
Couverture: Naturalis Sapientia Audacia

Catherine Preljocaj

Le bonheur pour une orange n'est pas d'être un abricot...

FAVRE
récit

Ce livre n'aurait pas pu voir le jour sans le soutien inconditionnel de Gina Hota et l'aide inestimable de Catherine Leclercq.

Merci à Viviane Lerner ; l'*allegro ma non troppo* restera dans nos mémoires… Merci à Joëlle ; tant pis pour le champagne… Merci à Gisèle ; n'oublie pas de renvoyer le livre de cuisine sur les pâtes… Merci à Fanny ; tu vois, j'y ai perdu mon passé, simple… Merci à mon neveu Tonilitch pour ses sauvetages informatiques…

Merci à Alexandre Zotos pour la traduction du chant des noces albanaises. Merci à Gabriel Fabre De La Ripelle pour sa participation au titre. Merci à Natalie Beunat de m'avoir encouragée à finaliser ce projet. Merci aux éditions Favre, tout particulièrement à Sophie Pilloud.

Merci à Nadine Castein, Béatrice Tattarachi, Dominique Guyot De La Hardrouyère pour l'art d'accompagner les Baby's Blues…

Aux âmes sensibles

« Se cacher est un plaisir, mais ne pas être trouvé est une catastrophe. »

Donald W. Winnicott

22 juillet 1990. Paris.

Je le sens, c'est grave.

J'essaie de joindre Chantal depuis ce matin, j'ai même insisté plusieurs fois, sa secrétaire m'assure qu'elle me rappellera plus tard, en fin d'après-midi.

Dans mon lit, complètement nouée, impatiente, je calcule : elle aurait déjà dû m'appeler avant-hier… D'habitude, elle me prend toujours en ligne… Chantal est gastro-entérologue. L'examen qu'elle a pratiqué la semaine dernière a révélé une ulcération plus importante et la nécessité d'une opération de l'estomac. Nous attendons le résultat des prélèvements transmis au laboratoire.

À la première sonnerie, j'ai bondi sur le téléphone, c'est elle.

– Catherine, excuse-moi. Je sais, j'ai mis du temps à t'appeler mais j'ai voulu vérifier tous les résultats et joindre des spécialistes. Il y a un problème… Les examens mettent en évidence un emballement anarchique des cellules. J'ai pris un rendez-vous pour toi à Villejuif.

Silence… Le combiné coincé sur l'épaule, les mains sur mon ventre, j'ai compris…

– C'est un cancer ?

– C'est un lymphome… Ça se soigne très bien avec la chimiothérapie. Il y a une très bonne équipe à Villejuif.

– Je ne veux pas aller là-bas, chez les cancéreux. Tu le sais, cette maladie a emporté mon oncle, il y a de cela deux mois, en si peu de temps… Non, je ne peux pas, cela va affoler ma famille…

Elle me propose de trouver un autre service, aussi performant, mais à Paris. J'accepte et raccroche, complètement KO.

C'est le coup final… Je suis maudite ! Ce n'est pas vrai !… Pas moi ! Qu'ai-je fait de mal pour mériter ça ? C'est sûrement un mauvais rêve, un horrible cauchemar… Non, la douleur est bien réelle ; j'ai un couteau planté au milieu de l'estomac, il me poignarde plus violemment encore depuis deux ou trois minutes. J'ai peur, très peur… Tout à coup, j'ai la sensation d'une fièvre qui se propage dans mon corps à une vitesse folle, mon désarroi augmente… Me voilà prise de vertiges. Non, ne pas fermer les yeux… Se lever, réagir, ne pas céder à l'angoisse. Mon corps est devenu glacé. Debout, je tremble comme une feuille… et m'écroule sur le lit.

Panique totale, cela me soulagerait de pleurer mais ma gorge me fait soudain horriblement mal, elle aussi. Je ne peux pas pleurer, ne veux pas… J'ai la sensation que si je lâche le contrôle, une seconde, un quart de seconde… C'est ça… Je vais mourir ! Je pense à Rock, le décès de mon oncle fut ma première confrontation directe avec la mort. Les deuils ne sont pourtant pas rares dans notre grande famille, notamment à l'étranger, mais la distance permettait que la chose m'apparaisse lointaine, elle était si impalpable… que je me croyais intouchable ! Je revois parfaitement le déroulement de cette journée du 11 mai dernier. La veille, je m'étais couchée très tard. J'avais assisté à l'avant-première du film *Rêves* de Kurosawa. Étrangement, le dernier songe du cinéaste japonais mettait en scène une joyeuse et magnifique cérémonie funéraire… Ensuite, avec Anne, ma voisine, et des amis communs, nous avions fêté ses trente ans. Il faisait si doux que nous étions rentrées à pied.

* * *

11 mai 1990. Paris.

Je dors profondément. Le téléphone sonne. Il doit être à peine sept heures du matin.

– Cathy, c'est Sylvie… J'ai une mauvaise nouvelle à t'annoncer… Rock est mort !

Ma sœur est en larmes. C'est impossible ! Cela fait sans doute partie de mon rêve… Mon oncle a subi une opération la semaine dernière. Elle s'est très bien passée et les médecins étaient optimistes… Quelle heure est-il ? Je réalise…

– Quand est-ce arrivé ?

– Ce matin très tôt. Dépêche-toi. On t'attend chez lui.

J'ai beaucoup de peine et j'imagine aisément le chagrin de mon père. Rock est son seul frère en France. Tous deux n'ont pas revu les membres de leur famille depuis plus de quarante ans. Eux vivent en Albanie, nous sommes Albanais, du moins mes parents ; nous, leurs cinq enfants, nous sommes tous nés en France. Alors que la tradition exige, chez nous, de ne pas écouter de musique, pendant au moins quarante jours, afin d'honorer en silence la mémoire du défunt, j'enclenche délibérément le disque compact du *Requiem* de Fauré, le plus léger et le plus angélique que je connaisse, et l'offre à Rock. Pressée par le temps, je sélectionne les deux derniers morceaux. Tandis que les voix s'élèvent dans l'appartement, puissantes mais cristallines, je participe silencieuse et recueillie à cette prière, ne sachant que faire d'autre. Ma tristesse évolue avec les chœurs.

Plus tard, un peu libérée, j'avais rejoint ma famille. La journée fut très éprouvante : ma mère me demande d'aller veiller mon oncle au funérarium. Est-ce dû à la fatigue, à la tension des émotions contenues ou bien au choc ? les douleurs m'ont repris de plus belle…

– Maïco [Maman], je t'en prie, je ne peux pas y aller. En tout cas, pas aujourd'hui, j'ai très mal à l'estomac, je ne me sens vraiment pas bien.

Elle ne veut pas me croire, elle insiste :

– C'est de la comédie ! Tu n'as pas le choix, tu dois y aller !

– Non, je ne suis pas en état de le voir ni de le toucher… J'aimerais, autant que possible, conserver le souvenir de Rock vivant…

– Arrête ton cinéma ! Tu veux jeter le voile de la honte sur notre famille ! À ton avis, que vont penser les gens, hein ? Tu n'as pas de cœur… Tu ne feras donc jamais d'efforts pour nous ?

Encore une fois, j'étais la mauvaise fille de la tribu… Malgré tout – j'ai l'habitude de ses scènes – je décide de rentrer chez moi et passe tout le week-end alitée, tant mon estomac me fait souffrir. Le décès de mon oncle m'a touchée beaucoup plus que je ne l'aurais imaginé. Nos relations n'étaient pas très affectueuses mais Rock avait vécu chez mes parents pendant douze ans. Mon frère, ma sœur et moi étions alors tout petits. En fait, je n'ai appris à le connaître et à l'aimer que depuis peu, la maladie nous avait permis de nous rapprocher. Son départ n'en est que plus douloureux.

22 juillet 1990. Paris.

À l'évocation de cette journée, la dureté des propos de ma mère martèle ma tête et l'angoisse de la mort me reprend plus fort encore ; c'est mon tour…

– Tu vois Maïco, ce n'est pas de la comédie, je vais mourir…

Dehors, tout est baigné de lumière. Le soleil brille trop fort pour moi. Je me lève et ferme les volets. Cette obscurité me va bien ; dans ma tête, c'est le noir complet. Prostrée sous la fenêtre, je fixe tous les détails de la pièce ;

mon lit défait, les vêtements de la veille posés sur la chaise, les cigarettes à moitié fumées depuis ce matin dans le cendrier marocain, le poster du film de Woody Allen, *Manhattan*, unique souvenir de mon séjour à New York, la minichaîne hi-fi, offerte par mes amis lors d'un anniversaire, le tableau placé au-dessus de mon lit, cadeau de Carolin, mon ex-voisin de la rue Edouard-Jacques. Un peu plus à gauche, décalé, le panneau en liège sur lequel sont entassées toutes les photos de ma vie, le plan de métro new-yorkais, celui de Madrid, où j'ai passé quelques mois et celui de Londres. En dessous, à hauteur de mes yeux, les billets des spectacles auxquels j'ai assisté : Charles Trenet au Châtelet, Nina Simone, Higelin, Gainsbourg et tant d'autres… Celui d'I Muvrini, punaisé il y a trois semaines, me rappelle le dernier spectacle dont je me suis occupée. Les images de ces concerts me reviennent. Vais-je pouvoir continuer à travailler ?

Recroquevillée sur moi pour calmer le feu dans mon estomac, l'oreille sur la moquette, j'entends le vrombissement du métro. La vie est à l'extérieur, elle continue… La maladie de mon oncle aura duré moins d'une année. Combien de temps me reste-t-il à vivre ? Dois-je compter en semaines, mois ou années ? J'ai envie de crier tant j'ai peur. J'attrape le téléphone, il faut que je parle à quelqu'un.

– Anne, j'ai un problème… Tu peux venir ?

Ma voix blanche lui fait comprendre l'urgence. Immédiatement, je l'entends claquer sa porte, monter et sonner. Je lui laisse à peine le temps d'entrer. Comment lui dire… m'en débarrasser ?

– Anne, j'ai les résultats des examens, c'est un cancer…

Elle me regarde en silence, ne peut me répondre, des larmes emplissent ses yeux. La voir pleurer m'y autorise ; j'explose dans ses bras.

– Je ne veux pas mourir ! Je suis trop jeune, ce ne serait pas juste de mourir, pas maintenant… Tu comprends ?

En me caressant les cheveux, Anne tente de me réconforter :

– Tu vas t'en sortir, j'en suis sûre…

Quel courage de me répondre cela, son père s'est longtemps battu contre un lymphome. Voilà pourquoi j'ose en parler avec elle. Anne prend la situation en mains ; elle arrive à joindre rapidement au téléphone le professeur qui a suivi son père et lui expose mon cas. Nous avons branché l'amplificateur. Ce monsieur va droit au but.

– Anne, tu sais que ton père est décédé des suites d'un lymphome, je vais être franc, c'est très grave.

Il lui pose diverses questions auxquelles elle répond pour moi. Il finit par demander si je suis mariée, si j'ai des enfants.

– Non, elle n'en a pas.

– Anne, je crois que c'est mieux ainsi…

C'est vraiment si dramatique ? Cet appel, censé nous rassurer, me fait l'effet d'une douche glacée. J'ai l'impression d'être sur un ring depuis une heure, j'encaisse les coups, les uns après les autres.

Les heures suivantes semblent irréelles, Anne me force à l'accompagner faire des courses pour le dîner, au supermarché, elle achète notre plateau repas préféré : tarama, saumon fumé, blinis, citron et une bouteille de bourgueil.

– Anne, c'est gentil mais je n'ai pas faim, ce n'est pas la peine…

– On ne va pas se laisser abattre, un mal suffit !

Dans la soirée, nouveau coup de fil de Chantal. Elle a pu m'obtenir un rendez-vous avec le professeur B., chef du service d'hématologie de la Pitié-Salpétrière, dans quatre jours, une éternité.

Il est très tard, impossible de trouver le sommeil, première nuit blanche à ressasser les mêmes questions. Pourquoi moi, comment cela va-t-il se passer, vont-ils m'opérer ? Et la chimio, est-ce douloureux ? La mort peut-elle me prendre là, et m'emporter tout de suite ? Quand va-t-elle se manifester ? Ai-je seulement une chance, une petite once d'espérance de m'en sortir ?!

C'est si brutal ! Cette maladie hypocrite est sournoise ; rien n'apparaît à l'extérieur, pas d'accident, pas de sang, aucun choc, pas de boule ou tache, ni même de cernes gris le matin au réveil, devant la glace… Juste cinq kilos en moins, cela me convenait plutôt bien… Tout était donc dissimulé en moi. Quel en était le signe ? Uniquement cette douleur acide, brûlante, omniprésente. J'essaie de comprendre, recherche obstinément le début de l'histoire. Peut-être depuis janvier, de cette même année ?

* * *

À cette époque, stressée par mon travail – je suis assistante de direction dans une agence de communication – je fume deux paquets de cigarettes par jour, abuse de café, consomme régulièrement des somnifères pour m'endormir et des vitamines pour me réveiller. À ce régime, mes aigreurs à l'estomac ne m'étonnent pas mais je subis le désagrément d'une fibro ; le médecin mentionne une petite gastrite.

– Je vous rassure, c'est normal, vous êtes fumeuse, conclut-il en me prescrivant de simples pansements.

La douleur persiste.

Début mai, elle devient si intense que je m'invite à dîner chez mon amie Marie-Françoise, j'ai besoin d'avoir son avis, elle me suit depuis des années. Mon médecin traitant repousse mes inquiétudes :

– Tu es trop stressée. En janvier, tu n'avais rien. Le compte rendu de la fibro de janvier ne t'a pas rassurée ?

– Si, mais c'était il y a quatre mois. Aujourd'hui, c'est peut-être devenu organique ?

– Écoute Cathy, je te le répète, c'est dû au stress, c'est dans ta tête… Si tu n'as pas confiance en moi, refais une fibro à la prochaine crise !

Personne ne veut donc prendre en considération mes symptômes ? Trois jours auparavant, une amie m'a répondu à peu près la même chose tout en précisant le fond de sa pensée :

– C'est dans ta tête… Tu n'as qu'à changer de job et de mec !

– Ya qu'à… Ya qu'à ! Facile à dire ! Vous n'auriez pas autre chose à me proposer ?

Sa réponse m'a agacée. Effectivement, je me suis plainte de mes conditions de travail, des mauvais rapports avec Martine, ma boss, de ma relation épisodique avec un homme marié… Comme à l'agence, Martine me chantait le même refrain, à force, j'ai accepté de les croire. Et de me taire.

Je me suis tue jusqu'à ce matin-là…

Au réveil, une crise encore plus violente m'oblige à rester couchée. D'un coup, la douleur me coupe littéralement le souffle. Pendant deux heures, j'essaie mes petits remèdes habituels, un verre de lait chaud, du Maalox, quatre sachets, et toutes les positions, les unes après les autres, allongée, debout, accroupie, rien ne peut l'apaiser. Je préviens Martine de mon absence. Elle n'apprécie pas du tout et sa réaction me peine. En fait, on se trouve en plein pont de l'Ascension et je m'étais proposée de lui donner un coup de main sur un dossier. Férié ou pas, je me rends aux urgences de Saint-Antoine, j'habite en face.

Après l'examen, le médecin s'étonne de ma résistance :

– Pourquoi avez-vous attendu si longtemps et comment avez-vous fait pour supporter la douleur avec un trou pareil ?

J'en veux à tous ceux qui m'ont bassinée avec leurs considérations psy. « Tu vois, docteur, c'était dans la *cabeza*... » Bien, au moins, je sais enfin ce que j'ai ; des gens avec des ulcères, on en connaît tous.

Fin juin, l'analyse des biopsies a révélé une inflammation, il me faut d'autres rendez-vous avec un gastro-entérologue pour comprendre que le problème semble sérieux. Au premier, le spécialiste m'assure que tout cela va s'arranger, que mes maux sont dus au stress... Il me prescrit un arrêt de travail, mais, lors de la dernière consultation, il émet un étrange commentaire :

– C'est étonnant, cette infection touche généralement les personnes bien plus âgées...

Cette phrase ne cesse de tourner dans ma tête au point de m'empêcher de dormir et d'en parler dès le lendemain à une de mes clientes. Gladys me conseille de changer de gastro et me recommande une de ses amies.

Avec Chantal, je me suis sentie immédiatement en confiance.

À l'hôpital, je vois arriver d'un pas rapide une jeune femme dynamique, de petite taille, toute menue, avec de grands yeux noirs, un joli visage, encadré par une longue chevelure brune. En dépit de sa blouse blanche, Chantal n'a ni l'air ni les attitudes d'une toubib. Contrairement à certains de ses confrères, elle sourit souvent pendant l'entretien et m'impressionne par la pertinence de ses questions et la qualité de son écoute. D'emblée, Chantal entreprend un véritable travail d'investigation, exige des prises de sang multiples, de nouveaux examens, change la posologie des médicaments et reconduit l'arrêt maladie. C'est ce qui m'a décidée à partir au soleil, dans les Landes où, pendant deux semaines, j'ai énormément dormi et passé la plupart du temps à la plage. Rentrée à Paris avec une mine superbe, grâce à ce repos, je me sentais en forme mais mon corps, lui, continuait de souffrir.

25 juillet 1990.

Aujourd'hui, le verdict est tombé. C'est un cancer.

À présent, je regarde la vie comme si elle m'avait déjà quittée. Soudain tout m'émeut, le beau comme le laid ; ce matin, j'ai croisé un jeune homme qui courait, se faisant la voix sur un air d'opéra italien et balançant en rythme une rose rouge à la main. L'insouciance de ce garçon m'a donné envie de pleurer. « C'est ça, cours... Ne t'arrête jamais ! »

Face à ce bonheur auquel je n'ai plus droit, les idées les plus sombres m'assaillent... Mort : le mot s'imprime dans mon cerveau mais également sur tous les éléments qui s'animent autour de moi ; je la devine sur les visages, les corps, jeunes ou vieux. Les gens me dévisagent, l'angoisse m'oppresse... Je me cache chez moi. Je rencontre mes proches. Je ne leur ai jamais dit que je les aime, comment pourrais-je leur annoncer que j'ai un cancer ? Je redoute surtout la réaction de Gina, ma grande sœur. J'ai eu mille fois envie de lui révéler le nom du mal qui me ronge, mais rien de ce que j'ai minutieusement préparé n'a pu sortir de ma bouche. C'est à mon frère que je demande de l'aide, en général, je me méfie du sens aigu du *drama* familial balkanique, mais je sais qu'Angelin est plus posé ; c'est un artiste, un chorégraphe, il est habituellement très occupé et souvent absent de Paris. Son répondeur m'oblige à lui laisser un message clair :

– Angelin, c'est Tika – il m'a donné ce surnom – j'ai un problème, je suis malade... C'est plus grave que l'ulcère, la gastro a voulu m'envoyer à Villejuif, j'ai refusé. Je n'ai encore rien dit à la famille, je n'ai pas envie de créer un drame, tu comprends ? On m'a fixé un rendez-vous à l'hôpital, avec un grand professeur, à la Pitié... Je n'ai pas le courage de le rencontrer seule... Si tu pouvais m'accompagner, ce serait vraiment sympa.

29 juillet 1990. Hôpital.

Angelin est avec moi.

Première consultation avec le professeur B. L'homme a l'air sympathique. Ses cheveux sont gris argenté, il doit avoir la soixantaine. Après le questionnaire d'usage, profession, âge, historique des symptômes et antécédents familiaux, il nous présente les particularités de ma maladie et les modalités de son traitement.

– Il faut penser à une hospitalisation rapidement mais pour le moment, pas de panique, effectuons tous les examens avant de nous décider pour le protocole de chimiothérapie. En ce qui concerne l'opération de l'estomac, nous verrons un peu plus tard.

Il nous communique le pourcentage des guérisons des lymphomes, insiste positivement sur ces statistiques rassurantes avant de pratiquer sur moi un prélèvement de la moelle épinière. Il tient à me revoir la semaine prochaine.

Dix minutes se sont écoulées, pas plus. Il n'a pas prononcé une seule fois le mot fatal, mon grand frère est rassuré, moi pas trop, je reste prudente vis-à-vis du discours des médecins. On se quitte rapidement, j'ai rendez-vous avec un acupuncteur. Oui, c'est décidé, j'arrête de fumer !

Dans la rame du métro, j'essaie de me représenter un emballement de cellules anarchiques, tente de me souvenir de ce que j'ai pu apprendre à l'école mais la biologie, la chimie ou la physique n'étant pas mes matières préférées, je ne réalise pas ce qu'est une cellule… Encore moins un bataillon emballé ! Pourquoi suis-je suivie en hématologie, serait-ce une histoire de « mauvais sang » ?

Anne ne me quitte plus. On se connaît depuis trois ans ; j'étais installée rue Saint-Bernard depuis peu quand elle a emménagé dans l'appartement juste au-dessous du mien. Trois semaines plus tard, je l'avais trouvée en larmes devant sa porte fracturée… Ce soir-là, nous avions dîné chez moi. Devenues rapidement les meilleures amies du monde, nous prenions le même métro du matin, allions au cinéma, dînions tantôt chez l'une, tantôt chez l'autre, étions des mêmes fêtes, mélangeant nos relations et nos amis, faisions nos courses au marché d'Aligre le dimanche… Inséparables, nous pensions installer prochainement un interphone dans nos appartements afin de dialoguer sans passer par le téléphone.

Aujourd'hui, elle m'aide à régler les derniers détails avant l'hospitalisation. N'ayant dans ma garde-robe ni pyjama ni robe de chambre, nous courons les magasins et choisissons des vêtements multi-usages, colorés, très gais. Il n'est pas question de porter l'uniforme rose molletonné. Je le sais, je refuse d'entrer dans le costume du rôle…

L'angoisse ne me quitte plus, mais je passe un bon week-end, ce soir, avec des copines, nous sommes Chez Gégène, la guinguette sur les bords de la Marne, à Nogent. Je rêvais de m'y rendre un jour, l'ambiance est chaleureuse et tout en dînant, nous regardons – moi avec nostalgie – de jeunes couples danser la java chaloupée, exagérant la cadence et riant ou chantonnant ces musiques d'antan jouées à l'accordéon. Au moment de me coucher, une nouvelle crise se déclare, plus forte que les précédentes. Assise sur le bord de mon lit, en pleurs, j'attends le matin.

J'appelle Chantal, elle me prend en urgence, le temps de l'examen, elle me parle, elle sait tout de mon rendez-vous avec le professeur, elle l'a eu au téléphone. Chantal me lance derrière l'appareil qu'il y a trop d'air dans l'estomac, qu'on ne voit pas grand-chose sur le cliché... De toute manière, je dois partir pour mon rendez-vous à la Pitié, c'est à deux pas d'ici, je m'y rends à pied. Il est 11 heures, la salle d'attente est bondée, les médecins sont tous débordés, le professeur B. passe régulièrement devant moi et m'interpelle à chaque fois :

– J'arrive, ce ne sera plus très long !

Durant des heures, j'observe les patients, la plupart n'ont pas vraiment l'air malade, cela ne veut rien dire, je suis bronzée et... D'autres malades arrivent en chaise roulante ou sur des brancards, escortés par un ou deux ambulanciers, cela fait mal à voir. Les plus valides paraissent les plus inquiets ; il y a des revues sur les tables, mais personne ne les lit, chacun semble perdu dans ses réflexions. Pliée en deux, je me remémore mes dernières vacances pour oublier cette douleur dans l'abdomen, les coups de couteaux n'ont pas cessé depuis la nuit dernière.

Quinze heures, le professeur me fait entrer, au moment de m'asseoir dans son bureau, j'éclate en sanglots, je n'en peux plus ! Il m'ausculte tout en m'écoutant décrire ce que je ressens, rapidement, il contacte le service de gastro-entérologie. Allongée sur la table, je l'entends :

– Il faut faire vite, il se peut que ce soit une perforation.

Quelques minutes plus tard, les brancardiers sont là, on me transfère aux urgences, tout va très vite, les médecins du service, les uns après les autres, m'examinent, me posent mille questions et chacun donne son avis, ils arrivent à se contredire.

Comme dans un brouillard, j'ai atrocement mal, j'assiste à leurs discussions :

– C'est grave, il y a perforation. Vite, on opère !

– Ce n'est peut-être pas une perforation...

L'agitation dure des heures, le staff a l'air d'attendre une chose précise. Mais quoi ?

*

Ils ont trouvé une tumeur. Malgré la rapidité des formalités administratives réglées dès mon arrivée, ma famille n'est informée que vers 20 heures. Mes parents se trouvent en vacances en Yougoslavie, on prévient ma sœur aînée. Gina se rend immédiatement chez mon frère et lui propose de l'accompagner aux urgences, mais il préfère attendre le lendemain :

– Gina, ce n'est pas si grave. Vous dramatisez toujours… Le professeur a dit que…

– Attendre demain ? T'es sympa, Angelin, mais Cathy est toute seule !

Excédée, elle lui lit la définition du lymphome d'un dictionnaire médical.

– T'as compris ?

J'ai visé juste, avec mon frère, pas de *drama*.

J'ai passé la nuit aux urgences. La plupart du temps seule, allongée sur une table de radio, nue, un drap de coton jaune pâle sur moi, prête pour une opération, habitée par toutes sortes d'émotions, en alternance, de la peur à l'espoir, de la colère au chagrin, du découragement à la prière, de l'angoisse à un grand sentiment de calme avec une sensation de douceur… Au petit matin, on m'a emmenée dans une chambre. Que se passe-t-il au juste ? On ne me dit rien. Je suis épuisée.

Cette nuit, le service de gastro a reçu beaucoup d'appels de ma famille, à tel point que l'interne me supplie de choisir un interlocuteur unique :

– Il transmettra les infos aux autres. C'est incroyable, chez vous, c'est pire qu'un tam-tam !

Ça le fait rire, il doit nous prendre pour des immigrés du continent africain ou d'un pays du Moyen-Orient ! D'ailleurs, il n'est pas le seul ; à chaque fois que j'annonce que je suis Albanaise, on me répond généralement :

– Ah, Libanaise…

Il y en a même qui vont plus loin :

– C'est étrange, vous n'en avez pas le type…

Il me faut alors articuler :

– Non, non, je ne suis pas Li-ba-nai-se, mais Al-ba-naise !

Comment pourrais-je leur en tenir rigueur ? L'Albanie demeure un *no man's land* ignoré de presque tous. Aujourd'hui, à une décennie de l'an 2000, seuls les intellectuels, les gens instruits et les communistes savent situer l'Albanie sur un globe et la moitié d'entre eux ne connaissent pas son histoire. Pour ma part, c'est seulement adolescente, en 1973, que j'ai compris que mes racines étaient plantées dans une terre étrange, mitoyenne de la Yougoslavie et de la Grèce mais aussi impalpable et pittoresque que la Syldavie, imaginée par Hergé dans *Le Sceptre d'Ottokar*. À l'époque, j'ai dû vérifier son emplacement dans un atlas, emprunté à la bibliothèque municipale… Il m'était alors difficile de parler de mon trouble à découvrir ce petit pays des Balkans, l'un des derniers au monde à vivre en autarcie par la faute d'un dictateur. Enver Hoxha a maintenu les frontières fermées et bien qu'il soit mort, en 1985, elles le sont encore aujourd'hui.

*

Les médecins hésitent ; faut-il d'abord opérer ou bien commencer la chimio ? Un jour c'est blanc, noir le lendemain, cela fait une semaine que cela dure. En attendant, diète complète, au cas où… L'attente me semble infernale. De plus, le chef de clinique peu aimable ne répond toujours pas à mes questions, il en devient même désinvolte. Ce matin, cherchant le compte rendu du dernier examen pratiqué en ville, il me demande à nouveau si je lui ai bien remis ce document, je le lui confirme. Peu convaincu, il quitte la chambre en fermant bruyamment la porte. Un quart d'heure plus tard, il revient, ignore mes parents, arrivés entre-temps, et jette le dossier sur le lit en affirmant :

– Désolé, mademoiselle, il ne s'y trouve pas ! Où est-il ?

Calmement, j'ouvre l'enveloppe, en extrais le compte rendu et le lui tends. Il est vexé, je le sens bien, j'ai vu ses narines palpiter puis se pincer… Pour détendre un peu l'atmosphère, j'essaie de changer de sujet, lui parle aimablement. Lui reste agressif dans ses réponses, cela m'énerve… Je l'interpelle avant sa sortie :

– On peut savoir pourquoi vous êtes si désagréable envers moi ? C'est injuste…

La main sur la poignée de la porte, de dos, il me lance :

– Ce qui est injuste, c'est qu'à trente ans, vous ayez un cancer !

Voilà, c'est dit, mon regard se détache difficilement de la porte, puis se tourne vers les visages décomposés…

– Écoutez, ce toubib exagère… Attendons de connaître tous les résultats avant de dramatiser !

C'est surtout à ma mère à qui je m'adresse, le sens du *drama* provient généralement d'elle ; dans son regard, je me vois déjà morte !

– Non maman, non, je ne vais pas mourir !…

Je leur répète ce que les médecins m'ont officiellement annoncé. L'attitude de mon père est différente, lui ne dit rien, il me semble abattu par cette nouvelle épreuve. Je ne peux soutenir une seconde de plus leurs regards. Prise par une grosse envie de pleurer, je fuis.

– Je vais faire un tour, je reviens…

Je ne supporte plus la présence de mes parents ni cette chambre et encore moins ce service ! La colère me monte à la gorge… J'avais pourtant insisté auprès des médecins et m'étais assurée de leur discrétion concernant la gravité de ma maladie.

– Pour le moment, s'il vous plaît, n'annoncez pas le pire à mes parents, c'est difficile pour eux de revenir dans un hôpital… Mon père vient de perdre son frère d'un cancer…

Tu parles ! Cela n'a servi à rien ! Pauvre con ! Oh, comme j'aimerais avoir en face de moi le chef de clinique et… lui envoyer mon poing dans la figure ! Du fond du couloir, j'aperçois un jeune homme qui fume une cigarette, tête baissée, une blonde, une de celles que je préfère… Je ne résiste pas.

– S'il vous plaît, monsieur…

*

Debout devant la fenêtre ouverte, j'aperçois ma tante Maria. La femme de Rock ne se sait pas observée, elle avance lentement vers l'entrée du bâtiment, s'essuie les yeux et baisse la tête. Elle va prendre son temps pour monter jusqu'à ma chambre, j'en profite pour m'allonger sur le lit, ce qui n'est pas facile avec le porte-perfusion, et me prépare à sa visite, nous ne nous sommes pas revues depuis l'enterrement de mon oncle. La porte s'ouvre. Portant le deuil, son visage en paraît plus pâle. Masquant sa peine, Maria m'offre son plus beau grand sourire.

– Bonjour ma grande ! Comment vas-tu ?

Pendant plus d'une heure, nous parlons de tout... Sauf de l'essentiel.

Martine, mon employeur, entre dans ma chambre. Je me sens un peu gênée, elle, non. Elle m'embrasse.

– C'est incroyable, Catherine, comme tu as bonne mine!

– Oui, j'ai pris le soleil dans les Landes.

– Ce n'était peut-être pas bon pour ce que tu as?

– Tu sais, à l'époque, on pensait que c'était un ulcère... Au contraire, j'en retire un bénéfice fort agréable, surtout le matin, quand je me regarde dans la glace.

Je me souviens que, lors de ma première grosse crise, au moment de l'Ascension, Martine n'avait pas cru le motif de mon absence, elle avait pensé à une mauvaise excuse. Comme d'habitude, elle avait essayé de me culpabiliser, et moi, de me justifier... À la fin de notre collaboration, nous nous étions évitées au maximum. J'étais désarmée face à sa remarquable aptitude à utiliser avec brio les silences pleins de reproches. Nous ne nous étions pas vues depuis. Aujourd'hui, alors qu'elle me rend visite, je reste polie mais je n'ai pas envie de faire le moindre effort pour arrondir les angles. Elle le sent. Prétextant que j'ai l'air fatigué et profitant de l'arrivée de l'infirmière, elle abrège l'entrevue.

Anne vient me voir tous les jours, m'apporte mon linge, mon courrier et la liste des messages laissés sur mon répondeur. J'avoue à mon amie que je n'ai ni l'envie ni le courage de rappeler mes amis, elle le fera pour moi.

Voici venu le temps des visites. Dans ces cas-là, c'est toujours ainsi avec les amis, ceux qu'on attend ne sont pas forcément là et vice-versa. L'arrivée de Françoise est une surprise; nous nous sommes croisées une seule fois, lors du dernier réveillon du nouvel an. Informée depuis la veille par notre amie commune, elle passe en coup de vent avant de partir en vacances, le soir même. On rit beaucoup de son cadeau, un abécédaire à broder. Je ne sais pas coudre!

8 août 1990.

Alléluia ! Les médecins ont opté pour l'opération, c'est pour aujourd'hui. Vont-ils m'enlever tout l'estomac ? Je n'en sais rien, le chirurgien a juste mentionné que j'aurai droit à une péridurale et à une belle cicatrice. Le point de vue esthétique de la chose m'est complètement égal ; en revanche, l'idée d'éviter la chimio s'installe en moi. Ma petite sœur Christine célèbre son quart de siècle. Je le lui souhaite avant de partir au bloc. J'aurais préféré lui présenter un autre cadeau.

À mon réveil, mes yeux se posent sur un nombre impressionnant de tubes, tous accrochés à moi, c'est tentaculaire… Je veux tout arracher, hurle, me débats tant que les brancardiers m'attachent ; les sangles me gênent tout autant ! Dans le brouillard, on m'apprend l'excellente nouvelle ; ils ont enlevé la tumeur et deux tiers de l'estomac avec. La chirurgie a fait son office. Peu m'importe, en dépit de la péridurale, j'endure un calvaire.

*

Anne a eu une belle frayeur en entrant dans ma chambre. Faisant fi de la chaleur particulièrement éprouvante de cet été, toutes les femmes de ma famille portent le noir de pied en cap, y compris le foulard sur la tête, noué selon la coutume, en célébration du décès de Rock. Le groupe encercle mon lit.

Anne me décrit la scène dans tous ses détails. Cela lui rappelle certaines images de pleureuses corses ou algériennes.

– On aurait pu croire que c'était toi qu'elles veillaient… Quel soulagement de t'entendre rire !

– Oui, mais n'en profite pas… C'est douloureux !

*

Depuis deux jours, je me traîne dans les couloirs du service. Le dos courbé, j'avance, un sac « Prisu » à la main. Il ne me quitte plus, et pour cause, j'y ai placé les drains. Ma mère passe tous ses après-midi à l'hôpital, assise près de mon lit. Elle se tient bien droite et me regarde sans parler. Nous n'avons jamais eu de grandes conversations, mais là, c'est pire. Aujourd'hui, ne supportant plus ce silence pesant, je lui demande de ne plus venir. Elle refuse, j'insiste, elle s'ennuie visiblement mais s'en fait un devoir. Elle le sait, toute la communauté à laquelle nous appartenons doit louer ses mérites : « Ah, Liza, quel courage elle a ! » Mes parents et moi n'avons pas de bons rapports, et cela, depuis des années. Comme la plupart des étrangers exilés pour une raison ou pour une autre, mes parents – réfugiés politiques – ont conservé leurs valeurs avec vigueur et détermination, même si elles ne sont plus d'actualité dans leur contrée d'origine. Mon enfance fut tiraillée entre l'odeur et le rituel du café turc, la messe en albanais à l'église, la langue maternelle pratiquée à la maison, la culture française à l'école et dans les programmes de l'ORTF, véritable vitrine d'une société à laquelle je n'avais pas accès.

De confession catholique, mes parents nous ont élevés selon la tradition albanaise, issue des codes du Moyen Âge, chargés des effets de l'invasion ottomane. Nous, leurs filles, nous subissions une éducation quasi musulmane, avec la souveraineté perpétuelle de « l'Homme ».

Rebelle à ce système archaïque, machiste, misogyne, je n'ai jamais accepté mes origines, ce pays, sa langue, ses rites et ses lois. Très tôt, j'ai affiché ma différence, refusé ma condition de femme albanaise et notamment les coutumes sur le mariage. Destinée de façon inéluctable à être confrontée au rituel des noces qui consiste à épouser, sans le connaître, non seulement un mari mais également la totalité de sa famille, j'ai pris les devants... Un jour, je me suis enfuie. Et depuis, comme me le rabâche en permanence ma mère, j'incarne le « déshonneur », la « honte », le « voile noir », qui rejaillissent non pas uniquement sur notre famille, mais pendant qu'elle y est – allons-y gaiement – sur toute l'Albanie réunie !

L'année dernière, un ami français, à qui j'expliquais le sens et le poids de l'honneur dans mon pays, s'était exclamé en riant :

– Gasp ! Mais que fait la police ?

Cela ne me fait pas rire ; elle est effectivement intervenue. Rien que de penser à cette période de ma vie, j'en ai froid dans le dos. Pour résumer, les Albanais, c'est pire que les Corses et les Siciliens réunis !

Ma mère ne veut toujours pas partir. Je refuse qu'elle accompagne mes journées alors que nous nous sommes tant heurtées toutes ces dernières années. Sa présence me gêne plus qu'elle ne m'aide. Même en oubliant nos conflits et nos différences, nous sommes, l'une pour l'autre, de parfaites inconnues. Que pourrions-nous partager ? Ma mère ne sait ni lire ni écrire le français, n'aime ni la musique ni le cinéma, ses seuls centres d'intérêt sont focalisés sur son fils adulé, les ragots internationaux de notre diaspora, le descriptif impressionnant de ses multiples maux physiques et l'importante liste de médicaments qu'elle avale du matin au soir. Alors comment lui faire entendre mon point de vue sans la rejeter méchamment, comment lui faire comprendre que sa présence amplifie ma solitude morale et les sombres souvenirs du passé ? Elle ne me laisse pas parler et continue sa litanie. Je peux la réciter à sa place :

– Ma fille n'a pas de cœur, elle ne respecte rien, etc.

Profondément vexée, elle quitte enfin ma chambre. Je la comprends. En revanche, j'en veux à ma mère hypocondriaque de nous avoir menacés tant de fois de se faire un cancer. Aujourd'hui, j'en ai fabriqué un.

C'est au tour de Gina de fêter son anniversaire. Le temps d'enlever les drains, pas le temps de souffler, un petit détour par l'hôpital Tenon, où l'on me place un cathéter sous anesthésie locale. Mes veines étaient fatiguées par les perfusions. Il paraît qu'avec cet accès direct, ce sera plus confortable pour les séances de chimio.

– On commence dans quelques jours, m'annonce froidement le médecin.

17 août 1990.

On me transfère en hématologie. Première chimio.

J'ai peur… Et pourtant, je tiens à commencer cette journée si particulière avec *La Vie en rose*. Rien de tel pour garder le moral. Je ne sais pas pourquoi, dès le lendemain de l'opération, j'ai été prise d'une envie irrésistible d'entendre à nouveau cette chanson. Mon cousin ne m'a pas offert la version de Piaf, mais celle chantée par Grace Jones. Elle est plus rythmée, plus gaie et c'est aussi bien. Depuis ce matin, le disque compact tourne en boucle, cela m'aide. Michel ne le sait pas, j'ai un souvenir précis de cette chanteuse, croisée lors d'une soirée privée aux Bains-Douches. Le regard perçant de l'égérie de Jean-Paul Goude m'avait impressionnée, plus encore que son corps superbe ou la beauté de son visage.

Je reçois plusieurs coups de fils. Tout d'abord une copine. D'emblée, elle s'exclame :

– Quand on m'a appris que tu avais un cancer, je n'ai pas pu y croire ! Comment vas-tu ?

Quelle délicatesse...

– Je me sens comme une personne qui entame son premier jour de traitement...

– Je suis si bouleversée, si apeurée que j'abrège précipitamment la conversation, en m'excusant, et raccroche très vite, les larmes aux yeux.

Une heure plus tard, appel de ma petite sœur Sylvie. Elle a dix ans de moins que moi et me porte, sans le savoir, l'estocade. C'est elle qui pleure :

– Maman m'a fait une scène terrible ce matin, elle me reproche d'être sortie hier soir alors que toi, t'es en train de mourir...

Merci de me le rappeler ! Qu'est-ce qu'elles ont toutes aujourd'hui ? En plus de mes angoisses existentielles, il va falloir gérer les états d'âme de mon entourage...

Ce soir, la première chimio est passée, le stress aussi.

*

Les médecins ont décidé d'un protocole qui s'étalera sur huit mois avec une chimio toutes les quinzaines et, à chaque fois, une hospitalisation de cinq jours. Mais, m'expliquent-ils aujourd'hui, pour l'instant, ils préfèrent me garder afin d'observer ma réaction au traitement. Résultat de la toute première séance : mes cheveux tombent par paquets, je les ai retrouvés ce matin sur l'oreiller et, grâce à ce fâcheux tic de me passer la main dans les cheveux, il y en a partout. Je reste un long moment devant le miroir, fixe l'ovale de mon visage, ce large front, ces grands yeux bleus, ces fins sourcils, ces pommettes hautes, ce petit nez, cette bouche gourmande et la multitude de taches de rousseur – elles ressortent toujours au soleil, je m'attarde sur cette masse de cheveux épais, colorés en roux vénitien. Ils sont mi-longs, pour la première fois de ma vie. Auparavant, j'ai toujours porté les cheveux coupés courts.

Et dire que ce carré m'a demandé deux années de patience ! Au début, je râlais contre les barrettes, les épingles et les élastiques destinés à gérer les longueurs... Je me détourne, je les regrette déjà.

Une amie coiffeuse me rase la tête. Ce moment n'est pas facile à vivre pour ma famille. Je regarde la scène comme si ce n'était pas moi... Est-ce le début de la fin ? Mon amie a également exécuté une coupe moderne sur ma perruque, mais je ne la supporte pas : elle me chauffe la tête et me donne l'impression de « jouer à la dame ». J'envisage alors le port du bandana, et de m'en constituer une belle collection.

Enfin seule, tête nue, je découvre mon crâne. Il est bien dessiné et mes traits en semblent plus doux. Je commence à aimer cet autre aspect de moi, je ne porterai désormais le bandana que si c'est nécessaire.

Aujourd'hui, avec l'infirmière, nous découvrons l'intégralité de la cicatrice de l'opération. Elle est laide : elle commence par un chapelet de minuscules bourrelets, boudinés, répartis en rang d'oignons sur tout le long de mon thorax puis par une petite boucle qui contourne le nombril pour se fermer au-dessus de mon pubis.

Je n'ai pas vu Anne depuis trois jours, ses visites se sont espacées. Une amie m'apprend ce qu'elle n'ose pas me dire : sa mère commence un traitement similaire au mien dans un autre établissement de la capitale.

*

Le protocole se révèle plus lourd que prévu. Après deux séances, j'ai déjà perdu plusieurs kilos et me sens épuisée. Du coup, les médecins me conseillent de ne pas vivre seule. Je ne sais où aller, séjourner chez mes parents serait l'idéal, selon eux. Cela ne m'enchante pas vraiment, mais j'ai fini par accepter. En fait, il y a quelques nuits, j'ai fait un rêve très étrange : ma mère, mon père et moi échangions des mots d'amour, pour la première fois ; ensuite ils me prenaient tour à tour dans leurs bras et, tout en me consolant, mes parents me guérissaient. J'ai rêvé au miracle de l'amour. Et… si c'était possible ?

J'ai demandé à rompre d'urgence le contrat de location de mon appartement. La société immobilière m'obligeant à régler les trois mois de préavis, j'ai dû me mettre en colère, invoquer le cas de force majeure, la maladie, afin de négocier au mieux mon départ. Ils ont alors exigé que les lieux soient libérés sous quarante-huit heures ; ma sœur Sylvie et une amie ont vidé mon appartement, cette nuit.

15 septembre 1990.

Je sors enfin de l'hôpital. Chantal est passée me prendre et m'a déposée en bas de mon immeuble pour l'état des lieux. Entre nous, je ne connais pas beaucoup de médecins qui feraient cela ! En montant péniblement les deux étages, je me souviens être partie en courant de chez moi un beau matin de juillet en laissant ma tasse de café sur la table… Ça fait tout drôle de retrouver son chez-soi vide, six semaines plus tard. Le propriétaire me sait malade mais n'a pas prévu une seule chaise… C'est donc allongée sur la moquette que je le reçois. Si quelques années auparavant, il était aimable, satisfait de me louer cet appartement, aujourd'hui, il m'apparaît aigri, pinaille sur des détails futiles et n'ose pas me regarder dans les yeux. Est-il conscient de mon état ou préfère-t-il rester insensible à ce qui se passe ?

En route vers la banlieue parisienne, je suis inquiète ; comment cela va-t-il se passer cette fois-ci, avec mes parents ? Pour eux, l'amour est une sorte de récompense qui se mérite et l'idée que l'amour puisse être un don de soi vers l'autre leur est totalement étrangère. De toute évidence, je n'ai jamais été méritante, bien au contraire ; la punition dure depuis des années.

Ma mère dirait : « Si tu avais été sage comme Gina… Tu as toujours été une enfant si difficile, si dure… »

Mon père ajouterait : « Si tu n'avais pas fait toutes ces bêtises, nous n'aurions pas été obligés de… »

Bref, si j'avais été différente, ils m'auraient certainement aimée…

À ce jour, toujours célibataire, libre, je demeure l'objet et le sujet du déshonneur, du scandale de mes parents. Contrairement au passé, pour la première fois, je ressens le besoin d'une véritable réconciliation. Toute petite déjà, je n'ai cessé de chercher leur amour, à ma manière. Aujourd'hui, avec le sentiment d'avoir raté ma vie, je veux réussir ma sortie, mon désir est de partir tranquille, au moins sur ce point. Je reviens donc en fille indigne qui, n'ayant pu recevoir leur amour, vient le réclamer de force, avec la maladie comme ultime chantage. Je me prends à croire que dans l'urgence, chacun de nous lâchera ses vieilles rancœurs…

*

Ça commence bien. Durant ce long séjour à l'hôpital, mes parents m'ont aménagé une belle chambre dans le grenier de leur pavillon. Cela me touche. Suivant les conseils des médecins – éviter la moquette, véritable nid à acariens – mon père a posé lui-même le parquet et, pour finir, il a placé la tête de mon lit sous un grand Velux afin que je puisse admirer le ciel et ses étoiles. Cette chambre m'apparaît immense, aussi grande que mon appartement parisien mais, là, ce grand espace, d'un coup, c'est trop ; je m'y sens si petite, si vulnérable.

Le retour est très calme, aucune allusion n'est prononcée sur le passé, nous avons décidé d'éviter le sujet. Silence, entrecoupé par les appels téléphoniques qui ponctuent ces premières journées. L'international fonctionne à plein régime, surtout depuis les États-Unis où j'ai vécu dans ma famille pendant six mois. Il y a également les appels de Yougoslavie ; ma grand-mère, une sœur de ma mère, ses oncles, cousins, cousines et puis les voisins des uns ou des autres... La nouvelle s'est vite propagée, chacun prend de mes nouvelles, y va de son commentaire sur ma maladie. Le dialogue s'avère difficile, l'albanais m'ayant servi dans les circonstances obligatoires mais jamais pour m'exprimer, nous utilisons pour nous comprendre les formules idiomatiques de notre langue comme par exemple, de leur côté, en traduction littérale : « Que Dieu te guérisse », ce à quoi je dois répondre : « Que tes paroles soient bénies » ou « Je vénère ta parole »...

J'ai acquis toutes ces phrases rituelles au fur et à mesure des situations, au rythme des événements ; les mariages, les décès, les naissances, le bonjour du matin, le salut du soir, pour entrer dans une pièce, pour en sortir, pour accueillir la personne qui entre dans la pièce, etc. Mais en dehors de ces formules basiques, je ne maîtrise pas ma langue d'origine. Dans la cohérence du refus de ma culture, depuis des années, je ne parle plus l'albanais, même dans ma famille. Je le comprends assez bien mais répondre, j'en suis à présent incapable. Dans ce contexte, je filtre les discours alarmistes, n'accepte et ne retiens que les messages de sympathie sincère ; la révoltée de la famille en a dérangé un grand nombre, cela m'est égal, mais ne pas pouvoir dialoguer aujourd'hui avec ma grand-mère m'afflige.

– Oui, Nan [grand-mère], que Dieu t'entende... Oui merci. Oui, aujourd'hui, je suis fatiguée... Au revoir...

C'est trop court, si bref... J'en ai les larmes aux yeux. Nous aurions tant de choses à nous dire, maintenant. Je ne l'ai pas vue depuis des années. La dernière fois, il y a cinq ans, elle me parlait comme si j'avais quinze ans alors que j'approchais le quart de siècle.

– Il faut maintenant que tu te conduises bien. Que vont penser les gens ? Il est grand temps que tu te maries !

– Nan, tu ne crois pas que c'est trop tard ?

Dans la plupart des mariages de notre diaspora, les filles ont de seize à vingt ans et passé cet âge, on les observe avec suspicion. Mon aïeule ne pouvait me comprendre ; nos modes de pensée sont tellement opposés... Sa seule priorité est de me caser :

– Katrriiinn, tu ne peux quand même pas rester toute ta vie chez tes parents !...

Les Albanais ne m'appellent pas « Ca-the-rine » mais Katrin, phonétiquement « Katrrriiin », un prénom court, guttural avec le *r* et le *i* qui n'en finissent pas et le *e* qui lui reste muet. Si elle savait ! Elle est persuadée que j'habite encore chez mes parents. À elle aussi, nous lui avions menti. Les miens, qu'ils soient en France, d'un côté de l'Adriatique ou même de l'Atlantique, me tiennent le même discours. Je refuse de me marier, c'est une promesse que je me suis faite, il y a bien longtemps. Pendant ces dernières vacances en Yougoslavie, toujours sous la coupe de ma famille, j'avais pris la décision de ne plus jamais y revenir.

Le choc passé, le rythme effréné des appels calmé, j'ai le sentiment d'atterrir. Les heures, les jours, les nuits s'écoulent avec une telle lenteur, dans un silence si lourd qu'il me pousse à instaurer un dialogue avec moi-même. La maladie m'y oblige ; il est temps de faire le point ; qui suis-je ? D'autant plus que tous mes proches, par amour ou par amitié, n'ont que ces mots à la bouche :

– Allez, Catherine, courage... Bats-toi !

Me battre ?! Mais j'en suis incapable ! Avec quelles armes ? Ce traitement de chimio a pour but de juguler le malin mais il me donne l'impression de détruire mon corps ! Je le sens, le combat est perdu d'avance, je ne fais pas le poids ; comment pourrais-je lutter contre ce poison violent que mon organisme rejette avec force ? C'est simple, je ne me reconnais plus, je n'ai ni l'envie ni la force de réagir et j'en suis même à regretter, en masse, ma vie ! Les seules réponses que j'attends sont celles qui m'expliqueraient le sens de mon existence jusque-là.

*

Après le déni, la colère et le désarroi, j'accepte l'inacceptable : accepter ! Je me le répète cent fois par jour : accepter, comprendre ce qui m'arrive, accepter de me tenir prête pour la fin. Accepter alors que dans tout ce que je vois, entends, goûte, sens ou effleure, la vie m'appelle... mais la mort me guette.

L'idée de m'apitoyer sur mon sort me paraît à présent incongrue, déplacée. Plus rien de l'extérieur ne m'agace. Suis-je devenue plus philosophe, plus compréhensive ou bien trop faible ? « Tout est important mais pas si grave... N'oublie pas, jamais ! », me répétait souvent un ami, il y a plus de dix ans. Qu'est-il devenu ? On ne peut pas dire que j'aie suivi son conseil, bien au contraire. Jadis battante, il m'était facile de me démener pour des projets, si importants, si graves, si essentiels... Dont personne, bien entendu, ne se souviendra jamais... J'admets que dans ce combat, le dernier peut-être, il serait judicieux de jeter l'éponge et plus efficace d'économiser mes dernières ressources. Cependant, l'idée de me préserver se heurte à la nécessité pressante de vivre le moment présent de manière intense en ayant des rapports authentiques avec mes proches.

Mais je me sens seule chez mes parents ! Ils montent souvent dans ma chambre l'un après l'autre et passent un petit moment auprès de moi. Une fois les considérations physiques ou matérielles passées en revue, dans une fausse bonne humeur qui m'exaspère, nous n'avons pas grand-chose à partager, nous n'avons pas appris. Notre relation familiale est empreinte d'une pudeur affective solidement édifiée au cours des années. Nous sommes tous en souffrance mais chacun demeure terriblement seul dans le silence froid des non-dits. Chez nous, on ne parle pas ; on étouffe les mots au fond de sa bouche, y compris ceux de l'amour, on dissimule, on supporte tous les drames. On les avale, on les digère, la tête haute devant l'autre avec l'ordre de se taire, de sécher ses larmes, de masquer ses peurs et de garder ses soupirs, ses émotions, pour plus tard, dans sa chambre, dans le noir...

Mon père n'a jamais pleuré devant moi et rarement montré sa peine. Hier, alors qu'il raccompagnait une amie à la gare, après lui avoir confié ses doutes sur l'issue de ma maladie, au moment de lui dire au revoir, il a fondu en larmes. Ce matin, émue, elle me raconte la scène qui me bouleverse ; je ne savais pas... Face à moi, il se montre résolument optimiste, malgré le décès de son frère.

« Tu verras, tu t'en sortiras, c'est un mauvais moment à passer... » me répète-t-il chaque jour. Systématiquement, lors des nausées, il insiste pour que j'avale les protéines liquides qu'il est allé chercher à la pharmacie. Dans ses propos, il reste toujours très pragmatique : « Bois-en au moins une, il t'en restera quand même un peu dans l'estomac pour te nourrir. »

Ma mère, elle, me lave, me prépare à manger, s'occupe de mon linge, s'active beaucoup et contrairement à mon père, je la sens à l'aise dans le plus beau rôle de sa vie, celui d'accompagner sa fille mourante vers la mort. On pourrait croire que j'exagère, mais non ; par exemple, lorsqu'après chaque chimio, les globules blancs chutent systématiquement et me laissent sans force aucune pendant quelques jours, ma mère annonce le pire à ceux, venus aux nouvelles : « Ça ne va pas, oui, elle est très mal, non, elle ne peut pas se lever, oui, elle ne peut pas parler, c'est très grave... »

Je l'entends de mon lit, un étage plus haut. Au téléphone, ma mère ne parle pas, elle crie, particulièrement avec les interlocuteurs de l'étranger ! J'en ai assez ! Pourquoi faut-il toujours qu'elle noircisse le tableau ? Il y a, en elle, une telle jubilation à jouer ce drame ! Aujourd'hui, j'ai attendu qu'elle raccroche puis l'ai appelée à mon chevet :

– Maïco, s'il te plaît, arrête de dire à tout le monde que c'est grave... Tes commentaires me gênent, tu le sais très bien, cette chute est normale, patientons quelques jours, le taux des globules remontera et moi avec !

Elle m'écoute, ne dit plus rien, me regarde tristement comme si j'étais inconsciente de la réalité. Son regard va de mon visage à la plante posée en face de moi. Je sais à quoi elle pense.

– Maïco, je vais m'en sortir, Mark te l'a dit ! Et si tu ne veux pas le croire, c'est ton problème... S'il a pu t'aider, je ne vois pas pourquoi cela ne marcherait pas pour moi. En tout cas, j'ai besoin d'espérer...

Adolescente, j'ai appris qu'en 1959, ma mère, enceinte de moi et touchée, paraît-il, par un mauvais sort, avait failli mourir. Ma famille en Yougoslavie avait fait appel à un guérisseur local. À l'époque, il avait réglé le problème, à distance. Dans notre culture, il est aussi courant d'aller consulter ce genre de personnes qu'en France de prendre rendez-vous chez son médecin. Élevés avec ce genre de récits, nous ne nous serions pas permis de remettre en doute la véracité de cette histoire, d'autant plus qu'il y a un an, ma mère, conduite par un cousin et accompagnée de ma petite sœur, est allée consulter un guérisseur en Yougoslavie. À leur retour de vacances, en septembre, Sylvie n'était franchement pas à l'aise pour m'annoncer ce qu'il avait prédit pour moi.

* * *

Septembre 1989. Paris.

– Tu sais Cathy, c'était toute une expédition pour rencontrer ce vieux monsieur ! Nous avons pris des chemins escarpés dans la montagne et la voiture n'a pas pu nous mener jusqu'à lui, nous l'avons laissée au bas du village. Cet homme est également voyant, il lit dans le marc de café, la tasse de maman à la main, il a commencé à lui parler du frère de papa. Selon lui, Rock ne va pas fort, il est même pessimiste pour la suite... Ensuite, il a dévisagé Maman un petit moment et lui a demandé si l'une de ses filles allait sur ses trente ans.

– Oui, ma fille Katrin. Elle les aura en octobre. Pourquoi ?

– Elle sera très gravement malade...

– Pas très gaie la visite ! commente ma sœur...

J'avale avec difficulté ma salive et l'info... Silence. Sylvie me précise qu'il continua à parler à ma mère avec un débit rapide, tout en gardant les yeux rivés au fond de la tasse :

– Ce sera une très grande épreuve pour elle... Elle s'en sortira... Bon, il y a plusieurs choses à faire. Il faut tout d'abord que ta fille boive tes larmes ; tu les déposeras dans un bol, ensuite, le jour de son anniversaire, au même moment, vous placerez, chacune, une plante en terre, dans un grand pot. Si toi Liza, tu peux t'offrir la plus belle des variétés, le choix de Katrin doit se fixer sur une plante réputée extrêmement résistante, ensuite, à la même heure, vous réciterez une série de phrases, je vais te les donner.

Il dessina à une vitesse folle, sur des petites feuilles de papier argenté, des lettres et symboles illisibles, les plia d'une manière particulière et les confia à maman avant de conclure l'entretien.

– Tu les remettras à ta fille Katrin dès ton retour en France. Elle les placera dans une bouteille d'eau, la boira le lendemain puis la remplira à nouveau d'eau, durant plusieurs jours de suite.

Devais-je croire cet homme ? Dans le doute, j'ai accepté de jouer le jeu. Le jour de mes trente ans, j'ai exécuté, avec une extrême attention, tous les rituels de cette cérémonie, ceux des prières et celui de la plante. Suivant ses instructions à la lettre, j'ai acheté un philodendron. Le fleuriste m'avait assuré que les « caoutchoucs » étaient réputés pour leur robustesse. Ma mère a rempoté sa plante sans aucune appréhension ; elle a la main verte. En ce qui concerne ses larmes, ce fut plus délicat ; opérée des yeux à cause d'un problème de glandes lacrymales, ma mère ne peut plus pleurer depuis. Nous avions donc trouvé un subterfuge ; elle fit glisser dans ses yeux quelques gouttes de raki, notre eau-de-vie locale... Et malgré la douleur qui se lisait sur son visage, elle se pencha suffisamment en arrière quelques instants puis baissa la tête afin que coulent ces pseudo-larmes dans un verre d'eau. J'ai bu le breuvage en m'interrogeant sur la symbolique étrange de ce rite...

* * *

Octobre 1990. Banlieue parisienne.

Un an plus tard, on ne peut que constater les faits ; le guérisseur a eu raison pour mon oncle ; Rock est mort neuf mois plus tard et je suis gravement malade. Mon Dieu, vais-je vraiment m'en sortir ? Voilà à quoi je pense quand mon regard se pose sur la plante. C'est fascinant, elle dépérit à mon rythme : mise en pot le jour de mon anniversaire, avec les premiers signes de la maladie, la plupart des pointes de ses feuilles ont commencé à noircir bizarrement. À Paris, pensant qu'elle ne supportait pas la chaleur de l'appartement, je l'ai éloignée du radiateur et rapprochée de la lumière du jour, sous la fenêtre. Ici, dans cette chambre claire, les taches noires continuent leur invasion. Est-ce mauvais signe ?

Encore une fois, j'étouffe ma peur ; elle enfle d'autant plus ! Il m'est impossible de faire face à l'angoisse. J'ai toujours pris soin de verrouiller mes émotions, elles demeurent omniprésentes, hurlantes au fond de moi mais toujours atrocement muettes pour l'extérieur. Peur panique de ne plus exister, de n'être plus dans ce monde, propulsée vers le vide, vers le rien, le néant ! La peur n'est plus en moi, elle m'a battue, je suis en elle, noyée ! Son jus amer me donne la sensation de n'être qu'un grand cri liquide. Dans cet état, j'abdique, ne réclame plus qu'à le vomir, oui, qu'il franchisse enfin la frontière de ma gorge, de mes dents, de mes lèvres et qu'à la place laissée vacante, des sensations ou des mots plus sucrés m'emplissent… Oui, je l'avoue : j'ai besoin d'un peu d'amour… Non, d'une dose massive d'amour, je suis en manque de ce sentiment qui s'offre, se partage à grands coups de mots doux, de gestes tendres, de petites attentions, d'inoubliables souvenirs évoqués joyeusement… J'ai besoin de ces manifestations d'amour qui pétillent aux oreilles comme des bulles de champagne… et donnent l'illusoire sensation d'être immortel…

Je n'ai décidément pas de chance : l'amour de mes parents se manifeste uniquement sur le mode de preuves matérielles, bien concrètes, c'est là leur unique façon de l'exprimer. Ils ne nous ont jamais offert de démonstrations affectueuses, ni verbales ni physiques. L'ordre familial est de ne surtout pas toucher l'autre, si ce n'est pour lui donner des coups… À ce propos, l'hiver dernier, déjà malade sans le savoir, j'ai souhaité régler avec ma mère et mon père nos différends. Ce fut la dernière dispute avant mon retour chez eux, en septembre.

* * *

Janvier 1990. Banlieue parisienne.

À la fin du dîner, houleux comme tant d'autres, je tente d'expliquer en pleurs à mes parents les résultats de leur éducation sur leurs cinq enfants, insistant sur les erreurs envers nous tous et particulièrement les répercussions sur moi. J'ai tant souffert de ce manque d'amour que j'en sors cassée, meurtrie, écorchée vive, incapable de m'en remettre…

Ce soir, j'ose leur dire. La colère de mon père est sur le point d'éclater, pour lui, on est en plein délire.

– Qu'est-ce que tu nous racontes ? On t'a élevée comme les autres…

C'est faux, j'ai toujours été le vilain petit canard de la maison.

– Alors pourquoi m'avez-vous tant battue, plus que les autres ?

– C'est de ta faute, tu étais une enfant difficile… Avec tout ce qu'on a fait pour toi… On s'est crevé au boulot pour t'envoyer à Roscoff, sinon, aujourd'hui, tu serais sur une chaise roulante…

– Si c'est pour me le reprocher toute ma vie, il valait mieux ne pas le faire ! De plus, je ne vous ai pas suppliés de venir au monde… Ce n'est pas moi qui ai demandé à vivre dans cette famille !

Je le reconnais, à mon âge, face à mes parents et sur ce registre, j'ai à peine cinq ans… Et, là, j'aimerais même les provoquer plus. Oui, c'est cela, si je suis née rachitique, évidemment c'est encore de ma faute… Je crois que ma mère m'a si peu désirée, si peu attendue que cela ne m'étonne pas qu'elle ne m'ait pas assez nourrie, autant des nourritures terrestres que du sentiment de plénitude affective... Je me suis toujours tue sur ce point.

– De quoi te plains-tu, Katrin ? On t'a donné à manger, un toit où dormir...

– Je me plains de n'avoir pas été aimée, d'avoir été battue, je me plains d'avoir été privée d'une éducation normale, d'avoir été enfermée puis reniée.

Dialogue de sourds... Fatiguée de ce discours assené depuis tant d'années, je leur demande simplement de reconnaître les faits : je ne veux plus être la seule coupable, la seule impie, la seule victime aussi. Je leur demande en vain de rétablir la vérité. Désespérée, je continue, j'en viens au souvenir de mon passage chez les bonnes sœurs. J'ai enfin le courage de leur dire à tous deux, crispés en face de moi, que c'était la pire chose qu'ils aient pu me faire. Cette punition m'a encouragée à la rébellion.

Mon père crie :

– On ne t'a pas punie, c'est toi qui l'as voulu...

Et voilà, nous y sommes !

– Non papa, tu sais très bien que c'est l'histoire de madame Dédé qui m'a conduite chez les religieuses, afin que je n'aie aucun contact avec les garçons de mon âge ou les hommes, votre angoisse était que je devienne une traînée ! Ensuite, effectivement, la troisième année, j'ai réclamé à être pensionnaire, pour étudier en paix !

Le visage de mon père devient blême. Il le sent : je ne lâcherai pas. Il ne veut ni ne peut reconnaître ses torts. D'autant que, jamais, il n'a accepté mon statut de femme libre. À ses yeux, c'est terrible... Une honte, un déshonneur... Si mes parents savaient, je vis depuis de longues années dans un désert d'amour, le néant. Alors, il le faut, en pleurs, j'accuse mes parents :

– C'est de votre faute, en m'enfermant chez les sœurs, en m'éloignant des hommes, vous m'aviez rapprochée des femmes ! Rassurez-vous, aujourd'hui, je n'ai plus de désir, aucun, je me demande si je suis normale...

Mon père se lève de table, claque la porte en criant :

– Cela ne sert à rien de remuer la m....

Si, cela me ferait du bien, peut-être pour mieux l'évacuer la m.... Ne jetons pas de l'huile sur le feu. Je me tais.

Il revient. Cette fois, écarlate, il vocifère :

– Tu veux qu'on s'excuse peut-être ?

– Non papa, je veux seulement comprendre afin de vous pardonner.

– Nous pardonner, ça va pas dans ta tête, on t'a fait du mal ?

Il sort, pour de bon cette fois-ci.

Le son du mot pardonner pourtant si doux résonne violemment dans mon esprit. Oui, j'aimerais tant leur pardonner, me pardonner... Ne plus me sentir si sale, si moche... Secouée par des hoquets de sanglots, je ne peux plus m'arrêter, et à travers mes larmes, c'est le sourire de ma mère que j'entrevois. Elle jubile. J'ose le penser, je la hais, son ironie me glace, je la plante là et pars dans la chambre d'amis. Il y a encore à peine deux jours, elle m'a téléphoné chez moi comme elle le fait régulièrement pour me poser la même question :

– Alors tu t'es tapé combien de mecs aujourd'hui ?

– Maïco, arrête, je t'en supplie, tu ne veux pas changer de disque ?

La conversation dégénère à chaque fois et, comme toujours, je raccroche, écœurée, j'ai honte, pour moi, pour elle, tout en me promettant de lui répondre un jour : « Aujourd'hui ? Trois... Et tu sais pourquoi ? Parce que je ne suis pas en forme ! » Non, je n'oserai jamais, c'est ma mère ! Tout cela, mon père ne le sait pas, elle fait ses coups en douce.

C'est certain, ils auraient mieux fait de ne pas m'envoyer à Roscoff ! Ma mère m'a reproché durant des années de les avoir repoussés après cette convalescence en Bretagne. C'était à elle de faire un effort ; j'avais deux ans ! Sans souvenir précis de la difficulté de nos retrouvailles, je sais seulement que, très vite, j'ai fait pipi au lit. J'essayais pourtant désespérément de ne pas m'endormir jusqu'à son retour du travail. Vers vingt-deux heures, malheureusement, l'irréparable était déjà commis. Elle me réveillait alors en me battant. Dans ces moments-là, comme tant d'autres, elle me criait que je n'étais pas sa fille, qu'il y avait eu erreur à la maternité... Pourquoi pas ? J'étais la seule de ses enfants à avoir les yeux bleus, la peau très pâle et les cheveux clairs. J'ai souvent rêvé par la suite que ce fut vrai, qu'un jour, des parents confus viendraient me chercher... Malgré divers appareils tortionnaires – l'un m'envoyait, dès la moindre goutte d'urine captée, de petites décharges électriques pour me réveiller, l'autre, le « Pipi-stop », un enfer : sa sonnerie alertait toute la famille ! – l'énurésie m'a incommodée jusqu'à ma douzième année.

*

Le lendemain de cette scène, il y a moins d'un an, j'étais rentrée à Paris avec cette interrogation : si mes parents ne m'aiment pas, qui pourra m'aimer ? La question n'était pas nouvelle, elle a jailli lors de l'incident qui m'a conduite chez les religieuses.

* * *

Été 1973. Banlieue parisienne.

Dernier jour de classe : Caroline et moi, nous nous séparons au coin de ma rue en nous souhaitant d'excellentes vacances, contentes à l'idée de nous retrouver à la rentrée. Elle ira au Portugal chez sa grand-mère, moi, chez la mienne, en Yougoslavie. Arrivée chez mes parents, l'attitude de Gina m'inquiète : elle s'intéresse tout à coup à tous mes copains de classe.

– Il n'y en a pas un qui habite près de la gare. Comment s'appelle-t-il déjà ?

– Il s'appelle Romain.

Gina et moi sommes comme les doigts de la main, on se raconte tout.

– Cathy… Tu ne sors pas avec lui ?

– Moi, sortir avec Romain ? Tu plaisantes ! C'est juste un bon copain, il est sympa, il m'offre des carambars et des malabars… Mais tu sais, il en donne à toutes les filles de la classe… mais pourquoi me poses-tu toutes ces questions ?

– Il y a un problème : papa est furieux. Tu vois notre voisine Dédé ? Elle est mariée à un Albanais.

– Oui, je vois. Eh bien ?

– Eh bien, elle est venue ce midi, elle a raconté aux parents que tu promènes tous les soirs Vulcain avec un garçon…

– Quoi ? Je promène le chien avec un garçon ? Mais ça ne va pas la tête ? Tu sais qui m'accompagne ? Caroline ! Elle habite sur l'avenue, sur la gauche, en face de la résidence Les Noyers. Il n'y a jamais eu un garçon avec moi. C'est du baratin qu'elle raconte, la Dédé !

– J'espère que papa va te croire, sinon ça va être ta fête !

Effectivement, il entre dans notre chambre avec sa tête des mauvais jours, Gina sort.

– Qu'est-ce que c'est cette histoire ? Avec qui tu traînes ? Tous les Albanais disent que tu vas devenir une pute ! Dis-moi la vérité !

– Papa, je promène Vulcain avec Caroline, une copine de classe. Tu peux aller lui demander, je viens de la quitter. Elle habite à côté…

– Je ne te crois pas, Dédé m'a tout raconté. Je ne laisserai pas ma fille me déshonorer.

Il commence par me gifler, me tire par les cheveux, me fait tomber à terre, sa colère tourne à la rage, il défait sa ceinture, crie qu'il va me tuer. Je m'enroule sur moi-même. La bande de cuir martèle mon jeans à hauteur de mes cuisses. J'aimerais être plus courageuse, ne pas réagir, lui tenir tête mais je le sais, il me frappera jusqu'à ce que j'en pleure, j'essaie une dernière fois :

– Papa, je t'en prie, crois-moi. Ce n'est pas un garçon, je le jure. C'est une fille !

Ses insultes, son manque de confiance en moi, son entêtement à ne pas me croire me blessent autant que les coups… Les sanglots de mes sœurs font écho aux miens, dans l'autre pièce. Satisfait, il finit par se calmer, enfin presque. Il quitte ma chambre tout en continuant de me traiter de tous les noms… Gina revient près de moi. Je ne veux pas de son réconfort ; j'ai besoin de comprendre la raison de cette injustice ! Caroline porte ses cheveux courts, elle n'a pas encore de poitrine, normal pour son âge, nous avons quatorze ans… Mais c'est bel et bien une fille !

Le lendemain, mon père m'annonce la sentence :

– Le lycée, c'est fini pour toi ! À la rentrée, tu iras chez les sœurs…

Ma mère ne peut pas s'en empêcher :

– C'est bien fait pour toi, ça va t'apprendre !

Tu parles ! Rien du tout que ça va m'apprendre… Je me vengerai ! L'institution religieuse, je la connais. L'immense propriété, protégée par un haut et long mur, est totalement à l'abri des regards mais l'on peut voir le grand parc et les bâtiments imposants de l'école lorsque les deux pans massifs de la grande porte s'écartent lors des entrées et sorties des pensionnaires. Avec mes camarades de classe, on les croise souvent à la piscine municipale, quelle horreur ! Elles portent l'uniforme jupe et veste bleu marine et sont toujours encadrées par des « bonnes sœurs ». Je le pressens, cela va être l'enfer, je ne supporterai pas… Les professeurs, pour la plupart des religieuses, ont la réputation d'être peu commodes et les élèves, issues de familles aisées, de sacrées pimbêches. Moi, fille d'immigrés, qu'est-ce que je vais bien pouvoir bien leur dire à ces nanas ? C'est sûr, en début d'année, elles vont me la poser, la question fatidique :

– Que fait ton père ?

Lui, ça peut aller, bien qu'il soit chauffeur de cars, mais pour ma mère, cela se corse, elle travaille à l'usine. Gina me conseille de répondre :

– Elle est opératrice sur des machines, elle contrôle le conditionnement des flacons de parfums de grandes marques.

Gina a le don de me faire rire : c'est cela, soyons chics ! Le pire n'est pas là ; avec mon allure de garçon manqué, j'aurai du mal à porter leur jupette. J'ai toujours préféré jouer au foot ou au rugby plutôt qu'à la poupée, sauf qu'au rugby on me plaque au sol, même quand j'ai déjà lâché le ballon. Ce que les garçons peuvent être bêtes ! Je me bagarre souvent avec ceux de ma classe, dans le genre « Tare ta gueule à la récré ! ». C'est de leur faute, ils m'ont surnommée Clarence, la lionne de *Daktari*, la série télé, et ils en abusent. Clarence, elle, voit double, moi, j'ai juste un strabisme divergent ou, plus exactement comme me l'a lancé un de mes copains, en se moquant :

– T'as un œil qui joue au billard et l'autre qui compte les points...

J'ai vérifié dans le miroir, ils ont l'air de regarder bien droit, mes yeux ! ? J'en ai marre à la fin ! Le dernier garçon qui s'est amusé de cela, je lui ai envoyé un caillou à la tête... Juré, je ne voulais pas lui faire de mal, n'empêche, il a beaucoup saigné... J'ai eu la trouille d'être virée du lycée ou d'être arrêtée par les flics... Pendant plusieurs jours, j'ai surveillé le courrier. L'angoisse... Ouf, rien, personne ne s'est présenté !

Devant Sœur Marie-Luce, la directrice de l'institution, coincée entre mes parents qui dressent un tableau pas brillant de leur gamine, j'écoute, boudeuse, leurs questions et réponses. La religieuse me fixe à présent et m'annonce que j'aurai à passer un examen d'admission en quatrième. Ah, si je m'écoutais, je le raterais bien... Mais bon, comme elle m'apprend qu'à la rentrée prochaine, le port de l'uniforme n'est plus obligatoire... Et même si le port du jeans reste banni et la tenue correcte exigée, promis, je consens à faire un effort !

Une semaine plus tard, nous partons en vacances en Yougoslavie. Gare de Lyon, on monte dans l'Orient-Express Paris-Istanbul. Le voyage s'éternise pendant deux jours et une nuit, en passant par Venise et Belgrade. La majorité des passagers sont Turcs, certains prendraient bien notre place dans le compartiment occupé par nous tous. Je ne dis rien, je préfère le train, je n'aime pas la voiture, ça me rend malade et la dernière fois, nous avons eu un grave accident. J'avais neuf ans, mais il alimente pourtant encore mes cauchemars d'aujourd'hui.

* * *

C'est le choc qui m'a réveillée. Partis au lever du jour, mon frère, ma sœur et moi dormions à l'arrière de la voiture qui roulait dans l'une des grandes avenues de Podgorica quand un camion a percuté notre belle Cortina couleur marine. La vision de l'avant du véhicule totalement ratatiné et défoncé, la fumée nous entourant de toutes parts, les cris de ma mère debout avec toujours ma petite sœur Christine dans les bras, couvrant presque les injures de mon père adressées en serbo-croate au chauffeur du camion, un vieil homme, il gardait obstinément ses mains sur la tête… La vision de tous les détails m'apparaît encore clairement en arrière-plan. Je me souviens ensuite qu'assis par terre, Angelin et moi, indemnes mais tremblants, ne pouvions quitter des yeux Gina, qui, blême, mais sans voix, nous montrait un morceau de l'appareil métallique du remonte-vitres coincé dans la chair de sa cuisse. Tous trois hébétés, nous avions assisté, sans comprendre, au dialogue entre les policiers, les témoins de l'accident, mon père et le chauffard. Sur le trajet de l'hôpital, mes parents tous deux blessés – ma mère commotionnée à la tête, mon père avec une douleur au thorax et un trou au milieu de la main – nous ont relaté les faits : l'homme apparemment presque aveugle avait brûlé un feu, coupé la route et foncé sur notre voiture, détournée du choc frontal grâce à un dérapage contrôlé de mon père. J'avais été impressionnée par la réflexion d'un policier retraduite par ma mère. L'agent avait opiné de la tête en s'exclamant : « Fort heureusement, sans cela, vous étiez morts… »

Revenus sur le lieu de l'accident, la voiture était, elle, bien morte. Nous fûmes rapatriés par la compagnie d'assurance.

* * *

Voilà pourquoi je préfère être dans ce train même si le voyage doit être dix fois plus long. À Belgrade, nous passons la nuit dans la gare centrale. Le prochain train pour Bar – le fin fond de la côte Adriatique où demeure ma grand-mère – ne partira que demain matin. Cette nuit, j'ai eu encore une crise. Je suis somnambule, je me suis levée, j'ai traversé le hall de la gare, suis revenue à ma place et fait pipi sur une de nos valises. Les gens ont ri si fort… Ma mère n'a rien dit ; je me suis endormie à nouveau. À Ulcinj, la voiture s'engage sur la vieille route dépourvue d'asphalte, il faudra compter une heure pour parcourir les dix kilomètres avant d'arriver à Stoj, chez ma grand-mère. Le taxi zigzague entre les grosses pierres et son chauffeur s'énerve contre ces éléments qui risquent d'abîmer son véhicule. Tout au long de ce trajet chaotique, les paysans et leurs femmes, affairés dans leurs champs de pastèques, se relèvent et nous saluent. Ici, les villageois se rendent au marché local entassés dans de vieux bus, se déplacent parfois à pied et le plus souvent, sur un âne. Les voitures sont rares et les paysans utilisent encore aujourd'hui la charrue tirée par des bœufs. Le taxi stoppe devant le perron de la grande maison. Nous sommes arrivés au bout du monde. À quelques kilomètres, c'est l'Albanie, le pays des aigles.

Je refuse de montrer mes cuisses à la plage. Les marques de la ceinture de mon père ont disparu mais dans mon esprit elles seront à jamais indélébiles puisqu'elles ont ourlé en silence la douleur d'avoir été éjectée hors du monde de l'enfance. Jusqu'alors innocente, je n'avais pas su évaluer l'importance de mes origines et pas plus ce qu'elles impliqueraient dans ma vie. Certes, nous parlions une autre langue, différente du français, mes parents avaient ce défaut, un accent, nos voisins, en France, nous traitaient d'étrangers, mes camarades de classe m'accusaient de manger leur pain, le pain des Français… J'avais bien noté tout cela, mais je n'avais pas repéré où se situaient les points de référence de notre identité culturelle. Voilà, j'ai enfin intégré les différences profondes de mon éducation ; les mœurs archaïques de mes parents viennent de ce coin perdu. Je prends alors conscience de l'étendue de mon malheur : celui d'être née en France quand on est une femme albanaise ! Pour la première fois, c'est clair, je dois me rendre à l'évidence, on m'obligera désormais à composer avec l'Albanitude ! Et j'en suis sûre : cette maladie honteuse, j'aurai à la porter toute ma vie ! Ballottée par la double culture, quand saurai-je à laquelle j'appartiens ?

D'un côté, une partie de moi réclame d'être une jeune fille albanaise respectueuse des traditions, celle qui reste sagement à sa place, dans la cuisine, le coin des femmes, qui sert les hommes, en toute occasion, en baissant la tête… Et qui accepte de définitivement se taire. Or l'autre partie revendique de vivre comme une adolescente française, moderne et libre…

* * *

Octobre 1990. Banlieue parisienne.

De retour en France, j'avais pris le chemin de l'institution religieuse. Si auparavant je n'aimais guère mes compatriotes, à dater de cette année-là, une véritable rancune à leur encontre s'était emparée de moi.

Coup de fil de Martine.

Je sais ce que veut mon employeur : quand vais-je revenir à l'agence ? Ni les médecins ni moi-même ne le savons. Aujourd'hui, sa question persiste :

– Tu es absente depuis mai, j'ai besoin de savoir si ton état de santé te permettra de reprendre ton poste.

– Je ne sais pas encore, c'est trop tôt pour le dire, la seule chose dont je sois sûre, les médecins me l'ont confirmé, c'est que le traitement est prévu jusqu'en mars. Mais comment vais-je le supporter, je ne le sais pas.

– Est-ce que ton arrêt de travail va être prolongé ?

– Certainement, à peine au milieu du protocole, je ne tiens pas debout.

– Écoute, je sais que ce n'est pas facile pour toi, mais j'envisage de te remplacer… Je vais lancer de manière administrative ton départ.

– Tu veux me dire quoi au juste ? Tu veux me licencier alors que je suis malade ? Je ne peux pas le croire…

– Oui, je me suis renseignée. Vu l'importance de ton poste et la taille de l'agence, j'ai le droit de le faire, ton absence perturbe le bon fonctionnement de l'entreprise.

– Tu ne peux pas attendre quelques mois, le temps de ma guérison, en me remplaçant par une intérimaire ?

– Non, je ne peux pas. Tu vas recevoir une convocation à un entretien préalable. Tu pourras te faire assister par l'un des salariés de l'entreprise. Je sais que c'est dur, c'est pour cela que je t'appelle avant de t'envoyer les courriers, en recommandé.

– C'est sympa de ta part. Merci.

Tu parles ! J'ai plutôt envie de l'envoyer balader, elle et sa boîte ! Pour moi, c'est simple, ce n'est pas qu'elle ne puisse pas attendre, elle ne le veut pas. De me convoquer à l'agence ne rime à rien, nous sommes quatre salariés, elle y compris, dont deux à mi-temps, la secrétaire et le comptable… Ni l'un ni l'autre ne pourront hurler au scandale !

*

Au départ, comme souvent, c'était idyllique. Martine m'avait laissé entendre une association possible à court terme et proposé, d'emblée, de m'offrir quelques actions. Rendue méfiante par quelques expériences décevantes, j'ai préféré attendre et voir venir. Lors de l'entretien préalable à l'embauche, elle affirmait avoir besoin d'une assistante dynamique, qui prenne des initiatives, se sente vraiment concernée par l'avenir de l'entreprise, etc. De mon côté, j'argumentais longuement sur mon désir de m'orienter davantage vers les relations publiques plutôt que le secrétariat classique ou la gestion pure. J'espérais trouver avec cet emploi le cadre idéal pour effectuer ce virage.

Au bout de trois ans, plus je m'impliquais – les clients de l'agence pensaient que nous étions associées – plus elle paraissait mécontente de mes résultats. Elle n'appréciait ni mon côté fonceur, ni mes choix de stratégies, ni même mon tempérament. Nos rapports ont commencé à se gâter le jour où l'un de ses amis présenta l'agence au staff de la direction de la communication d'un nouvel événement artistique. Martine semblait vouloir me confier le projet, elle me convia à participer à la réunion de sélection durant laquelle j'eus le malheur de jouer la carte de la franchise. Aux questions de mes interlocuteurs, j'avouais n'avoir jamais géré une opération d'une telle envergure tout en n'émettant aucun doute sur mes qualités professionnelles, insistant évidemment sur l'intérêt réel à mener à bien cet événement. Oui, je m'en sentais capable…

Une fois les clients partis, Martine a explosé :

– Catherine, nous n'aurons jamais le budget avec ce que tu viens de leur dire !

– Je suis désolée, mais je ne pouvais pas mentir à ces gens-là !

Elle m'a traitée de grande naïve et de mégalo, ce à quoi je lui ai rétorqué que, dans ce milieu, je n'étais pas la seule et qu'il fallait une dose minimale de culot pour travailler dans cet univers…

L'agence a été choisie. Martine m'a confié le budget mais, décidée à me laisser me dépatouiller sans son aide, elle a été très claire :

– Tu l'as voulu, tu l'as eu… Eh bien, débrouille-toi toute seule !

J'ai travaillé sur ce projet comme une damnée pendant plusieurs mois sans compter mes soirées et mes week-ends. Si certains matins, il m'arrivait d'être en retard d'une petite demi-heure, Martine ne répondait pas à mon bonjour matinal, elle boudait. Son manège pouvait durer deux heures, une demi-journée, voire un jour entier. Madame donnait le ton. En fonction de ma résistance, j'entrais alors dans son bureau :

– Tu ne le sais peut-être pas, mais j'ai travaillé tard hier soir...

– Je m'en fiche, je ne te l'ai pas demandé...

La campagne de communication de la première édition du festival a porté ses fruits et, depuis, chaque année, sa renommée ne cesse de grandir. Minée de l'intérieur, pas reconnue, pas entendue, je réalise aujourd'hui que je me comportais face à elle comme une enfant perpétuellement coupable. Quoi que je fasse, ce n'était jamais bien. À force d'entendre ses reproches, j'ai fini par la croire : j'étais nulle ; un véritable échec pour moi. Le pire fut de constater que, brisée par ce manque de reconnaissance, je n'avais plus la force d'aller chercher ailleurs. J'attendais qu'un événement positif m'expulse de l'agence...

Mi-octobre 1990. Banlieue parisienne.

J'ai accusé le coup avec difficulté. Est-ce ainsi qu'on m'aide à guérir ? Et puis, quelle importance ? Je me suis assez plainte à propos de mon job ! Mais, désormais, quel sera mon avenir ?

Retour de l'hôpital. Les globules blancs ont encore chuté, c'est l'aplasie, je n'ai plus de défenses immunitaires. Dehors, il fait très froid pour la saison et l'on annonce déjà les premiers cas graves de grippe. Les médecins insistent sur deux points, primo, prendre très sérieusement mes antibiotiques, deuzio, rester complètement isolée. Ce n'est pas gai : la dernière séance de chimio m'a provoqué une bartholinite, joli nom romantique pour une belle infection gynécologique et je n'ai pas trop envie de ce cadeau... C'est mon anniversaire, trente et un automnes. Seule dans ma chambre – le plus petit virus étant l'ennemi à abattre, même mes proches peuvent se révéler dangereux –, la nostalgie me gagne. L'année dernière, nous étions près de quatre-vingts à célébrer mes trente ans, une grande fête avec mon frère, mes sœurs, mes amis et les copains des amis... Il n'empêche, le fait d'avoir franchi la trentaine m'a fichu un coup, l'impression d'un virage, comme si, jusque-là, je m'étais sentie confortée dans l'idée d'avoir encore tout le temps nécessaire pour réussir ma vie…

Aujourd'hui, changement de décor et d'ambiance. Mis à part ma famille, seuls Françoise, Fanny et Franck, mes amis chez qui j'étais dans les Landes cet été, ont trinqué à ma santé – c'est le cas de le dire – pour cette année de plus. Tans pis pour le risque ! Mes parents m'ont organisé mon anniversaire, pour la première fois. Mon Dieu, faites que ce ne soit pas la dernière ! Si tous y ont pensé, nous avons fait semblant de paraître gais et optimistes pour la circonstance.

Anne n'est pas passée. Elle m'avait pourtant promis, juré-craché qu'elle viendrait pour le *birthday*, comme elle dit. Je m'en doutais, je la connais. En bonne Parisienne, sortir de la capitale, prendre un RER de banlieue puis un bus ou marcher est une véritable galère pour elle. Au téléphone, elle me raconte une histoire à dormir debout… Son coup de fil matinal m'a sortie d'un cauchemar.

C'est l'été, je me trouve dans le village montagnard de mon grand-père paternel, en Yougoslavie. Allongée seule au bord de la rivière, mon téléphone sans fil sonne. Je tends le bras pour l'attraper, quand, soudain, il glisse de ma main et tombe à l'eau. Je me lève, pense plonger, mais l'eau glacée me fait me raviser. De la berge, je regarde, impuissante, l'appareil s'éloigner à toute allure, emporté par le courant. Je suis devenue injoignable, coupée du monde ! Ce sombre rêve me parle de mon quotidien, je me sens abandonnée, je n'ai aucune nouvelle de « mon amant », c'est ainsi que je le nommais. Notre liaison a commencé l'hiver dernier, à peine un mois après l'altercation avec mes parents. Elle avait eu au moins l'avantage de me révéler combien j'étais lasse de remplir ma vie uniquement dans ma tête et d'être coupée de mon corps, de mes sens. Nous nous étions rencontrés à l'occasion d'une soirée anniversaire chez une amie. Le gâteau soufflé, nous avions quitté la fête et passé la nuit chez moi. Décidée à ne pas m'engager – je savais dès notre première soirée qu'il n'était pas libre – au fil de nos rendez-vous, je commençais à m'attacher, sans pour autant oser réclamer plus. Au bout de quelques mois, insatisfaits l'un et l'autre de ces moments furtifs et volés, nous avions espacé nos rendez-vous. À l'annonce de la maladie, il se trouvait en vacances avec l'autre. Nous ne nous sommes pas revus depuis.

Je me sens abandonnée par lui et par d'autres. Au début, les amis et relations se sont manifestés puis, au fil des semaines, leur présence s'est faite plus rare. Je le sais, il n'est pas facile d'être confronté à la souffrance physique et morale. Je comprends, mais cela m'attriste. Les quelques compagnons fidèles de cet étrange voyage, dont aucun ne connaît la destination, ne savent pas trop quoi me dire. J'aimerais simplement qu'ils me racontent leur dernier week-end ou leur dernier film, qu'ils me parlent de la vie. Or nos échanges tournent trop souvent autour de ma maladie. À leurs questions, je réponds que c'est comme un cancer sans en être vraiment un… Pourquoi n'ai-je pas le courage de dire la vérité ? Est-ce pour me protéger ou pour les rassurer, afin qu'on ne m'abandonne pas davantage ? J'ai toujours rêvé d'être la bonne copine, voire l'amie de tous. Cela doit venir de mes racines, du sens de l'hospitalité, très développé chez nous. Petite, le dimanche, j'étais intriguée par tous ces gens qui venaient en visite sans y être conviés. Que nous fussions à table, en pleine sieste, en pleine dispute, peu importait, nous avions l'obligation d'être toujours accueillants envers nos hôtes. En revanche, ma mère n'a jamais cru en l'amitié, ni pour elle ni pour nous. Elle nous interdisait de rendre visite à nos camarades et réciproquement de les recevoir. Vers treize ans, j'ai inventé un refrain, je le chantais bruyamment à seule fin qu'elle l'entende : « Pas de copains, pas de copines… Les copains, les copines, c'est vrai que dans les comptines… Chez nous, pas de copains, pas de copines… Seulement à la cantine… Pas de copains, pas de copines… »

L'amitié de Françoise m'est précieuse. Étonnamment, après sa visite express à l'hôpital, elle est venue me voir souvent avant de me faire la surprise d'être présente à mon anniversaire. Depuis, régulièrement, elle m'accueille dans son grand appartement situé à deux pas du Palais-Royal. Peut-être est-ce le fait de peu se connaître, de n'avoir pas de passé commun, et surtout pas affectif, qui nous permet d'être si proches ? Françoise est la seule avec qui je ne sens ni gêne ni tabou à parler de mes états d'âme. Son appartement est devenu pour moi un véritable sas de décompression où je passe la soirée avant chaque chimio. Nous philosophons pendant des heures autour d'un plat de pâtes au basilic arrosé d'un bourgogne rouge. Je ne sais ni ne comprends pourquoi Françoise m'entoure de ses attentions, mais il me semble que sa générosité, son humanité, sa capacité à soutenir l'autre doivent tenir d'une connaissance intime de la souffrance. Et tout, dans son attitude, m'incite à garder l'espoir.

L'espoir, j'en ai sacrément besoin. À ma sortie de l'hôpital, de retour chez mes parents, j'entre dans la phase la plus terrible du traitement, celle de la débandade du corps. Trop faible physiquement, comment puis-je occuper tout ce temps indéfini, et pour quelle suite ? Jadis, toujours affairée – combien de fois ai-je pu bêtement me plaindre de n'avoir pas deux minutes à moi ? – à présent, le temps ne me manque plus. Que peut-on faire en deux minutes ? Passer un coup de fil rapide à un copain, écrire un petit mot d'amour à l'élu de son cœur, prendre un rendez-vous chez le dentiste, commander sa pizza préférée chez Allô Duchmoll, payer sa facture d'électricité, se passer un coup de rouge à lèvres ou de mascara sur les cils, sauter dans un jeans, enfiler un tee-shirt, cirer une chaussure, voire deux, se laver les dents, déguster un petit Lu, boire un café ou un thé, lire un haïku, en méditer le sens (là, il faut être doué), trouver la séance d'un film dans les pages de *Pariscope*, acheter une baguette à la boulangerie…

Une fois passée l'idée d'écrire un livre choc, *Répertoire des mille petites choses à faire en une minute ou deux*, qui ferait sûrement un tabac chez les dynamiques débordés, reste l'ultime question : quoi faire ? Plus sérieusement, au vu des effets secondaires des séances de chimio, les prochains mois risquent d'être rudes. Autant les vivre dans un univers esthétique et chaud, dans tous les sens du terme. J'ai envie de changer d'univers. En priorité, comme la musique adoucit mes jours et mes nuits depuis des années, j'ai commandé par correspondance les disques incontournables de ma discothèque idéale, ensuite, le décor ! À la place de mon mobilier décliné en noir, une amie chineuse de meubles anglais m'a déniché une magnifique armoire et sa coiffeuse, le tout en bois de citronnier.

*

Bien que les protocoles soient différents pour tous, on rencontre parfois les mêmes personnes en traitement. Cet été, on se retrouvait dehors, en bas du bâtiment, chacun se débrouillant avec le porte-perfusion qu'on traînait en laisse comme son petit chien, sauf que, là, on dormait avec.

Frédéric et moi, apparemment sur le même rythme des pauses cigarettes, avions sympathisé très vite. À présent, il nous arrive souvent de nous retrouver, presque à chaque cure. Les soirées étant longues, parce que vides, on se fixe des rendez-vous pour des parties de backgammon redoutables. Il est plus fort que moi, plus rapide surtout, normal, c'est un matheux. Informaticien, âgé de vingt-huit ans, il a créé son entreprise avec un ami, il y a quelques mois, juste avant de tomber malade.

Son lymphome, c'est à la gorge qu'il a frappé. C'est étrange, on se ressemble un peu : devenu chauve lui aussi, il a également de grands yeux bleus. On pourrait nous trouver un lien de parenté – une des infirmières nous en a d'ailleurs fait la remarque – et à force, lors de nos arrivées, le personnel nous informe de nos chambres respectives. La sienne est un deuxième bureau. Assis ou allongé sur son lit, Frédéric travaille sur son ordinateur portable et communique par téléphone ou par fax avec ses clients.

Je suis admirative mais demeure perplexe. Mais comment fait-il ?

– Je n'ai pas le choix avec ma société… et mon associé m'aide beaucoup.

– Je comprends, mais comment gères-tu les effets secondaires du traitement ? Tu n'as pas de nausées ? Tu as l'air d'avoir la forme depuis le début !

– Je reconnais que pour le moment ça va plutôt bien. Je ne suis pas trop mal après. Nous n'avons peut-être pas les mêmes doses…

Il n'a pas l'air angoissé par ce qui lui arrive. Nous ne prononçons jamais le mot qui nous réunit. Sait-il, au juste, ce qu'il a exactement ? Je n'ose pas lui poser la question franchement. La boule apparente au niveau de sa gorge est si développée – elle est grosse comme une pêche – que je n'ai pas pu la regarder la première fois. Il n'est évidemment pas question de monter un club de cancéreux, mais échanger mes impressions avec une personne dans la même situation me ferait grand bien, j'aurais aimé que ce soit avec lui. Je n'arrive pas à croire qu'il ne sait pas. La nuit dernière, n'a-t-il pas entendu, dans une des chambres voisines, une femme hurler de douleur et les allers et venues précipités des infirmières de garde ? Les cris m'ont ébranlée à un point tel que, pour ne plus entendre, ne pas pleurer, j'ai augmenté lâchement le volume de ma télévision… Je n'ai pu sombrer dans le sommeil qu'au petit jour.

*

La visite de Marie-Françoise, mon amie médecin, m'a déstabilisée. Si j'ai eu du mal à lui pardonner son attitude au début des symptômes, aujourd'hui, sa venue m'a troublé. Celle qui a assené des objections psychologiques à mes douleurs physiques est autant désemparée que moi :

– Je suis désolée, je me suis trompée, j'aurais dû m'en rendre compte. C'était sérieux et grave, mais tu le sais bien, tu es une grande gueule…

Elle est debout et pleure doucement. Ça m'émeut de la voir dans cet état.

– C'est ton métier de sentir comment sont les gens à l'intérieur. Tu aurais dû te douter que mon côté costaud, c'était de la comédie. Grande fanfaronne, je pouvais mentir, à toi comme aux autres, avec des mots, mais j'attendais que tu puisses, toi, comprendre que mon corps avait un problème. Et puis, tu me savais profondément angoissée, stressée, selon tes dires. Pourquoi es-tu restée sourde et aveugle à mes souffrances, en tant qu'amie d'abord, ensuite en tant que médecin ?

Elle acquiesce en hochant la tête à tout ce que je lui dis en pleurant à mon tour. Elle écoute et me répond, les yeux encore mouillés.

– Oui, j'aurais dû le repérer. Je t'ai crue plus forte que tu n'étais, et à l'époque, j'avais de graves soucis. Je le reconnais, je n'ai pas été assez disponible pour toi. Je t'en prie, pardonne-moi.

– Je t'en ai voulu au début. Nous avons tant de souvenirs en commun. Désormais, je me dis que cela devait se passer comme ça. On ne peut plus faire machine arrière, n'est-ce pas ? C'est sûrement mon destin.

Elle est partie soulagée de son fardeau. De mon côté, lui tenir rigueur n'inversera pas le processus de la maladie. C'est encore à moi seule que j'en veux. Pourquoi n'ai-je pas été consulter un autre médecin ? Quand bien même aurais-je agi différemment, et plus tôt, que se serait-il passé ? Nul ne le saura jamais.

Marie-Françoise a fort bien cerné le problème. Il relève encore de cette aptitude à vouloir toujours paraître plus forte que je ne le suis. Pourquoi ai-je verrouillé si fort ma vulnérabilité, dissimulé ma sensibilité à ce point et ne suis-je pas parvenue à être entendue, voire comprise par mes proches ? Ce fut flagrant avec elle, mon médecin. Pourquoi personne n'est allé regarder derrière le mur des apparences pour le faire voler en éclats ? Ça recommence ! J'en veux à la terre entière !

*

Le silence et la solitude ont l'avantage de mettre en lumière, un peu plus chaque jour, les zones d'ombre de ma personnalité. Par exemple, ce matin, j'ai cessé de ressasser ma rancune envers les autres. Je dois le reconnaître ; mon entourage n'était pas en mesure de déceler les signes avant-coureurs de la maladie et personne ne pouvait toucher l'épicentre de mon armure. J'endosse l'entière responsabilité de l'avoir construite au fur et à mesure des événements et des années afin qu'elle ne laisse filtrer aucun indice de la douleur cadenassée à l'intérieur de mon être. Quand je regarde en arrière, j'ai le vertige… Jusqu'à présent, j'ai cru tout subir de la vie, chaque drame ou accident de parcours m'apparaissait comme une malédiction de plus et j'étais persuadée qu'ils finiraient un jour par me détruire. Or paradoxalement, l'orgueil ou une force secrète m'ont permis d'encaisser les coups, sans réfléchir. Tout ce que j'ai entrepris dans mon existence l'était avec la rage de vouloir me tenir debout, quoiqu'il arrive…

Cependant, je me demande si, à force d'avoir muselé mes sentiments, ma souffrance et ma fragilité, je n'ai pas laissé mon corps prendre le relais afin de les évacuer, à sa manière ? C'est affreux de penser que je suis « tombée » malade parce que j'étais malheureuse ! J'y réfléchis depuis quelques jours. Particulièrement au moment où je masse soigneusement la cicatrice de mon opération. Elle m'a coupée en deux, court depuis mes seins jusqu'à mon pubis et délimite, selon une symétrie parfaite, les côtés droit et gauche de mon corps. Ce matin, alors que ma main suivait le parcours habituel du rituel de massage, la prise de conscience lumineuse d'être une femme coupée en deux m'a fait sursauter. Tiraillée entre deux cultures, j'ai laissé mes pulsions antagonistes, soif de liberté et sens – ou goût – du sacrifice se déclarer la guerre, à mon insu. Le combat fut intense, il me laisse anéantie…

Si seulement j'avais en réserve plus de souvenirs joyeux ! Je pourrais les revivre à nouveau et ainsi sentir encore une fois leurs effets bénéfiques sur mon corps. Hélas ! L'état des lieux se dégrade ; l'impression de chaleur, les fourmillements du plaisir, de la joie, de la passion ou de la plénitude ont quitté le navire il y a bien longtemps… Accepter froidement cette sensation permanente de non-bonheur, toucher une souffrance psychologique plus grande encore me font davantage de mal que la maladie elle-même, le traitement et ses conséquences. L'opération de l'estomac n'a pas extrait la racine du mal et je doute que la chimiothérapie en vienne à bout. J'ai horriblement peur de mourir sans avoir goûté au bonheur.

*

Il s'est passé un petit événement anodin et le monde m'est redevenu hostile. L'infirmière est entrée dans ma chambre vers sept heures. J'étais à moitié réveillée, le petit-déjeuner ne sera pas servi avant une heure au moins et, tant que je n'ai pas avalé ma première gorgée de café, je me refuse à émerger. Mais ce n'est pas gênant : lors de la prise de sang quotidienne, l'infirmière introduit la seringue dans le porte-cathéter placé au-dessus de mon sein droit et me laisse dormir. Malheureusement, j'ai gardé sur moi une petite brassière sympa sous ma veste de pyjama, j'aime la porter toujours ouverte… Bref, il fallait qu'elle soulève tout simplement la bretelle pour accéder à l'appareil. Elle s'est énervée :

– Pourquoi persistez-vous à porter ce truc-là ? Avec ce qui vous reste de poitrine, ça ne sert plus à rien !

Visiblement, la dame est de mauvaise humeur…

Il n'empêche, cela m'a fait si mal, touchée d'une manière si inattendue, que je n'ai rien pu lui répondre. Il est vrai que j'ai énormément maigri et de partout. La petite brassière, c'est sans doute pour me rappeler, rien qu'à moi, que je suis encore une femme. C'est étrange de penser à son côté sexué, là. J'ai du mal à m'imaginer plus tard, sexuellement, après la maladie. Honnêtement, depuis le début, je n'y ai pas beaucoup pensé. Peut-être une fois, au moment de l'incident de la bartholinite. Mon système pileux s'étant arrêté de fonctionner, sans cils ni poils, je n'ai plus la notion d'être une femme. Je me sens simplement un corps physique, une masse d'os, de chair et de sang. De plus, maigre, imberbe, androgyne, j'ai souvent l'impression d'avoir à nouveau dix ans et, à l'instar d'une gamine, je m'étonne parfois à rêver qu'on pourrait tout recommencer à zéro. Oui, ya qu'à… Comme si tout cela n'avait jamais existé.

La réflexion de l'infirmière m'a replacée dans la réalité. Je retrouve cet état de désespoir aigu et me surprends à vouloir mourir ! Ce serait plus simple… Séance après séance, je me force à croire que cela ira mieux, mais c'est de mal en pis… Les médecins, quoi qu'ils en disent, m'anéantissent avec ce protocole. Par moments, je me concentre pour ne plus sentir mon corps. J'y arrive de mieux en mieux. Je savoure ces instants où j'ai l'impression de flotter dans l'air. La tête est si légère… Le cœur en paix… Le corps ne souffre plus… Cette sensation étrange m'incite à décoller… L'image de la mort, insupportable, s'infiltre alors systématiquement dans mon esprit ! Elle me terrifie. Est-ce cela qui me retient ?

Plongée dans mes pensées et la musique aidant, je n'ai pas entendu frapper. Le professeur B. et son équipe entrent dans ma chambre, j'éteins le poste. C'est la grande visite de la cure : ses assistants, internes et jeunes étudiants forment un grand demi-cercle autour de lui. Il s'approche puis s'assied au bord de mon lit.

– Alors ma belle, comment ça va ?

Il m'appelle souvent comme ça. Il aime mon style, me semble-t-il. Il trouve que j'ai le look d'une coiffeuse… « En tout cas, vous, c'est sûr, vous évoluez dans l'univers de la mode ! » m'avait-il lancé lors de notre premier entretien.

– Alors ma belle, comment ça va ?

– Je vais mal !

Au bord des larmes, je me retiens. En général, j'y réussis assez bien, jusqu'au moment où quelqu'un de particulièrement attentionné me pose la question, et là, souvent, je pleure. Mais pas cette fois.

– Ah bon, qu'est-ce qui vous arrive ?

– Je n'ai pas le moral aujourd'hui. Ça peut arriver, non ?

Je suis sur la défensive. Dans ces cas-là, j'ai tendance à vouloir agresser l'autre. Je n'ai pas envie de me laisser aller devant ce beau monde, ni de confier à ces inconnus ma détresse au sujet de mes seins !

Le professeur me regarde gentiment. Je me dis que je l'aime bien. Il me répond :

– Oui, vous avez raison, mais il ne faut pas que ça dure trop longtemps.

– À ce propos, je voudrais vous demander s'il m'est possible de rencontrer un psychologue ou un psychiatre, ici, à l'hôpital ?

– Pourquoi voulez-vous voir un psychiatre ? La baisse de moral, c'est juste un coup de fatigue, ça va aller mieux, dans un jour ou deux.

– Non, je ne crois pas, je pense que si je suis tombée malade, c'est parce que je n'étais pas heureuse…

– Mais qu'est-ce que vous me racontez là ? Tout le monde peut être touché par la maladie !

Il ne veut toujours pas prononcer le mot juste.

– Non monsieur, je ne crois pas… Trouvez-moi un malade, un seul patient dans votre service qui soit heureux, en tout cas qui l'était, avant. Je veux dire, qui était heureux avant d'être malade !

Qu'est-ce qui me prend ? La teneur de mes propos ainsi que le ton irascible que j'utilise m'étonnent moi-même.

Évidemment, il n'est pas d'accord :

– Le bonheur ou le malheur n'ont rien à voir avec la maladie !

Je poursuis :

– Ne pensez-vous pas que le psychisme puisse avoir une influence sur le corps et qu'ainsi, il finisse par créer, à plus ou moins long terme, toutes sortes de maladies, les bénignes comme les malignes ? J'ai besoin de savoir, de comprendre. Pourquoi tout ça, pourquoi moi ?

– Vous n'avez pas besoin de voir un psy, la maladie, c'est un manque de pot !

– Un manque de pot ?

– Oui. Vous savez, j'ai vu suffisamment de personnes dans mon service de tous âges, de toutes catégories socioprofessionnelles, pour vous dire que l'aspect psychologique n'a rien, mais vraiment rien à voir dans tous ces cas ! Prenons l'exemple d'un paysan, vivant en pleine nature, plus sain de corps et d'esprit que nous. Cela ne l'empêchera pas d'être malade. Allez, ma belle, ne pensez plus à ces bêtises...

Un temps de silence. Puis il reprend :

– Physiquement, ça va comment ?

Pas contente de sa réponse, je réponds vite :

– Je me sens très lasse.

Qu'ils partent tous !

– Je sais, ne vous inquiétez pas, ça va aller mieux.

Il analyse, d'un coup d'œil rapide, mes derniers examens de sang. Les feuilles sont accrochées au pied de mon lit. Il relève la tête.

– Et pour l'alimentation, ça va ?

– Oui, ça peut aller.

– On se revoit avant que vous ne repartiez chez vous. Messieurs, allons-y. Au revoir, ma belle...

Abasourdie, je n'arrive pas à croire ce que je viens d'entendre. Il n'est pas question que j'adhère une seule seconde à cette thèse de malchance, c'est trop dur à accepter ! Je refuse de me préparer à mourir avec l'idée malsaine d'être touchée par une injustice céleste ou, pire, par une conspiration maléfique, un mauvais coup du sort. Comment peut-il être sûr de ce qu'il avance ? Que sait-il de la vie privée de ses patients, de leurs drames, de leurs peurs, de leurs sentiments et de leurs émotions ? Il ne m'a jamais posé une question personnelle ou indiscrète. Je suis certaine qu'il y a un rapport, un lien, même ténu. Où ces messieurs placent-ils donc la dimension humaine chez un malade ?

Existe-t-elle seulement pour eux, ou bien, parce que confrontés à la maladie et à son issue, la mort, préfèrent-ils se décharger de la partie sensible du serment d'Hippocrate ? Du coup, je m'interroge sur le pronostic qu'il a émis sur mon cas : s'en sortira, s'en sortira pas ? Dans le cas extrême, il m'enverra bien un prêtre ! L'autre jour, j'ai refusé de me confesser à celui qui est passé dans le service. Je ne désire pas entrer dans le versant rédempteur de la maladie. Si je suis responsable, je ne me sens pas coupable. Pourquoi le professeur B. accepte-t-il de confier mon âme à un homme d'église mais refuse que je rencontre un médecin de l'esprit ? J'ai besoin et revendique haut et fort qu'on s'occupe de tout mon être ! Au lieu de s'en tenir au symptôme, pourquoi les médecins n'en cherchent-ils pas la cause ? Pour ces techniciens du corps, chaque malade n'est donc qu'un numéro de dossier, un cas parmi tant d'autres, un corps, un diagnostic, un organe opéré ? Auréolés d'une connaissance, d'un savoir et d'un pouvoir exceptionnels, monsieur B. et ses confrères me donnent cependant l'impression de se comporter parfois comme des garagistes !

*

Le professeur est passé me voir avant ma sortie. Il n'est pas revenu sur le sujet. Le contraire m'aurait étonnée. Dépitée par l'attitude de la médecine en général, je repense à la discussion que j'ai eue, il y a quelques semaines, avec Julie, une amie journaliste. Proche d'une association française qui œuvre pour la reconnaissance du Tibet, elle m'avait retracé l'histoire tragique de ce pays et longuement parlé du bouddhisme. À présent, ses propos me reviennent clairement en mémoire :

– Tu pourrais essayer la médecine tibétaine où les enseignements se transmettent de manière ancestrale. leur philosophie te plairait.

Ce soir, j'ai envie d'en savoir plus ; je résume à Julie la conversation que j'ai eue avec mon professeur préféré et lui confie mon doute sur ce qu'il pense de l'incidence de la malchance dans le processus de la maladie.

Elle prend le temps de m'écouter et de me répondre.

– La pratique de la médecine tibétaine est liée au bouddhisme. Les bouddhistes tiennent compte des causes de la souffrance. Ils ne dissocient pas le corps de l'esprit ni de l'âme. Ils ont une vision globale, pour eux, c'est un tout. Leur point de vue sur la maladie prend évidemment en considération l'état émotionnel du patient. Ils essaient de remonter à la source de la maladie. Une pathologie est due à une rupture de la relation dynamique entre le corps et l'esprit. Ils savent qu'il y a plusieurs causes à cela…

Impatiente, je la coupe dans son élan.

– Lesquelles ?

– J'y viens, d'abord les émotions. L'attachement aveugle aux choses, aux situations et aux êtres, la colère, la peur, l'ignorance, tous ces sentiments affectent l'organisme et particulièrement le système immunitaire. Tout cela repose sur les fondements du bouddhisme : la cause primordiale de toute maladie est l'ignorance. Tu comprends, ne pas connaître, ne pas accepter la nature de la réalité, vouloir ignorer la souffrance, occulter la mort et vouloir systématiquement les combattre peut conduire à la maladie.

– Tu sais, j'ai du mal à comprendre ces notions philosophiques…

– Bien sûr, il faut avoir été initié pour les intégrer. Là, je te fais un grand raccourci.

– Oui, mais revenons aux causes de la maladie, il n'y a donc que les émotions qui rendent malades ?

– Non, ce n'est pas si simple, il y a d'autres points. Il faut également considérer la part du rôle du karma.

– Julie… Je ne comprends toujours pas ce qu'est au juste le karma.

– Comment te dire, le karma est pour les bouddhistes un principe fondamental. Il recouvre une notion très simple et assez compliquée en même temps, il repose sur la loi de la causalité. Ce qui n'est pas simple, c'est de connaître la cause et l'effet. Cela est valable d'une vie à l'autre, si tu peux y croire.

– C'est trop complexe pour moi…

– Ce que j'essaie de t'expliquer, c'est qu'il y a dans tout cela un sens, même s'il te paraît difficile à trouver. Le cancer est peut-être une manifestation de ton karma !

– Qu'est-ce que je fais avec ça ! Est-ce à dire que j'ai une responsabilité dans ma maladie ou commis jadis une action effroyable pour laquelle je suis punie aujourd'hui ? De quoi suis-je donc coupable ?

J'ai des sanglots dans la voix. Julie réalise qu'au lieu de me rassurer, elle vient de créer une perturbation supplémentaire. Elle reprend :

– Écoute, on ne peut pas le résumer ainsi… Parce qu'il y a aussi d'autres facteurs en cause : le style de vie, le stress, l'alimentation, la pollution, etc. Bon, pour aujourd'hui, laissons de côté ces éléments et revenons à la médecine tibétaine. Dans leur pratique, les médecins tibétains utilisent également, en complément, des plantes médicinales de la région himalayenne. Elles ont un pouvoir guérisseur. Recueillies à très haute altitude, ayant emmagasiné une telle charge de soleil et d'énergie, elles ont une puissance extraordinaire. À ce sujet, en dehors de ton traitement à l'hôpital, tu pourrais peut-être prendre des plantes ou des produits naturels, en tout cas des fortifiants qui aideraient ton organisme à supporter ta chimio et sa kyrielle d'effets secondaires.

Il est vrai qu'à l'hôpital, on ne m'a prescrit ni régime alimentaire, ni vitamines, ni fortifiants... Julie m'apprend que le médecin personnel du dalaï-lama sera à Paris dans moins d'une semaine. Elle le sait très occupé et déjà sollicité pour des consultations privées lors de sa courte visite en France, mais elle me propose d'arranger une rencontre avec lui. Je la remercie à l'avance de cette initiative.

Si j'en crois sa définition du karma, il se pourrait donc qu'il y ait une vie après la mort... Dans cette hypothèse, j'ai dû bien mal me conduire en des vies antérieures. Ainsi, aurais-je pu être une femme de petite vertu ? Pire encore, une mère infanticide ? Peut-être bien un homme, un inquisiteur espagnol, un bourreau pendant la révolution, qui sait ? Ce principe d'effet boomerang me dérange profondément. J'en reste là pour le moment. Entre la médecine traditionnelle et celle des bouddhistes, j'en perds mon latin et la tête !

Rideau !

*

L'expert médical mandaté par ma mutuelle me rend visite à l'hôpital. Allongée sur mon lit, je suis en séance de chimio. Le poison-médicament glisse lentement dans mes veines ; cette fois, sa couleur est d'un beau bleu indigo. Croyant que ce ne serait qu'une simple formalité, habituelle dans mon cas, quel n'est pas mon étonnement de me retrouver dans la situation d'un interrogatoire. L'inspecteur-médecin, l'air faussement affecté, me pose toute une série de questions croisées sur les prémices de la maladie. Désabusée, je réponds, laconique, mais il s'attarde sur tous les détails de son évolution alors que tout est déjà apparemment notifié dans mon dossier qu'il garde ouvert sur ses genoux. Sa dernière interrogation me semble indélicate, incongrue :

– Vous me confirmez que vous ne saviez pas que vous étiez malade lorsque vous nous avez retourné votre questionnaire de santé en mai dernier ?

– Oui, monsieur, je vous l'assure.

L'homme a l'air soudainement pressé d'en finir, ses derniers mots sont presque inaudibles, il les a prononcés dans un souffle : je vais recevoir un courrier concernant cette expertise et sa décision. Pardon ? Quelle décision ? Ah, son rôle est de déterminer mes droits ? Non, mais je rêve… je suis malade, ce n'est pas suffisant ? Je ne comprends pas bien le sens, le ton et les aboutissements de la démarche de ce monsieur. La mutuelle peut refuser mon dossier, m'explique-t-il, en cas de fausse déclaration. Que veut-il insinuer par là ? Il me prend pour un escroc ? La cliente qui a payé sans histoires se retrouve dans la position de voleuse ! Les compagnies d'assurances sont réputées redoutables…

Décembre 1990. Hôpital La Pitié. Paris.

Le professeur B. est passé en coup de vent pour m'annoncer la bonne nouvelle : les résultats des derniers examens montrent une nette amélioration, ma guérison est en bonne voie ! Avant de quitter ma chambre, il m'a chaleureusement souhaité de bonnes fêtes. Malgré nos divergences, j'apprécie la gentillesse du grand patron à mon égard. Quant à la nouvelle année, on la fêtera lors de la prochaine cure, début janvier. J'ai quitté l'hôpital toute guillerette ! Oubliée, ma rancune envers les médecins, mes sauveurs tout de même !

À son tour, Julie est contente de m'apprendre qu'elle m'a obtenu un rendez-vous avec le médecin personnel du dalaï-lama. Je la remercie de sa persévérance. Cependant, même si je pense qu'il n'est plus nécessaire, ni urgent désormais, d'aller consulter ce médecin, je ne le lui dis pas, elle s'est certainement démenée pour m'obtenir cette faveur. Et puis, pourquoi ne pas rencontrer cet homme ? On verra bien.

*

À peu près en forme, je m'y rends seule. Dans un appartement cossu du XVIe arrondissement, où la salle à manger fait office de salle d'attente, nous sommes plusieurs à attendre le docteur Tenzin Choedrak. Nous buvons en silence une tisane dont je ne reconnais pas le goût. Puis, à mon tour, j'entre dans le salon, lieu de consultation. L'homme a un visage un peu déformé, un peu de travers, il a été emprisonné durant plus de vingt ans dans les prisons chinoises et je crois savoir qu'il a été torturé... Il doit avoir à peu près soixante-dix ans. J'ose à peine le regarder. Je suis réellement intimidée par la réputation de ce personnage. Avec trois de ses doigts, il prend le pouls sur mes poignets, l'un après l'autre. Il doit ressentir ou tester mon métabolisme. Il me pose des questions sur mon histoire, mon traitement, via deux traducteurs, un homme et une femme, assis à ses côtés.

– Savez-vous que ce traitement est très lourd pour votre organisme ?

– C'est ce que j'ai pensé, mais les médecins m'assurent qu'il est efficace, les derniers examens sont excellents, je suis en bonne voie de guérison.

– Combien de séances de chimiothérapie vous reste-t-il à suivre ?

– Trois mois de traitement, dont deux mois encore assez lourds, une chimio par quinzaine, puis pour le dernier, il y aura juste de toutes petites séances. Le protocole s'arrêtera fin mars.

Il réfléchit. Assise en tailleur sur un coussin, en face de lui, c'est à peine si je m'autorise à respirer, le silence m'oppresse.

– Mademoiselle, pourriez-vous envisager d'interrompre momentanément ce traitement, tout au moins demander à espacer davantage les séances ? Il faudrait vous reconstituer un petit peu, vous êtes trop faible pour supporter la chimiothérapie.

– Non, je ne peux pas. Je ne sais pas... Non, ça me fait peur, j'ai déjà subi le plus gros du traitement. Je ne peux pas me permettre de le stopper en route, ni de décaler une séance, elles sont toutes déjà programmées. J'ai peur que ce ne soit une erreur fatale... Et puis les médecins ne seront pas d'accord. C'est sûr, ils ne voudront pas...

Tenzin Choedrak n'a pas encore la totalité de la traduction de ma réponse. Tous me regardent avec insistance, mais avec compassion. Alors qu'il a toujours les doigts posés sur mes poignets, je ne sais pas pourquoi mais je sens qu'il est allé derrière les apparences, au plus profond de moi. Il m'a comprise.

À présent, il parle tout bas à la femme qui se trouve sur sa gauche. Elle tend l'oreille, lui me fixe, droit dans les yeux. Elle me traduit ses propos. Effectivement, il comprend, n'insiste pas, si c'est mon choix. En revanche, il me recommande de ne plus consommer de viande, de bannir le sucre de mon alimentation et me suggère de prendre certaines plantes médicinales. Elles renforceront mon organisme affaibli.

La jeune femme m'explique que Sa Sainteté le dalaï-lama vit à Dharamsala (devenue la capitale du gouvernement tibétain en exil), ainsi que sa communauté, dans le nord-ouest de l'Inde.

Dans cette ville, installée au pied des chaînes himalayennes, les Tibétains ont construit un grand institut médical. Pourvu d'un important centre pharmaceutique. Ils procèdent à la culture, la fabrication et la vente des substances médicinales, principalement des plantes et minéraux. Chaque prescription étant unique, les dosages sont particulièrement adaptés pour chacun. Elle me tend ensuite une grande feuille sur laquelle le docteur Choedrak a défini, en tibétain, mes besoins. À première vue, ils sont nombreux, la page est pleine. La traductrice me précise que c'est à moi de l'envoyer en Inde et qu'il faudra un mois ou deux pour que ce traitement me parvienne. Quel est le prix à payer pour ces remèdes ? Elle me demande une somme dérisoire. Et pour la consultation ? Ils fonctionnent généralement grâce aux dons, mais, précise-t-elle, ce n'est pas une obligation. Pensant que l'entretien est terminé, je donne mon offrande, me lève... Le docteur me fait signe de m'asseoir à nouveau. Il a d'autres choses à me dire, au sujet de ma mère, de moi, enfant, du sentiment d'abandon, de la problématique liée à la nourriture, de mes ressentiments – mais comment le sait-il ? – et me parle ensuite de l'importance des émotions sur la santé. Il insiste sur le fait que dans mon cas, elles sont négatives, de plus, retenues, elles ont créé des nœuds énergétiques qui ont épuisé mon organisme et laissé place à la maladie.

Ses yeux ne m'ont pas quittée une seconde. Il sait que je me sens comprise. Il m'offre sa conclusion en m'invitant à travailler deux attitudes précises. Selon lui, elles sont fondamentales : lâcher la colère et la remplacer par la joie. Il me demande clairement, en souriant lui-même, un sourire malicieux de gamin ravi de son effet, de trouver la joie dans toutes les situations ! Toujours assis, il prend mes mains dans les siennes, me salue respectueusement. Son regard est serein, je le prends comme un encouragement, je m'incline à mon tour et sors de la pièce.

Je retrouve la froideur de l'hiver parisien. Après cette consultation singulière – elle a duré un long moment – il fait nuit, je n'ai pas la moindre idée de l'heure. C'est à petits pas que je me dirige vers le métro. L'entretien m'a abattue. Qui détient la vérité ? Mon corps pourra-t-il endurer plus ? Ce rendez-vous a balayé ma bonne humeur. Je sais qu'il ne faut pas y penser et rester sur ce que m'a dit le professeur : je vais guérir ! Je me sens au bord d'un malaise physique, la nausée monte… Changement de programme, je hèle, comme je peux, un taxi. La consultation m'a épuisée. Que faire de cette nouvelle donne ? La joie ! Mais comment devient-on joyeux dans ma situation ?

Quinze jours avant sa célébration, ça sent déjà Noël partout. Dans la voiture immobilisée, le long des magasins, j'ai détourné la tête, je déteste cette période de l'année particulièrement triste. Je ne sens pas et peut-être n'ai-je jamais senti le côté magique de cette fête, cette frénésie d'achats insensés m'a toujours dérangée. Le comble, ce sont ces milliers de guirlandes électriques. Elles brillent dans la nuit, clignotant par endroits avec un rythme, un acharnement pitoyables. Où est la joie ?

Je regrette l'entrevue avec ce médecin tibétain et le regard que je porte sur la plante mise en pot sur l'ordre du guérisseur yougoslave est autant chargé d'incrédulité. Quelle est exactement la fonction de ce philodendron qui se meurt au même rythme que moi ? Est-il simplement le miroir de mon état ou bien le support d'un transfert possible de mon mal ? Je ne sais plus quoi penser du tableau tragique de ce petit arbre qui décline lentement. Aucune pousse nouvelle ne sort de la terre qui semble pourtant saine et ses jeunes feuilles ne font que vivre une vieillesse précoce.

*

J'avais besoin de prendre l'air, je suis partie en Bretagne rendre visite à un ami de longue date. Michel m'avait proposé de passer quelques jours à Plouguenoual. Nos balades sur la grande plage de Val André et le plaisir de l'escapade m'ont fait un bien fou. Ce matin, Michel m'a déposée en catastrophe, juste à temps, à la gare de Lamballe. J'ai eu chaud, il était moins une ; je ne pouvais pas me permettre de rater ce train : aujourd'hui, mon frère se marie ! Pas de chance, le T.G.V. est resté à l'arrêt en rase campagne bretonne un long moment… Gare Montparnasse, j'ai donné au chauffeur de taxi l'adresse d'Angelin et j'ai rejoint le joyeux cortège qui revenait de la mairie, au bas de son immeuble. Mon frère a quitté la fête deux heures plus tard pour la générale de sa dernière chorégraphie, *Roméo et Juliette*, à Lyon.

Déjà insomniaque, depuis la rencontre avec Tenzin Choedrak, je passe mes nuits à cogiter comme une folle. Je crois avoir compris, la question est maintenant de repérer les fils, les trames qui ont tissé l'étoffe de ma maladie. C'est énervant, son conseil me hante, je cherche les souvenirs heureux de mon existence. Lors de ces nuits, ma vie défile comme un film dont je suis l'héroïne et, chaque soir, en petits extraits, je visualise un nouvel épisode. J'essaie de toutes mes forces de traquer chaque détail joyeux, de n'en oublier aucun. Il n'y en a pas beaucoup. Évidemment, en premier lieu, ce sont toujours les souvenirs les plus douloureux qui viennent à l'esprit. Refusant de m'y frotter, je les chasse, mais ils demeurent imprimés sur mon écran. Faut-il que je fouille plus profondément dans ma mémoire qui se refuse à m'obéir ? Peut-être devrais-je plonger du côté de mon enfance ? À cet effet, mes parents me prêtent leurs albums photos, j'y trouve quatre clichés de moi, à des époques différentes. Sur la première, j'ai à peine trois ans, le visage joufflu – merci la Bretagne, papa et maman ! Je porte un tablier d'écolière à petits carreaux fermé par un ravissant nœud. Je semble joyeuse et l'on reconnaît déjà mon sourire. Sept ans, devenue très fine, plus de sourire, mais une moue distante et les premières taches de rousseur. Je regarde médusée cette petite fille si sage, si posée, avec ses cheveux si bien coiffés, placés derrière les oreilles, sur chacune pend un anneau d'or. L'envie soudaine de pleurer me prend, j'ai tout oublié de cette douceur, de cette candeur... Troisième photo, une kodacolor. Derrière, un tampon avec une date, août 1968, neuf ans donc. Sur celle-ci, les quatre enfants, assis chacun sur sa chaise, font un peu Dalton, en taille ! C'est vrai que tout donne l'impression de l'Amérique : Gina, Christine et moi portons chacune et à l'identique, une robe blanche encombrée de nombreux volants en dentelle et le chapeau qui va avec. Ridicule ! Ces robes, expédiées de New York dans de grandes boîtes en carton, nous avaient été offertes par notre marraine commune, à Gina et moi. Ce déguisement, certainement prévu au départ pour un mariage, devint notre costume du dimanche pendant seulement et heureusement quelques mois ! Angelin, lui, arbore un nœud papillon noir qui s'harmonise avec son costume sombre et sa chemise blanche.

Sur le dernier cliché, je dois avoir à peu près dix ans ; photo de famille en fête sur laquelle manque mon père. Mes parents travaillaient à l'époque en équipe à l'usine, mon père de nuit, ma mère de jour et Sylvie, la petite dernière, n'était peut-être pas encore née, ou seulement depuis peu. Sur la table, une jolie nappe à fleurs, dessus, une bouteille de champagne, une de Coca et un gâteau avec les bougies prêtes à être soufflées. Je compte, c'est l'anniversaire de Gina. Ma mère porte Christine sur ses genoux et son bras entoure les épaules de la vedette du jour. Angelin et moi sommes à l'opposé, aux extrémités du canapé recouvert d'un tissu bon marché que j'ai supporté pendant des années, une sorte de fausse fourrure synthétique rouge. Je reconnais sur la photo l'immense tapis, un kilim également à dominante rouge, qui couvrait intégralement le sol de la pièce. L'air sage, dans une robe d'été avec un petit col écossais, je tiens fermement le pied d'un verre. C'est l'époque de la cité des Acacias à Champigny-sur-Marne.

* * *

1970. Banlieue parisienne.

Nous étions plusieurs gamins du même âge à jouer dehors, dans le grand bac à sable de la cité, notre quartier général. Cela devait être un jeudi. Ce jour-là, il n'y avait pas d'école. Oui, je me souviens…

Un garçon apporte son mange-disques Philips et quelques quarante-cinq tours. C'est l'époque yé-yé, *Que je t'aime* de Johnny Halliday est notre chanson préférée à tous. La connaissant par cœur, on la crie à tue-tête, en se prenant pour l'idole des jeunes, un bout de bois à la place de la guitare, on singe les poses de Johnny étudiées minutieusement à la télé. On déclame la chanson, en criant comme des fous, aidés par le volume de l'appareil, poussé au maximum :

« Quand tu ne te sens plus chatte et que tu deviens chienne et qu'à l'appel du loup, tu brises enfin tes chaînes. Quand ton premier soupir se finit dans un cri. Quand c'est moi qui dis non, quand c'est toi qui dis oui… Que je t'aime, que je t'aime, que je t'aime, que je t'aime, que je t'aime, que je t'aime… Oh ! que je t'aime, que je t'aimeu… » Et on se la repasse, plusieurs fois de suite…

C'est également l'époque durant laquelle nous partageons nos loisirs entre les jeux d'extérieur comme jouer aux cow-boys et aux Indiens et les jours pluvieux, où bravant l'interdit et les couloirs souterrains, nous nous réfugions dans les caves et nous nous adonnons aux simulacres de scènes d'épouvante ou au jeu du docteur. Je préfère appartenir au clan des Indiens, refuse d'être du côté des méchants. D'ailleurs, en ce moment-là, et pendant de longues années, je fais souvent le même cauchemar. Chez mes parents, les Sioux arrivent, toujours par le toit, et assassinent toute ma famille... Au début du rêve immuable, je me cache sous un lit ou dans le placard à chaussures, j'attends que le chef de la tribu vienne me chercher, après avoir liquidé tous les miens... Cela doit me venir des westerns de la télé.

En fin de journée, le long sifflement de mon père résonne dans la cité ; là, pas question de traîner, l'appel strident, signal bien connu de tous, annonce la fin des festivités. Au cas où l'un de ses enfants n'aurait pas entendu, il se trouve toujours une bonne âme pour nous informer que le père Preljo rameute ses troupes. Je ne rechigne pas. Assise devant la grosse télévision placée au milieu du salon, j'ai rendez-vous avec Caliméro. Caliméro ? Mais si, le petit poussin tout noir avec une coquille blanche sur la tête... à qui il arrive tous les malheurs et toutes les injustices possibles.

* * *

23 décembre 1990. Banlieue parisienne.

Aujourd'hui encore, pour faire rire les enfants et les adultes, je fais mon Caliméro. J'imite assez bien sa petite voix et reprends son célèbre refrain : « C'est injuste, trop injuste... Si l'on me traite méchamment, c'est parce que je suis petit et faible ! Ceux qui sont grands et forts, ils n'ont que du mépris pour les petits, c'est injuste... Pas vrai ? » Et lorsque j'entends à la radio *Que je t'aime*, plus de vingt ans plus tard, j'en rougis encore. L'époque de la cité fut la plus heureuse de ma vie. Ça n'allait pas avec mes parents, mais mon frère, ma sœur et moi avions beaucoup de copains. Malheureusement, en 1971, mes parents ont acheté un pavillon avec un jardin, à quelques kilomètres de la cité. D'un coup, mes sœurs et moi, nous nous sommes retrouvées enfermées, d'un coup.

Je cherche... Autre instant de bonheur ? La période chez les sœurs fut assez joyeuse, une fois dépassé le sentiment de la punition parentale. Certes au début, j'ai eu du mal à m'y faire, mais c'est là que j'ai trouvé mes plus grandes amies. En un sens, l'institution religieuse se révèle à mes yeux, au moment où je fais le point sur ma vie, comme un cadeau du ciel. Que serais-je devenue si je n'avais pas connu ce havre de paix à ce moment si important de mon adolescence ? L'institution m'a permis d'échapper à l'atmosphère de violence familiale et je restais à l'étude le soir, pour étudier. Mes comportements devaient quand même paraître bizarres, surtout lors de ma deuxième année à l'institution, car les professeurs m'ont si bien notée au premier trimestre – élève indisciplinée, violente mais extrêmement sensible – que Sœur Marie-Luce a pris la décision de m'envoyer chez un psychologue. Cela m'avait vexée et troublée.

* * *

1975. Banlieue parisienne.

– Catherine, c'est pour votre bien ! avait précisé la religieuse.

Le plus dur pour moi n'était pas d'imaginer que j'étais folle – ma mère me servait ce compliment quasi tous les matins au petit-déjeuner – mais je me sentais honteuse d'avoir recours à un spécialiste des fous. La directrice de l'institution m'avait demandé de garder le secret, y compris pour mes parents. Au début, je me suis demandé pourquoi, puis très vite, j'ai accepté. Pendant toute l'année scolaire, chaque semaine, je me suis rendue seule dans la ville voisine pour la consultation.

Toujours en face de lui, moi, allongée sur un long fauteuil en cuir noir, lui, assis sur une chaise moins confortable, il croise systématiquement les jambes. En général, je perds avec *lui* presque une heure. Je me contente de fixer en silence, soit le plafond, soit parfois des détails saugrenus, comme par exemple, ses chaussettes rouges, dont la couleur vive tranche avec ses sabots noirs… Ou sa barbe ou ses cheveux longs noirs, qu'il attache en queue de cheval. De temps en temps, il m'offre, à ma demande, une de ses cigarettes, j'ai appris à *cloper* en début d'année. D'autres fois, rarement, je me laisse aller à lui raconter tout ce qui me passe par la tête, vraiment tout, mes rêves, mes cauchemars, même ceux avec les Indiens, *lui* écoute. C'est en lui parlant que j'ai compris que je désirais la mort de mes parents. J'y ai songé la première fois, lorsqu'ils m'ont appris qu'ils m'enfermeraient chez les sœurs. Souvent le dimanche après-midi, après avoir mis leurs plus beaux habits, ils partaient en voiture « en visite » chez les Albanais, laissant derrière eux l'odeur d'after-shave et l'effluve d'un parfum. J'imaginais alors qu'un peu plus tard, l'on sonnerait au portail, l'on nous annoncerait qu'ils avaient eu un regrettable accident de voiture, que nous étions devenus orphelins... Je me croyais la fille la plus cruelle qui puisse exister au monde. C'est uniquement à *lui* que j'ai avoué le but de mes promenades avec Caroline et mon chien.

– Vous n'allez pas me croire, mais c'est à cause d'une femme que c'est arrivé, madame M., une des infirmières du service de chirurgie de la clinique où je me suis fait opérer de l'appendicite, il y a deux ans. Elle a été si gentille avec moi que j'ai désiré qu'elle soit ma mère. C'est pour cela que je rôdais du côté de la gare, en fait, le quartier de la clinique. J'aurais tout fait pour que madame M. me remarque. C'est bête, hein ? C'est grave, ça ne se fait pas de détester sa mère et de vouloir la remplacer par une autre femme ?

Lui m'avait rétorqué :

– Non, ce n'est pas si grave que ça...

Sa courte réponse ne m'a pas totalement rassurée. J'aurais préféré qu'il m'explique en quoi ma réaction pouvait être anormale ou qu'il me démontre qu'elle était légitime dans ma situation.

Quelques mois plus tard, je lui raconte qu'à l'institution, à peu près la même chose m'arrive avec deux de mes professeurs. Elles ne sont pas religieuses. Je lui laisse entendre que mes sentiments pour elles sont bien plus confus et perturbants que celui éprouvé face à madame M. Il me semble que je suis amoureuse d'elles sans savoir réellement ce que ça veut dire. Je trouve mes émotions anormales, pire, honteuses. J'ai ce jour-là, face à lui, beaucoup de peine à les lui décrire.

Lui me dit qu'il comprend parfaitement. Selon lui, cela me passera.

Ce n'est qu'au dernier entretien, en fin d'année scolaire, à la fin de la séance, que je lui pose la question, directement. Je rougis en la lui formulant, j'ai peur de sa réponse mais il est capital que je sache.

– Monsieur, répondez-moi franchement s'il vous plaît : vous croyez que je suis folle ?

Il n'a pas ri comme je l'avais supposé, il me répond, très calme :

– Non, tu n'es pas folle, mais j'aimerais rencontrer tes parents. Demande-leur, s'il te plaît, de venir me voir.

Il me raccompagne jusqu'à la porte, m'assure que je n'ai plus besoin de venir le voir mais insiste pour rencontrer mes parents. Il me serre la main, et, comme à chaque fois, me tapote l'épaule et me regarde partir.

Mon Dieu que je suis heureuse ! C'est tellement pénible de s'imaginer être folle à seize ans. Cela ne veut pas dire qu'il n'y a plus de problème – je me sens si différente des autres filles de mon âge –, mais cet homme qui m'a écoutée toute une année m'a confirmé que je suis normale !

La joie retombe lorsque, sur le trajet du retour, je m'interroge. Comment et quand vais-je parler de *lui* et surtout de sa proposition à mes parents… Quelle réaction auront-ils cette fois ? De retour à l'école, je n'ose pas en débattre avec la directrice de l'institution.

Le soir même, lors d'une altercation classique avec mon père, sur un de ses sujets préférés – ma résistance à aider ma mère ou ma sœur à la cuisine – c'est, évidemment, avec beaucoup d'aplomb que je m'adresse à lui. Je ne tourne pas sept fois ma langue dans la bouche.

– Papa, il faut que je te dise… Durant toute l'année, je suis allée voir un psychologue. C'est la directrice de l'institution qui m'y a envoyée… Le psy voudrait vous rencontrer, maman et toi…

– Dis que je suis fou ? Il n'en est pas question ! J'ai pas besoin d'aller chez ce médecin, je sais très bien ce que je fais ! Qu'est-ce que tu lui as raconté ?

Je reste muette. Mon père, persuadé que j'ai tout relaté au monsieur, me gifle. J'ai pourtant passé sous silence les scènes les plus violentes. Celles où les coups tombaient sur moi pour un oui ou pour un non, celle où un matin, ma mère m'a prise par les pieds, fait passer par la fenêtre, la tête la première dans le vide pendant au moins cinq bonnes minutes, tout en me menaçant de me lâcher, le temps pour elle de se calmer… J'avais encore fait pipi au lit, c'était du temps de la Cité, nous n'habitions pas très haut, au deuxième étage, mais quand même, je me souviens que lorsque j'ai retrouvé la position verticale, les pieds sur terre, j'ai tremblé de la tête aux pieds pendant au moins une heure. La fois aussi où je me suis fait prendre à voler deux tablettes de chocolat à Prisunic : au commissariat, les policiers me conseillent de l'apprendre moi-même à mes parents, sinon ils se déplaceront… Bien obligée, j'avoue ma bêtise du jour à ma mère. Elle me bat, me laisse au fond du jardin, soi-disant pour toute la nuit, puis me culpabilise une fois de plus : elle va, immédiatement, me crie-t-elle, se jeter dans le lac avec sa voiture. Elle monte effectivement dans sa petite Fiat 500, qu'on appelle pour rire soit son pot de yaourt, soit son suppositoire d'autobus, mais quand j'entends le moteur se mettre en route, je suis en pleurs, moi aussi prête à mourir, pensant qu'elle va réellement se noyer… À cause de moi, sa mauvaise fille. Quand elle revient, j'aurais préféré qu'elle l'eût fait. J'ai eu si peur !

Je suis incapable de révéler ces événements à qui que ce soit et certainement pas à *lui*. J'ai trop honte de moi, plus que de ma mère, je me sens la seule responsable de ses comportements. J'en déduis que je ne possède aucune des qualités nécessaires pour mériter son amour.

Avec mon père, nous ne reparlons pas du psy, même quand, quelques mois plus tard, une assistante sociale se présente à la maison. Mes parents s'en sont très bien sortis. Je les ai observés jouer leur rôle de bons parents, dans l'attitude courroucée de ceux qui ne comprennent pas l'acharnement de cette charmante dame qui persiste à poser tant de questions à mon sujet. En regardant par la fenêtre cette femme partir, je comprends qu'ils ont réussi leur coup. Elle pensera probablement que je suis une petite menteuse. Cela m'est égal, je ne suis plus dupe… Ni folle.

De cette période, d'autres images agréables me reviennent, tout de même… À l'occasion d'un spectacle de fin d'année scolaire, avec quelques copines de classe, nous avions dansé une petite chorégraphie sur un morceau à la mode, *Venus Shocking Blue*. Qu'est-ce qu'on a pu rire en répétant nos pas sur ce fameux « *she's got it* » ! Mon frère, quant à lui, pratique le judo – il n'a pas encore commencé à prendre des cours de danse – et la veille de ses compétitions, il réveille toute la maisonnée avec ses cris, en japonais, s'il vous plaît. Monsieur s'entraîne la nuit, oui, il révise, paraît-il, ses prises en dormant…

* * *

Décembre 1990.

L'année dernière, avant d'être malade, j'ai souvent pensé au psy de mon adolescence. Ce fut la première et dernière psychothérapie de mon existence. Pourtant, ces derniers temps, beaucoup de mes amis m'ont parlé de leur analyse en cours ou bien de divers groupes de thérapie. Je n'ai jamais eu le courage d'entrer dans une démarche de ce genre. Raconter à tout un groupe ma vie ou mes angoisses existentielles ? Il n'en était pas question. En réalité, c'est la peur qui m'a paralysée. Peur d'avoir à soulever le couvercle fixé sur des pans douloureux de ma vie ou pire, de me découvrir plus noire que je ne le suis. Mais je gardais l'impression de n'être plus qu'une Cocotte-Minute ambulante ! La sensation a persisté jusqu'à ce que le couvercle explose. Il me semble le comprendre aujourd'hui : j'ai préféré la maladie physique à la folie. C'était soit l'une, soit l'autre. En revanche, je continue à vouloir espérer. Je peux faire marche arrière dans ce scénario de mort et je m'obstine à revisiter le passé afin d'y retrouver des traces de joie.

Le tourbillon des souvenirs m'emporte à nouveau vers la période nocturne de mon adolescence car, si les journées étaient tristes, les soirées familiales violentes, les nuits entières que Gina et moi avons passées, dans la cuisine, furent les plus intenses de ma vie.

* * *

1973-1977.

Au départ, ces rencontres tardives prenaient pour prétexte la possibilité d'étudier, puis très vite, nous nous laissons gagner par le plaisir de nous parler, ou bien d'écouter « La Ligne est ouverte ». L'émission de radio animée par Gonzague Saint-Bris est l'une de nos petites ouvertures sur le monde extérieur. Au cours de ces nuits, nous allons voler, chacune à tour de rôle, quelques Gauloises Disque bleu filtres dans le paquet de notre père et les fumons jusqu'à l'aube.

Nous sommes, Gina et moi, aussi complices que jalouses. Surtout moi. Ma sœur est la réplique d'une madone, très brune avec de longs cheveux qui lui arrivent à la taille. Féminine, douce et sophistiquée, elle incarne à merveille les canons de la beauté albanaise. Moi, le garçon manqué, les cheveux courts, à côté d'elle, c'est... la belle et la bête ! J'exagère un peu mais pas tant que cela, puisque lorsque l'on nous rencontre, nul ne veut croire en notre lien de parenté. Je ne cache pas ma déception, mieux, je me plains de cette flagrante injustice auprès d'elle.

Gina prétend que mon charme augmentera au fil des années.

« Tu sais, il y a des femmes qui deviennent belles vers la trentaine... »

Cela me met hors de moi. C'est ça, il va me falloir attendre encore quinze ans !

Elle argumente alors que j'ai de belles mains, d'une telle blancheur, de jolies taches de rousseur, un joli cou, à mettre en valeur. Elle tente de m'apprendre à me coiffer, à m'habiller, espère me faire quitter mes jeans pour des robes, ou des jupes dans lesquelles j'ai l'air ridicule.

Gina m'enseigne également les bonnes manières, comme, par exemple, comment se tenir à table, bien prendre ses couverts en main, etc.

En cherchant bien, il n'y a qu'un seul point sur lequel ma sœur peut se montrer envieuse à mon égard : la capacité « à faire de la poésie ». Décidée, une bonne fois pour toutes, à séduire non pas avec des atouts physiques mais plutôt avec ceux de la tête, je m'oblige à me dépasser intellectuellement, en permanence. Mon désir est d'être aimée pour ce que je suis à l'intérieur, certainement pas pour mes apparences. Quelques-uns de mes poèmes sont publiés dans les bulletins trimestriels de l'institution religieuse. Les parents d'élèves, surtout les mères, m'envoient de petits mots relatifs à ma qualité d'écriture ou leurs encouragements sur d'élégantes cartes de visites. J'en suis agréablement surprise et fière. Leur progéniture, elle, passe me voir à mon bureau, dans un coin de notre immense cour de récréation, la grotte au milieu du parc, où, mon cahier sur les genoux, je prends note des détails concernant souvent leur première histoire d'amour. La nuit, devant Gina, incrédule au départ, puis admirative, je compose d'un jet, d'un seul, l'ode à l'élu de cœur d'une de mes amies.

Lors de ma dernière année de scolarité, à la remise de mon exemplaire de la photo de classe, je découvre, atterrée, l'importance du strabisme divergent de mon œil gauche ! La pupille de celui-ci n'est pas placée au milieu, comme il se doit, mais figée sur le bord extérieur ! Voilà pourquoi les gens n'osent pas me regarder en face ! Je pleure des jours entiers dans le parc sur ce terrible handicap et refuse de parler à mes amies, qui ne comprennent pas mon désespoir. Puis la colère s'empare de moi et se retourne contre mes parents. Comment se fait-il qu'ils n'aient rien tenté pour réparer cette horrible chose, cette monstruosité ? C'était d'une solution radicale que j'aurais eu besoin, et beaucoup plus tôt ! En dépit du refus de ma mère de m'y conduire parce qu'elle n'en voit pas l'utilité, je vais trouver toute seule, en parcourant d'une humeur guerrière les cinq kilomètres à pied, une femme chirurgien, pour qu'elle tente une opération. Face à mon étonnement devant les dégâts révélés par cette photo, elle m'explique que devant un miroir, mes yeux se corrigent instinctivement, d'eux-mêmes et fixent devant, bien droit.

Elle me propose de programmer la date de l'intervention pour les prochaines grandes vacances d'été. Nous venons tout juste de passer la

Toussaint, c'est beaucoup trop loin ! Prendre mon mal en patience, regarder par terre encore neuf mois me paraît être un défi impossible. Je propose timidement les vacances de Noël. Malheureusement, elle sera en congé… Face à ma mine désespérée, elle invoque le risque de perturber ma scolarité : la seconde est, selon elle, une année très importante. Me dire cela à moi, qui suis devenue la rivale de Quasimodo, n'a aucun poids ! Cela m'est égal de redoubler ma seconde ! Je n'ose plus regarder qui que ce soit !

L'intervention a lieu en février. À mon réveil, le noir complet. Je sens dans les yeux des tiraillements constants. Ils ont été littéralement piétinés, écrasés, broyés. Je croyais avoir compris qu'on ne toucherait qu'à un seul œil… Que nenni ! Durant l'intervention, le chirurgien n'a pas eu d'autre choix que de toucher aux deux, d'où ce large et long bandage qui enrubanne le haut de mon visage. Pendant plus de dix jours, j'expérimente quelques émotions étranges dues au sentiment d'isolement visuel mais également intérieur, à la recherche systématique des couleurs mémorisées ou la crainte de demeurer handicapée pour le restant de mes jours. Par contre, la révélation aiguë de tous les autres sens devenus exacerbés et prenant le relais automatiquement, m'a énormément rassurée. Je peux déceler un très faible accent chez une infirmière, le parfum d'une autre me semble plus soutenu et mes mains, mes doigts se révèlent assez rapidement experts dans mes tâtonnements et déplacements. À la fin de l'hospitalisation, on déroule enfin le bandage et on retire les fils. Délivrance.

Les vacances finies, je reprends le chemin de l'école avec des lunettes de soleil et, exemptée de beaucoup de cours, notamment ceux de maths, physique et chimie, je passe ces heures délicieuses allongée sur mon lit ou dans le parc, à méditer sur les joies de l'existence. Cette année scolaire est bien évidemment gâchée et, à ma grande surprise, mes professeurs refusent que je redouble ma seconde mais m'orientent d'office vers une section de secrétariat ! Je plaide coupable, promets de m'assagir, de retravailler mes cours tout l'été, s'il le faut… Ils ne cèdent pas. Je suis attendue en septembre au lycée technique. C'est totalement injuste ! Par leur décision, tous ces profs contrarient mes projets et coupent ainsi, à la base, les ailes de ma liberté. Ils répondent, sans le savoir, aux désirs de mes parents.

Faire le deuil de ce rêve est terriblement douloureux mais je m'y plie. D'accord, fini la culture, l'élévation par la connaissance, mais j'y arriverai, d'une manière ou d'une autre. Ma décision prise, je postule pour un poste de caissière dans un supermarché, tout en me promettant de ne pas y faire carrière. Si je regrette ? Non, parce qu'à la sortie du magasin, pour la première fois – j'aurai bientôt dix-sept ans – un jeune homme m'a offert le plus joli compliment sur mon regard.

25 décembre 1990. Banlieue parisienne.

Soirée du réveillon. Ma seule envie est de dormir. Je tiens néanmoins à voir mes neveux et nièces. Tina me prend dans ses petits bras. Du haut de ses cinq ans, elle me demande si mes cheveux repousseront un jour ? Ce petit détail la touche profondément. J'essaie de tenir le plus longtemps possible. J'attends, comme les autres, le coup de fil du grand frère. Il appelle vers minuit et s'entretient avec chacun. Angelin m'invite le soir du réveillon de la Saint-Sylvestre, à assister à la dernière représentation de son nouveau spectacle. L'hésitation dure deux secondes puis j'accepte. Il est ravi.

– Je viendrai te chercher à la gare et nous fêterons la nouvelle année après le spectacle.

Tous les membres de ma famille m'ont particulièrement gâtée. C'est terrible à dire, la maladie apporte également bien des avantages…

31 décembre 1990. TGV Paris-Lyon.

Dans le train, en route vers Lyon pour assister au nouveau spectacle d'Angelin, derrière la vitre défilent mes souvenirs. Les images de son dernier ballet me gênent encore. *Noces* n'a duré que trente-cinq minutes mais elles m'ont semblé interminables ! Malgré la beauté de la partition musicale et les textes d'Igor Stravinsky, admirablement joués et chantés – en russe – par au moins cent musiciens et choristes sur scène, la chorégraphie de mon frère avait réveillé en moi l'un des pires cauchemars éveillés de mon existence : le mariage de ma sœur aînée. En dépit des années qui se sont écoulées, son évocation m'est toujours pénible. Le soir de la première, il y a déjà plus d'un an, j'étais rentrée chez moi avec la nausée.

Angelin s'est appliqué à décrire, avec une telle justesse, l'horreur et, paradoxalement, la beauté insoutenable de cette tragédie où la noce n'est que la mascarade d'un rapt consenti par tous, que le ballet m'avait bouleversée. Si, tout comme dans la première version de Nijinski, mon frère avait daté et situé le sujet des épousailles au temps de l'ancienne Russie, à mes yeux, non seulement Angelin avait réactualisé les propos du chorégraphe défunt, mais il avait puisé, en lui-même, tous les détails vivants de nos noces balkaniques. Ces résonances n'en devenaient que plus frappantes pour nous, qui les connaissions. L'évolution des cinq couples traduisait parfaitement l'atmosphère de cette journée particulière. Le point culminant de mon dégoût fut la vision des danseurs, qui, dans leur rôle d'époux, manipulaient dans tous les sens une poupée de chiffon, grandeur nature, habillée de la robe nuptiale, en la propulsant en l'air, en la reprenant en vol pour ensuite la plaquer au sol. Là, les danseurs avaient mimé l'acte sexuel, furtif et bestial, sur ces épouses de chiffons avant de brutalement les lancer sur les côtés, où elles gisaient dans un coin sombre de la scène.

S'il est vrai que, comme le public, j'avais applaudi la création de mon frère, ce ballet restera un mauvais rêve et ce soir-là, pour la première fois, j'ai eu la certitude qu'il avait été un outil thérapeutique pour Angelin. Ce n'était pas seulement le drame d'un jour, mais bien de plusieurs années marquantes qui l'avaient mené et confronté à ce rite, dont mon frère tentait de se libérer. C'est une longue histoire. Ma sœur Gina n'avait pas encore quatorze printemps que les Albanais commençaient déjà à demander sa main à mes parents.

* * *

1973-1977.

La demande en mariage se déroule selon un protocole très officiel. Tout d'abord, ce n'est jamais le jeune homme qui se présente chez mes parents pour demander la main de Gina, mais son père ou son oncle, voire les deux ensemble. Ensuite, première protagoniste de cette comédie, elle n'assistera jamais aux entretiens, n'adressera la parole à aucun d'eux, même lorsqu'elle leur servira le café, le visage baissé. Ainsi, depuis des années, nous voyons défiler à la maison beaucoup de familles albanaises, de France, de Belgique, d'Allemagne, de Yougoslavie, où se trouve une grande partie de la diaspora albanaise, et même parfois des États-Unis. Censée aider les femmes à servir ces messieurs, je me comporte comme une sauvage. Insoumise, je m'arrange pour gâcher la saveur du café turc, art dans lequel j'excelle en principe, selon mes parents. Si j'osais, je rajouterais bien du sel dedans... À défaut, je me délecte, au grand dam de mes parents, de mal le servir et ne fais bien sûr aucun effort ni sur ma personne ni ma tenue pour ces visiteurs indésirables. Au fil des années, malgré la force des codes de l'hospitalité que mes parents m'ont inculqués, refusant qu'on jette ainsi en pâture ma sœur, je deviens de plus en plus agressive avec certains et impolie avec tous. L'idée d'un tel mariage semble inévitable à Gina. Ma mère lui prépare activement son trousseau, lui enseigne tous les rudiments de notre cuisine traditionnelle et la maintient en permanence par maintes allusions dans cette perspective inéluctable.

Angelin et moi, nous nous chamaillons souvent à ce sujet et sur celui de nos éducations respectives. Cela dure depuis des années. Je l'avoue, je suis jalouse de ce frère, seul garçon de la lignée, de plus l'aîné et, pour ma mère, Dieu.

Il a tous les droits et ses sœurs, aucun. Si mes parents rêvent d'une belle éducation pour leur fils – ils l'imaginent médecin – l'unique projet concernant leurs quatre filles est leur mariage, à l'albanaise. De plus, ils ne font aucun effort pour enrichir notre culture. Au contraire, par exemple, si je passe trop de temps dans ma chambre, allongée sur mon lit à lire, mon père n'apprécie pas du tout :

– Tu n'as pas autre chose à faire, comme d'aider ta mère ou ta sœur ? Ferme-moi ça, lève-toi et va à la cuisine !

J'aurais tant voulu être un garçon ! Être née « deuxième sexe » me prive de la possibilité de vivre ma vie comme mon frère. En dehors du fait qu'il est totalement libre d'aller et de venir, il pratique pleinement le judo, joue de la guitare et même de la batterie, avec laquelle il nous casse les oreilles !

Si Angelin, Gina et moi, sommes très proches – neuf mois le sépare de Gina et vingt-six de moi – Gina est sa véritable confidente. Quand Angelin rentre tard, c'est elle qui l'écoute évoquer ses fêtes, ses premiers flirts et, récemment, l'ébauche de sa première grande histoire d'amour.

En général, il nous raconte toutes les péripéties de son existence mais ne fait, lui, aucun effort pour nous libérer, Gina et moi, de notre prison. Le prenant mal, sûre du fait qu'il nous nargue, je l'insulte régulièrement :

– Espèce d'égoïste ! tu n'es qu'un petit con !

Ce à quoi il réplique, en riant :

– Les petits cons se cachent derrière les grandes !

Dans mes souvenirs, Angelin n'est pas souvent à la maison mais je le revois toujours présent pour le déjeuner familial du dimanche. Les horaires décalés de mes parents ne nous permettent pas de prendre de repas en commun les autres jours de la semaine, chacun de nous mange seul ou parfois à deux, ni de parler.

Parler, communiquer, partager, échanger… Ce n'est pas notre tasse de thé, nous avons tous plutôt tendance à aboyer. Les rares fois où nous avons pu amorcer une discussion normale, agréable, légère voire joyeuse, elle était due soit aux soirs de grève à la télévision, soit aux coupures de courant. Mon père, privé de son poste, prenait alors le temps de converser.

Les repas dominicaux pris dans la cuisine – la salle à manger est réservée aux invités – demeureront dans nos mémoires comme jours et lieux où l'apprentissage des joutes verbales se fait particulièrement intense. Les débats sont obligatoirement houleux, et pour cause : notre père est, par son histoire personnelle, anticommuniste et, par choix idéologique, un fan invétéré du général de Gaulle. Nous, pas vraiment… Notre âge, notre culture française nous poussent à lui tenir le discours post-soixante-huitard et nos rêves correspondent à l'époque. Nous sommes, Angelin en tête, antimilitaristes, anticapitalistes, antiracistes, anti-etc. Qu'il s'agisse de politique, de notre éducation personnelle ou des droits des femmes, que je remets souvent au centre des débats, nos échanges se finissent toujours de manière identique. Mon père, excédé ou à court d'arguments, quitte la cuisine en claquant la porte.

En réalité, je ne sais que peu de chose de l'histoire de mes parents ; ils nous ont toujours laissés à l'écart de multiples pans de leur existence. Et il en est de même pour l'Albanie. À l'instar de mes parents, je rêve seulement que les portes s'ouvrent, que la démocratie s'installe et de fouler un jour la terre de mes ancêtres. Mais quand s'ouvriront-elles ? Bientôt ou bien jamais ? Impossible à imaginer. Si rien ne filtre de la forteresse albanaise, chaque été, en vacances en Yougoslavie, je cherche un signe, même infime, d'ouverture, dans la propagande de la télévision albanaise. Le village où vit ma grand-mère maternelle sur la côte adriatique et celui de mon grand-père paternel dans les montagnes captent parfaitement les émissions de la télévision contrôlée par l'État. Hélas ! les manifestations politiques ou culturelles retracent invariablement la glorieuse carrière d'Enver Hoxha. Vainqueur des fascistes, il les a remplacés par ses amis communistes staliniens. Franchement, je ne vois pas où se trouve la différence. On veut faire croire au peuple albanais, actuellement sous le joug chinois, après avoir été sous celui des Russes, que l'Albanie est l'Éden des temps modernes, une nation où personne ne meurt de faim, grâce au plan agricole, contrôlé par le parti, où tous les adultes ont un emploi – toute activité ou entreprise : école, ferme, hôpital, restaurant et même théâtre ou opéra sont étatisées – et où les enfants sont heureux... Ils en ont l'air ; ils sont si beaux dans leurs costumes identiques à ceux de leurs petits copains chinois quand ils défilent, dans les avenues démesurément larges de Tirana, le foulard noué à la mode pékinoise en scandant, le bras levé, le nom de leur sauveur : Enver Hoxha, Enver Hoxha...

Je maudis ce vieux monsieur presque sénile, ce dictateur qui tient l'Albanie dans son poing, les Albanais dans l'ignorance et dans la paranoïa des étrangers. Ceux du dehors, les Américains en particulier, mais aussi de l'autre, de celui qui vit à côté ; son voisin, son collègue à l'usine et, peut-être, même son frère...

Grâce à monsieur Enver, chacun, devenu soupçonneux, peut se révéler, un jour ou l'autre, Judas. Dans ce climat d'extrême tension, tout devient prétexte à la délation et peut conduire quiconque à la prison. Si l'un n'est pas assez productif à l'usine, l'autre, cela pourrait être son meilleur collègue, l'autre le dénoncera au Parti... Et alors qu'il est interdit de regarder les télévisions étrangères, si l'un décide d'enfreindre cette loi, eh bien qu'il se méfie de l'autre, son voisin...

Chaque année, devant ce triste spectacle, je me fais la même réflexion : ce qu'il fait bon vivre en France ! Dissident de ce pays totalitaire, mon père est sur une liste noire albanaise. Nous supposons que les événements ont été terribles pour lui et les siens mais sans vraiment comprendre comment et pourquoi. Quoi qu'il en soit, mon père s'obstine depuis des années à envoyer par la poste des lettres et des colis à sa famille, tout en sachant qu'ils ont peu de chance d'arriver à ses destinataires. Quant à moi, malgré son acte héroïque – son évasion – et son statut de réfugié politique, mon père n'a pas à mes yeux la carrure ni l'aura d'un héros. La seule chose que j'ai retenue, c'est qu'il a laissé en Albanie deux de ses jeunes frères, sa petite sœur et surtout sa mère. Comment a-t-il pu les abandonner ? Ma grand-mère paternelle est morte l'an dernier. Quand ma mère me l'a appris, sur le coup, je n'ai rien ressenti, cette annonce n'a déclenché en moi aucune émotion. Comment aurai-je pu pleurer la mort de cette femme, parfaite inconnue, emprisonnée toute sa vie, derrière le rideau de fer albanais ? Le lendemain seulement, la tristesse m'a envahie, au contact du chagrin de mon père.

1976.

Si Angelin prend rarement parti pour ses sœurs, cette année, pour une fois, il a vraiment pris ma défense. J'ai seize ans et commence ma seconde. Un dimanche, au dessert, j'expose mes projets à ma famille ; j'aimerais suivre des études de lettres, devenir écrivain ou reporter. En tout cas, c'est clair, je veux parcourir le monde.

Pour mon père, après le bac, ce sera rien ! Que sa fille soit journaliste est inconcevable ; j'ai choisi un métier de pute !

– Bon, alors, je pourrais être infirmière ?

– Pour te taper les chirurgiens ?

De la part de mon père, la conclusion est systématique. Pourtant, aujourd'hui, j'ai envie de crier d'impuissance sur mes parents. Que vais-je devenir si j'accepte leur choix ? Fait nouveau, j'insulte mon père, ma mère, les traite de fous, critique leurs mœurs archaïques… Je suis hors de moi.

Hors de tout contrôle, j'attaque de front mon père :

– Papa, tu crois que c'est la seule chose qui nous préoccupe ? Je te parle de mon avenir, de ma vie et toi, tu n'as que ces considérations en tête… J'en ai assez ! Et… je te le promets… Tu ne me marieras pas ! Je refuse de devenir la bonne d'un Albanais. Je te préviens, un jour, je m'en irai… Je serai libre !

– Si tu fais ça, je te tue !

Sa main sur ma figure confirme sa menace.

– Ah oui, et tu finiras ta vie en prison ?

– Je m'en fous ! Je préfère te savoir morte, moi en prison, plutôt qu'être déshonoré et toi vivante !

– C'est ce qu'on verra… Tu n'y pourras rien, dans moins de deux ans, je serai majeure au regard de la loi française…

Mon père s'avance vers moi… Sans mon frère, qui s'interpose physiquement entre nous, je crois que le pire aurait pu se produire. Le père et le fils en viennent aux mains. Ma mère et ma sœur les séparent avec difficultés.

Je n'assiste pas au reste de l'empoignade. Réfugiée dans ma chambre, j'ai même poussé le verrou, tremblante. Les propos de mon père m'ont énormément choquée. Comment ose-t-il menacer sa fille de la sorte ? D'accord, je suis rebelle à son autorité, mais quand même, cela me touche... au cœur. En fait, je réalise ; à son honneur, mon père sacrifiera la vie de sa fille et, à ce jeu-là, l'amour ne me donnera pas de points. Il n'entrera pas en ligne de compte. Si j'ai souvent des remords sur mon attitude vis-à-vis de lui ou de ma mère, l'écœurement à me sentir une femme, c'est-à-dire rien, au point qu'on décide de me prendre la vie, et les relents de menaces entendues depuis tant d'années, mais incomprises de ma part, balaient d'un coup ma culpabilité et augmentent mon désespoir. La peur m'envahit à nouveau quand une pensée insoutenable se met en images : cet homme, mon père, est-il capable de s'exécuter un jour ? Si oui, dans ce cas, je suis allée trop loin dans la provocation, la majorité pour les femmes n'existe pas.

« Tu entends ? Jamais de la vie ! » me crie souvent ma mère. Chez nous, la jeune fille quitte le giron familial pour entrer dans celui de son mari. L'espace « entre » n'a pas été créé par l'Albanais, ni dans sa langue, ni dans les faits. La possibilité, même minime, d'un choix, est une utopie !

Bien que nos affrontements aient repris, autant de sa part que de la mienne, mes craintes s'estompent peu à peu. Cependant, le regard lucide que je pose sur nos destinées toutes tracées, celle de Gina, de mes sœurs et évidemment la mienne, m'oblige à m'opposer à mon père de plus en plus violemment. Lui continue d'exiger de me voir à ma place, à la cuisine, et que je file droit, comme ma sœur. La question n'est pas de refuser d'obéir à ses ordres, mais ils vont tant à l'encontre de mes pensées, mes désirs, mes pulsions de vie que je ne peux pas agir autrement. C'est tout simplement plus fort que moi. Il est vital que je résiste. Dont acte.

Cette année, mon père m'a menacée tant de fois que j'ai fini par m'y faire, enfin presque. J'espère secrètement éviter le drame. Il ne s'agit pas du délire d'une adolescente fantasque, voire mythomane. Mes peurs sont malheureusement plus que justifiées. Nous apprenons le meurtre d'une jeune Albanaise, tuée soit par son père, soit par l'un de ses frères, quelque part en Amérique ou en Europe. Récemment, j'ai été particulièrement bouleversée par le cas de deux sœurs assassinées en plein jour, dans une brasserie, à Bruxelles. Leur père n'a pas supporté l'affront de voir ses deux filles vivre comme les jeunes femmes belges. Avaient-elles commis l'irréparable, quitter définitivement la maison familiale, ou bien n'était-ce qu'une petite escapade de quelques heures ? Nous ne le saurons jamais. Ces meurtres parricides ou fratricides, au nom de l'honneur, renforcent nos mœurs et couvrent l'actualité partout où se trouve la diaspora albanaise. Nul de mes compatriotes n'a le goût de la honte ou du remords dans la bouche. Tous sont fiers. Chacun salue la bonne action et le courage du père ou du frère, jamais la mémoire de la jeune fille morte.

Ces histoires ont pour effet de calmer mes ardeurs durant quelques semaines, mais pas mes sentiments. J'ai honte quand je réalise qu'au XXe siècle, dans nos capitales, au tribunal, ces hommes orgueilleux, assassins, appellent à la reconnaissance de leurs traditions, revendiquent leur bon droit, persistent à nier ceux de leur pays d'accueil et affrontent sans état d'âme la justice divine. Ils deviennent virulents quand il s'agit du crime d'un homme, mort sur l'ordonnance du *kanun*. Ce code coutumier médiéval, déployé par les Albanais où qu'ils se trouvent, décime de nombreuses familles. Le *kanun* les oblige à reproduire indéfiniment la vengeance inexorable. Elle ne s'arrêtera jamais ; une vie pour une vie, une mort pour une mort…

Plus près de nous, dans notre ville, à vingt kilomètres de Paris, une jeune femme, en âge de se marier, s'est donné la mort. Le dimanche suivant, à l'église, en sortant de la messe, on pouvait entendre les commentaires des femmes de notre communauté. Mauvaises langues, certaines ont chuchoté : « Elle aurait eu une histoire d'amour avec un Français… »

Et alors ? D'autres ont laissé glisser, salement : « Elle était peut-être enceinte… »

Même sous terre, chez nous, on ne trouve donc jamais la paix !

Par précaution, je décide d'opter bientôt pour la naturalisation. En fait, c'est l'État qui me le propose, à la majorité. Tous les enfants nés en France de parents réfugiés politiques ont la possibilité de choisir leur camp. Chacun peut conserver sa nationalité d'origine ou bien devenir, sans difficultés, citoyen français. Je signerai mes documents avec soulagement. Pas uniquement à cause de ces meurtres, mais, parce que je suis née en France ; la France est devenue ma patrie et si la République française me proposait de changer également mon état civil, je ne dirais pas non. Il serait alors plus difficile de me retrouver… Si nécessaire.

Cette pensée m'obsède ; plus mes parents incitent ma sœur à se marier à l'albanaise, plus je me réfugie dans l'idée que la fuite est ma seule issue. C'est pourquoi je demande souvent à Angelin d'intervenir. Il a une petite influence sur eux.

– Angelin, je t'en prie, tu es le seul qui puisse faire pression sur eux. Ne les laisse pas nous enfermer et nous obliger au mariage, ils n'ont pas le droit…

À chaque fois, il me répond qu'il ne peut rien pour nous. Je lui en veux amèrement de cautionner le gâchis de nos vies. Je ne comprends pas qu'il n'intervienne pas en notre faveur, d'une manière ou d'une autre.

À dix-sept ans, après avoir refusé un à un tous ses prétendants, son bac en poche, Gina réussit pourtant à prendre le chemin de l'université ! Contrairement à ce que nous avions pu croire, nos parents acceptent qu'elle prépare une licence de langues. De plus, le fait qu'elle suive des cours d'albanais aux langues orientales les rassure alors que pour elle, ce ne sont que des unités de valeur pour son diplôme… En tout cas, quelle aubaine ! Gina et moi devenons optimistes pour la suite. Cela décale, d'au moins trois ans, un mariage auquel elle ne pourra cependant pas échapper…

Il me paraît normal que mes parents lui accordent ce délai mérité. Elle est si soumise, si passive, elle émet si rarement une contestation, prend tant soin de nous, particulièrement de notre dernière petite sœur Sylvie, que mes parents ne peuvent pas lui refuser cette grâce. Le dévouement de Gina n'a pas de limites. Depuis des années, en dehors de sa scolarité, en véritable maîtresse de maison, elle nous prépare à manger et nous sert à tous nos repas. Gina s'occupe tout d'abord de mon père : il dîne seul au salon, devant la télévision allumée. J'observe tous ses gestes ; déjà le dos un peu courbé, elle déplie une grande serviette de table blanche qui fait office de nappe au milieu de la petite table basse ovale, pose la corbeille à pains, met le couvert, un verre en cristal, une bouteille de vin et pour finir, revient de la cuisine avec le plat chaud. Vingt-deux heures, deuxième service, elle réchauffe le repas pour l'arrivée de ma mère, qui elle, préfère l'ambiance de la cuisine. Le temps du dîner, ma sœur l'accompagne de sa présence. C'est l'occasion pour ma mère de parler de sa rude journée, des ragots de l'usine ou de commenter les nouvelles de sa famille qui lui parviennent régulièrement de l'étranger.

Il arrive parfois, lorsque mon père travaille pour une société d'intérim qui l'envoie en province assurer de courtes missions, que ma mère, son somnifère avalé, boive un verre ou deux de vin ou de raki. Pas plus, mais c'est quand même mauvais signe : on ne pourra plus l'arrêter de parler ! En l'absence de son mari, elle en profite pour raconter ses souvenirs et la plupart de ses rancœurs à Gina, seule à l'écouter avec une réelle attention. Deux des drames de son existence reviennent en permanence. Le plus douloureux concerne la mort de son père, tué à la guerre. Elle commence par pleurer en racontant son histoire, ensuite se met à geindre ou à crier. Pourquoi son père l'a-t-il abandonnée ? Alors que ma sœur essaie de la calmer, ma mère, sous l'effet combiné du comprimé et de l'alcool, enchaîne sur d'autres détails. Pour exorciser sa souffrance, il lui faut la dire et la répéter. Est-ce ainsi qu'elle pourra guérir ? Je me pose la question dès qu'elle aborde le sujet du décès de son premier enfant, mort à douze semaines. En réalité, sur ce premier frère aîné, elle ne nous a donné que peu de détails. Valentin est né en Yougoslavie, deux ans avant leur départ pour la France. Personne n'a jamais su exactement de quoi il est mort, ni même les médecins. Pour mon grand-père maternel, il en est de même : nous savons seulement que des hommes l'ont déposé mort, les entrailles ouvertes, sous ses yeux de petite fille. Elle avait neuf ans.

Ce n'est pas tant les événements, les incidents ou les faits qu'elle dissèque, mais les sentiments dans lesquels ils l'ont laissée. Au bout de la nuit et de son délire, Gina arrive à coucher ma mère dans son lit, lui pose un gant de toilette baigné d'eau fraîche sur le front et attend patiemment qu'elle accepte de sombrer dans le sommeil. À chaque fois, j'évite la débâcle. Comment ma mère pourra-t-elle vivre sans Gina ? Ma sœur ne se contente pas de la soutenir psychologiquement ; par ses actes, au quotidien, elle l'aide énormément. Elle l'accompagne, s'attelle à faire le ménage chez les autres le samedi et s'occupe également du nôtre durant la semaine.

Même si je trouve Gina courageuse – elle ne se plaint jamais – nous nous accrochons régulièrement à ce sujet.

– Gigi, pourquoi fais-tu tout ça ?

– Maman est trop fatiguée, il faut bien que quelqu'un le fasse...

Et toc ! Cela en devient agaçant. Notre Mère Térésa familiale – elle a certainement raté sa vocation – finit toujours par me culpabiliser. Dans ma logique, je veux bien tout faire, y compris le ménage, mais surtout pas que mes parents le sachent. La nuit, alors que tous dorment, je range les tiroirs, les placards, les armoires, repasse le linge, lave le sol, cire les meubles et même le marbre du couloir. En fait, j'aime tous ces travaux solitaires, silencieux et presque invisibles. Attentive à l'heure du lever de mon père, je m'arrange pour me coucher peu de temps avant que son réveil ne sonne. Il m'arrive même de lui préparer tous les éléments pour son café turc. Le moulin de cuivre coincé sur mon ventre, sous un torchon, je m'applique à moudre la totalité des grains dans le réservoir. J'en mets à nouveau, plusieurs fois de suite, afin de reconstituer notre stock de café moulu, pour la semaine. Je sors le jëze – petite casserole –, le place sur la cuisinière, sa tasse à côté, et pour finir, dépose également un morceau de sucre sur la petite cuillère...

Yougoslavie. 1977.

Nick, le voisin de ma grand-mère maternelle, est revenu à la charge. En dépit de deux précédents refus, à quelques années d'intervalle, il persiste et fait à nouveau la demande en mariage officielle à mes parents pour son fils, Tom. Une semaine plus tard, pour la troisième fois, Gina réitère fermement son refus à mes parents. Malheureusement, depuis la première demande, il y a de cela quatre ans, ma mère a prié mille fois Gina d'accepter ce prétendant. Selon elle, ce garçon et sa famille représentent le parti idéal pour sa progéniture. Durant ce mois d'août, par petites touches, au début, elle lui suggère de reconsidérer à nouveau les nombreux avantages de ce mariage possible. Gina n'a pas attendu ses conseils pour les prendre en compte. Cela ne l'intéresse aucunement de vivre en Yougoslavie. Mis à part le climat et la plage, rien ne pourrait la retenir ici. Quant à ma mère, assez fine, plutôt que d'argumenter sur le fils, dont on ne peut pas dire grand-chose, elle ne se lasse pas de répéter à ma sœur les qualités multiples du père. L'ami de longue date de notre famille jouit d'une excellente réputation. Elle insiste lourdement sur le fait, non négligeable, qu'il est un homme intelligent, de grande droiture, de bonne composition pour tous. Considéré comme un sage, il est souvent sollicité afin de régler les conflits dans la région. De plus, lui et les siens vivent très confortablement... Etc.

Quand bien même cet homme serait doté d'un grand charisme, Gina rétorque que ce n'est pas lui qu'elle devra épouser, mais son fils ! Elle n'a toujours pas le désir d'entrer dans cette famille. Depuis quelques jours, elle est majeure et l'on aurait pu croire, moi la première, qu'elle sortirait son joker. Eh bien pas du tout !

Et, comme souvent, mon père n'intervient pas. Il connaît parfaitement son épouse : quand elle a une idée dans la tête, rien, ni personne, ne peut empêcher qu'elle parvienne à ses fins. Il laisse faire. L'autorité maternelle, on ne comprend pas pourquoi, a déjà tranché : elle n'admettra pas de refus. Sa stratégie, pour que ce mariage se concrétise, ressemble à celle d'une guerre. Tous les coups sont permis. Dans sa volonté de vaincre sa propre fille, à présent, elle passe à la phase finale : elle augmente la cadence des discussions, n'offre aucun moment de répit à ma sœur, qui n'en dort plus, sollicite également l'intervention des uns, des autres, afin de la convaincre et, pour l'achever, utilise sur Gina l'ignoble coup bas : le chantage affectif. Bref, l'acharnement est tel que… Je le sens, Gina est sur le point de céder, l'heure de la sieste est le moment idéal pour les assauts de ma mère. Nous sommes dans la chambre des filles, l'une des nombreuses pièces de la maison, au premier étage. Les autres se reposent dans les pièces alentour et, de façon à masquer le drame qui se joue dans la vieille bâtisse, elle s'adresse à Gina en français.

– Nous nous sommes toutes mariées de cette façon. Il n'y a pas de raison que tu n'en fasses pas autant.

– Je te dis que je ne veux pas épouser ce garçon. Dans quelle langue faut-il que je te parle pour que tu me comprennes ?

– Gina, si tu refuses Tom, je te jure que je te donne de force au prochain qui te demandera.

– Je ne veux ni celui-là ni un autre, je ne veux pas me marier !

– Je t'y obligerai. Tu dois accepter, cet été… Tu n'as pas le choix !

Et là, j'assiste, impuissante, au triomphe de ma mère. C'est elle que je regarde lorsque Gina crie désespérément son oui final. Debout, les mains sur les hanches, ma mère affiche alors un sourire satisfait et ses yeux noirs dilatés de plaisir croisent ceux, pleins de larmes, de son ennemie vaincue, assise au bord du lit. Allongée sur le mien, j'ai tellement mal au fond de mes tripes que j'en mords le bout de tissu blanc de la moustiquaire, de toutes mes forces. Comment ma mère ose-t-elle savourer ouvertement cette victoire à l'arraché ? Pourquoi est-elle contre ses filles ? Pourquoi cette femme de quarante-deux ans, vivant en France depuis plus de vingt ans, refuse-t-elle catégoriquement la modernité, le bonheur de ses propres enfants et ne leur laisse pas le choix ? Pourquoi met-elle tant d'ardeur à perpétuer ainsi ces traditions dont elle a elle-même souffert ? C'est une catastrophe !

Les parents de Tom écoutent les miens énoncer les conditions de ma sœur. Ils promettent de les tenir. Elle pourra poursuivre ses études par correspondance, aura l'autorisation de travailler et même de choisir son emploi. Heureux, ils l'assurent, chez eux, Gina vivra comme une princesse ! Parce que Tom doit partir pour l'armée, les fiançailles sont précipitées et la date des noces annoncée. La promesse officialisée, Gina et Tom ont enfin le droit de se parler, une ou deux fois, en présence de leurs chaperons. Ainsi, Gina se mariera au fin fond des Balkans avec un gamin de vingt-deux ans, producteur de pastèques, possédant terres et troupeaux mais apparemment pas le sens des valeurs qui la caractérise ! Que deviendra cette jeune femme intelligente, jolie et délicate – elle adore la musique classique, particulièrement les opéras, la littérature, les règles de bon goût et de savoir vivre – dans cet univers agricole ? De retour de ces vacances, qui n'en furent pas pour elle, Gina quitte l'université, continue ses études par correspondance et trouve rapidement un emploi. Puis un autre. Tom et elle vont correspondre pendant dix-huit mois, le temps de son service militaire. Gina me lit leurs premiers échanges. En l'écoutant, je me rends compte que ma sœur met toute sa foi à vouloir l'aimer, à croire qu'il sera l'homme de sa vie, l'unique, le bon, qu'elle a gagné le jackpot à la loterie. En revanche, elle prend conscience également que son dernier poste, secrétaire de direction d'un des patrons d'une grande maison de couture parisienne, lui donnera plus de mal encore à quitter la France. Son pays.

À mon tour, je suis majeure. Cela ne change pourtant rien. Gina travaille à Paris, dans les beaux quartiers, et moi dans mon supermarché de banlieue. Toutes deux, très sérieuses, nous ne traînons pas, comme l'exige notre père, dans nos activités à l'extérieur. Une fois a suffi : Gina était fiancée depuis déjà trois mois lorsqu'elle a rencontré par hasard John, un de nos voisins, un Albanais. Ils ont suivi les mêmes classes à l'école. N'y voyant aucun mal, ils ont eu la mauvaise idée de converser le long du chemin et, au coin de notre rue, emportés par un sujet passionnant, ils sont restés devant la porte de ce jeune homme, pendant au moins une heure. Mon père les a vus alors qu'il rentrait de son travail. Gina a eu à peine le temps d'ouvrir la porte de notre maison, de poser son manteau, qu'il l'a giflée. Puis il a embrayé sur ses sempiternelles hantises : l'honneur, le qu'en dira-t-on…

– As-tu pensé à tous ces gens qui ont pu vous apercevoir, alors que tu vas te marier ?

– Raison de plus, on me sait fiancée… Papa, nous parlions de nos études, de nos souvenirs d'enfance…

Gina a pleuré toute la nuit dans notre chambre.

À force, cela nous terrifie d'avoir à rencontrer par hasard un copain de classe, qu'il soit Français ou Albanais. Plusieurs fois, il m'est arrivé de détaler comme un lapin alors qu'un homme me demandait l'heure dans la rue !

Cela n'a l'air de rien, mais vivre dans une petite ville avec plus de trois cents Albanais nous a rendues totalement paranoïaques ! Alourdies par le poids de notre éducation, nous sommes extrêmement vigilantes dans nos déplacements. Piégées, épiées, nous ne pouvons prétendre à vivre comme les autres. Interdiction formelle d'entrer dans un café, de se promener seules dans le parc, d'aller au cinéma et d'adresser la parole à un homme. Les conséquences sont trop graves et tout autant démesurées. C'est pourquoi nous attendons, figées, d'embrasser nos destinées. Elle, son mariage, moi, un miracle…

*

Ce matin, j'ai vraiment cru qu'on allait exaucer ma prière. Comme tous les dimanches, mes parents sont partis au marché. Je prends seule mon petit-déjeuner. Gina fait irruption dans la cuisine comme si elle était poursuivie par le diable en personne et, debout au milieu de la pièce, ses longs cheveux décoiffés par une nuit apparemment agitée, les doigts accrochés à sa robe de chambre rose, elle pleure sa détresse avec une force que je ne lui ai jamais connue.

– Cathy, je ne pourrai pas, je ne veux pas me marier. Je vais partir d'ici, là maintenant, aujourd'hui et ne plus jamais revenir !

Prononcer ces phrases augmente la cadence de ses pleurs. Je me souviens n'avoir pas pu bouger de ma chaise à cet instant. Le dos contre le mur, tétanisée par ses propos, je la regarde intensément. Puis, d'un bond, sur mes jambes, je la prends par la main et la tire vers la porte.

– Tu as raison ! Gigi, ne te marie pas, nous partons toutes les deux, tout de suite. On se débrouillera. De toute façon, ils ne pourront pas nous retrouver, Paris, c'est grand... Nous sommes majeures... Les flics refuseront de nous chercher... Allez ! on s'en va...

Elle se ressaisit, se dégage de mon emprise ; je vois la peur dans ses yeux et le rictus de sa bouche me laisse envisager sa réponse :

– Non ! Je ne peux pas faire ça aux parents. Quel déshonneur ! Je ne peux plus revenir en arrière, plus maintenant. Je n'en ai pas le droit. Tu imagines le scandale et la honte pour nous tous ? C'est trop tard, oublie ce que je viens de te dire !

Elle sort de la cuisine, comme elle y était entrée, se réfugie dans la salle de bains où je la suis.

– Non, il n'est jamais trop tard ! Gigi, souviens-toi... tu as accepté de te marier en désespoir de cause ! Pour avoir enfin la paix ! Reconnais ton erreur, ne fais pas ce cadeau à maman, c'est toi qui vas finir tes jours avec cet homme, pas elle. Ne gâche pas ta vie, ni la nôtre pour elle ! Avoue que tu ne l'aimes pas, Tom...

La vérité est trop dure à entendre, elle me pousse dehors. Je continue à lui parler en baissant le ton, nos deux petites sœurs dorment encore et leur chambre jouxte la salle d'eau. La bouche collée sur la porte, faute de puissance sonore, j'articule ostensiblement chaque mot.

– Gina, tu t'en persuades depuis le début alors que tu sais pertinemment que tu ne seras pas heureuse là-bas...

Elle s'active derrière la porte, se colle sous la douche, ne veut plus m'entendre. J'attends un long moment assise par terre dans le couloir. Elle sort au moment de l'arrivée de mes parents. L'incident est clos.

Il a été le dernier soubresaut avant l'acceptation totale de ce qu'elle aurait à vivre. Résignée, Gina s'est laissé gagner par la tristesse et l'angoisse. Au fil des mois, elle s'est transformée, étiolée, perdant kilos, rondeurs et sourires.

Août 1978. Banlieue parisienne.

Pour ses vingt ans, la vie et ses coïncidences offrent à Gina un magnifique cadeau : la tâche de gérer les derniers préparatifs de son mariage, emballer son trousseau, préparer les valises de présents qu'elle aura à remettre à ses cousins, oncles et amis des deux familles puis étiqueter chaque paquet au nom de chacun. Tout cela la maintient consciente de son départ imminent. Il y a également la séance de photos dans le jardin, organisée quelques jours avant la date fatidique, parce que le jour de son départ, Gina ne portera pas sa robe de mariée et mon frère sera absent. Pour la photo, nous faisons comme si… Ma mère prie Angelin d'aller se changer. « Fais un effort pour nous… »

Pour une fois, il a été docile : sur les clichés déjà développés, il est très élégant et porte un bel ensemble. On remarque aussi des dessous noirs sous ma robe blanche. En ce jour sombre, j'ai signifié par la sorte le deuil de ma sœur et la mort de nos rêves. J'en veux à Angelin, une fois de plus. Comment peut-il partir en vacances alors que Gina nous quitte pour toujours ? Pourquoi ne fait-il pas l'effort de décaler ses congés de quelques jours afin de soutenir sa sœur dans cette épreuve ? Ayant assisté à tant de mariages traditionnels, bien plus souvent que nous, il est bien placé pour comprendre et saisir l'importance capitale de sa présence.

– Quel égoïste, ce mec ! Il n'est jamais là quand on a besoin de lui ! me suis-je exclamée auprès de Gina quand il est parti. Elle n'apprécie pas que je parle d'Angelin en ces termes. Bien qu'elle soit peinée de son absence, elle l'excuse, comme à chaque fois. Selon elle, c'est justement parce qu'il est profondément touché par ce mariage, qu'il s'est arrangé pour ne pas y assister. J'ai beaucoup de mal à le croire.

– Je pense qu'il n'a que faire de ses sœurs et de sa famille !

– Non Cathy, tu as tort. Il adopte la politique de l'autruche au lieu de se confronter à la réalité.

*

Les *dasmohres*, sortes d'envoyés spéciaux du mari, un homme et une femme, sont arrivés hier. Passeurs et garants de la transaction, ils sont pour mes parents des hôtes de marque. Pendant le dernier repas qu'ils prennent chez nous, avant de l'emmener, Gina s'isole dans notre chambre. Depuis son réveil, pudique, je l'observe sans pouvoir lui parler. Que pourrais-je bien lui dire ? Mon regard suit discrètement le sien. Le visage baissé, elle fait en silence ses adieux. À la France, à son enfance et à sa vie de jeune fille. Traversant toutes les pièces et recoins de la maison, ses yeux tentent d'emmagasiner dans sa mémoire et pour son futur tout ce qui a constitué son univers. Notre chambre est sa dernière étape avant le saut dans l'inconnu. Elle prend, j'en suis certaine, la dernière photo intérieure de cet espace, spartiate et de mauvais goût. Le mobilier, imitation Louis XV, se compose d'un grand lit deux places, d'une grande armoire blanche et de deux fauteuils assortis. Le seul tableau sur le mur reproduit La Cène. L'image pieuse nous a été imposée d'office par nos parents bigots. Face au lit, elle est la seule note de couleur, avec les doubles rideaux de velours vert de cette pièce. Malgré nos envies, nous ne possédons nul autre accessoire décoratif qui aurait pu humaniser ou personnaliser cette grande barque du sommeil. Et Gina s'y est préparée, elle ne pourra rien emporter de son passé. De son refuge nocturne où elle a passé tant d'années, il ne se trouve même pas une poupée dans ce décor minimaliste. Pas de bibelots, ni de petits meubles où les poser. Pas de livres non plus. Bibliophile, tous les ouvrages qu'elle a lus provenaient de la bibliothèque municipale.

C'est bientôt le moment de son départ.

J'entre sans bruit dans la pièce avec le désir de la réconforter mais le tableau, bien réel, devant moi, me dissuade d'avancer plus. Vêtue d'un joli tailleur pied-de-poule, d'un chemisier rose, sortis tout droit de son trousseau, mais nu-pieds, ses escarpins gisant à un mètre d'elle sur le parquet, ses longs cheveux noirs lumineux reposant sur ses épaules, le torse penché un peu en avant, les mains croisées si fort que les jointures de ses doigts en sont devenues blanches, ma sœur, assise sous le spectacle du dernier repas du Christ avec ses apôtres, ressemble plutôt à une condamnée à la chaise électrique qu'à une jeune fille heureuse de vivre le plus beau jour de sa vie. Celui de son mariage. Des larmes coulent avec une extrême lenteur sur ses joues. Gina ne fait aucun geste pour les effacer. Je suis respectueuse et attentive à la douleur de celle qui les porte : elle fixe consciencieusement son vanity-case et son sac à main posés à ses pieds. Dans ce sentiment d'avoir été abandonnée par tous, elle se prépare à vivre, seule, du moins avec ces deux étrangers qu'elle n'a pas encore rencontrés, la cérémonie du sacrifice.

L'avion n'attendra pas, on presse Gina de sortir. Elle apparaît, blême. Nous sommes sur le balcon, les envoyés déjà installés dans la voiture, le moteur en marche. Les adieux sont hâtifs. Seule notre petite sœur Sylvie pleure dans ses bras. Trop jeune, elle ne peut saisir la portée de ce qui se trame mais elle regarde interloquée Gina, secouée de sanglots sonores et plaintifs, s'avancer vers nos parents. Ils la prennent dans leurs bras, calmement, l'embrassent et la conduisent jusqu'à la voiture dans laquelle

elle monte avant que les portes ne claquent. Sur l'instant, contenant avec difficulté mon chagrin, je cherche à discerner celui de mes parents. Imperturbables, ils ne laissent filtrer aucun sentiment. Ils n'en ont pas le droit. Non, leurs traditions réclament cette logique imparable. Implacable. Mon père, ma mère ont parfaitement accompli leur devoir. En leurs âme et conscience, ils ont bien marié leur fille aînée.

Comment pourrais-je dormir ? Il ne faut jamais beaucoup de temps pour souffrir de l'absence de ceux qu'on aime. Comme ma petite sœur qui considère Gina comme sa mère, je me sens douloureusement orpheline de ma sœur-amie. Perdue, abandonnée, j'attends le lever du jour dans la cuisine, à ma place, dans mon coin, avec vue sur la fenêtre, le dos collé au mur et les pieds posés sur la chaise, comme au temps où Gina, en face, m'accompagnait dans mes nuits blanches. Mon sac de voyage est déjà prêt. Dans quelques heures, je serai en Yougoslavie.

Prévenue du fait que je ne pourrai pas assister à la cérémonie – il m'est interdit de rencontrer Gina avant le jour de son mariage et durant la semaine suivante – j'ai néanmoins décidé de me rendre dans notre village et d'assister, de loin, aux noces de Gina. Quand bien même père, mère, frères et sœurs ne doivent approcher d'aucune façon la jeune épouse durant sept jours – afin de n'avoir aucune influence sur le déroulement du mariage – tout en me traitant de maso, j'ai besoin d'être à côté d'elle. De toutes les façons, le mal est fait.

*

Parties ce matin par le vol direct Paris-Dubrovnik, ma tante Katrin et moi arriverons au même moment que Gina dans le village où se déroulera sa noce. Durant le vol, mon premier voyage en avion, me sentant concernée au premier plan, acceptant désormais d'en savoir davantage sur nos coutumes, j'apprends d'elle le contenu des rites et les détails de l'atmosphère de l'événement que Gina vivra ce soir, demain et les prochains jours. Je suis terrifiée : Gina les découvrira, pour la plupart, avec l'aide de sa conseillère, au fur et à mesure de leur nécessité ! Grâce aux précieuses indications de ma tante, je peux imaginer tous les détails, au plus près de la réalité, comme si j'étais présente au mariage de Gina, à ses côtés.

Août 1978. Monténégro - Yougoslavie.

Voilà, j'y suis.

Dans une chambre d'hôtel au centre de Podgorica, Gina revêt à nouveau sa robe de mariée, cette fois-ci pour de bon, et passe entre les mains d'un coiffeur. Se sachant attendue à la réception par ses *dasmohres*, elle le presse d'en finir rapidement, le groupe des amis de Tom, une trentaine, s'impatiente. Ces hommes ont la charge et le privilège de la conduire jusqu'à son fiancé, à cent cinquante kilomètres de là. Seules femmes à bord du bus, Gina et sa conseillère demeurent silencieuses. Les hommes, eux, boivent et chantent jusqu'à l'arrivée. Gina maintient les yeux baissés à terre. Plongée dans ses pensées, elle a malheureusement tout le temps nécessaire pour répertorier et vivre pleinement ses peurs profondes. Toutes. Comment va-t-elle respecter les coutumes, parler la langue, apprendre rapidement toutes ces phrases idiomatiques que nous n'avons jamais prononcées en France ? Elle tente également de chasser ses doutes et de calmer ses angoisses. Qui est cet homme à qui elle vient de s'enchaîner ? Épuisée, physiquement et psychologiquement, elle se pose encore mille autres questions.

J'en suis certaine, son avenir lui paraît sombre.

Quelle sensation étrange de se préparer à assister, à moins de cent cinquante mètres, aux épousailles de sa sœur sans y être. Les deux propriétés, la mienne, du moins celle de ma grand-mère, et celle de mon futur beau-frère sont mitoyennes, séparées naturellement par un petit champ. Sur la terrasse tournée vers l'autre bâtisse, je le sais, les bruits de la fête me parviendront aisément.

J'entends déjà les amis de Tom, certains sont de ma famille, s'interpeller les uns les autres. Ils crient de tous les côtés du grand pré où ils s'affairent. Sous l'immense pergola chargée de raisins pas encore mûrs, ils disposent les tables et les chaises sur quatre rangées de cinquante couverts chacune. Certaines tables auront comme toit naturel le feuillage d'un des deux vieux mûriers. Un peu plus loin, les hommes installent une longue barrière de chaises sans tables. Elles sont destinées aux villageois invités à regarder le spectacle de la sortie de la mariée. On ne leur servira pas de repas mais à boire, à volonté. La famille de Tom étant réputée comme l'une des plus amicales du village, je sais qu'ils seront à peu près une centaine. C'est à mon cousin Misho que revient l'honneur de préparer le festin. Il est cuisinier dans le plus grand camp naturiste de la côte Adriatique, implanté à quelques kilomètres de là, peu avant la frontière albanaise. Je me souviens… Enfants, nous nous amusions à approcher le plus près possible de la plage privée du club afin d'observer niaisement les anatomies exposées sans scrupule. Il se trouvait toujours un zigoto de notre groupe pour nous faire sursauter en annonçant la venue d'un employé du camp…

Hier, Misho, aidé de ses amis, a sacrifié l'agneau qui sera aujourd'hui le support de leurs ripailles. Les musiciens ont déjà branché la sono et répètent quelques morceaux traditionnels. Je perçois et reconnais bien les sons de l'accordéon, de la batterie mais à peine celui de la guitare électrique. Réglages. Le chanteur n'est pas encore arrivé.

Les voilà ! Le bus Monténégrotourist, loué pour la circonstance, franchit le portail de la propriété de mes voisins. J'aperçois sur le toit du véhicule le drapeau tricolore yougoslave avec l'étoile rouge en son centre. Le premier homme descend, prend la bannière et la plante avec force à l'entrée du terrain. Dans cette région du Monténégro, bien que la plupart des habitants soient Albanais, tous respectent l'emblème de la Confédération des républiques socialistes, construite par Tito. Le portrait du maréchal est accroché dans toutes les administrations, les commerces d'États, les cafés, mais aussi dans tous les foyers yougoslaves. Les multiples coups de klaxons et les exclamations traditionnelles retentissent dans la campagne : on annonce la venue de la jeune fille. Gina sera la dernière à sortir du bus.

Tête droite, yeux baissés, elle est guidée et soutenue par ses deux *dasmohres*. Le trio avance à petits pas puis franchit le seuil de la nouvelle maison de la *nunce* (jeune épousée) sous les regards et les paroles rituelles d'accueil de ceux qui constituent désormais sa nouvelle famille.

Les parents de Tom et leurs intimes procèdent aux premiers actes symboliques de la longue cérémonie. Devant elle, la précédant, ils jettent, tout en murmurant de courtes phrases quasi inaudibles, de l'eau et du gros sel sur le sol. Ainsi, ils se garantissent de la protection contre le mauvais sort, en ce jour exceptionnel mais également pour tous ceux à venir. Après avoir rejeté les possibles maléfices, sa belle-mère dépose sur la langue de Gina une pincée de sucre ; dorénavant, à partir de cet instant précis, sa bru sera, par cet acte, une épouse sucrée. Sucrée signifie plus précisément qu'aucune parole désagréable ne sortira de sa bouche…

Dans sa chambre, Gina effectue trois fois le tour de sa chaise avant de s'asseoir, prouvant ainsi à l'assistance que cette place est bien la sienne. Deux hommes de la maison portent cérémonieusement le plus jeune garçon de la famille et l'installent sur ses genoux. Il est la prière d'une promesse de naissance, celle d'un enfant. De sexe masculin, bien évidemment. Assise au milieu de la pièce telle une souveraine, elle garde toujours tête haute et yeux bas. Une fois accompli le rite de la fécondité, les hommes pourront eux aussi pousser la porte. Que ce soit un enfant, un adolescent ou un homme âgé, la jeune fille se lèvera, demeurera debout et attendra qu'ils sortent. La porte refermée, elle s'assiéra à nouveau.

C'est au tour des femmes du clan d'entrer ; feignant d'ignorer sa présence, elles se permettent tous les commentaires, elles en ont l'autorisation : « Ah, ce qu'elle est belle ! » Ou pas...

Ou bien : « Vous avez vu comme elle est pâle ?... »

Ou encore : « Qu'est-ce qu'elle est mal coiffée ! »

Ou pire : « Mon Dieu, ce qu'elle est maigre... »

Nos critères esthétiques datant des siècles derniers, une femme se doit d'être ronde, signe de sensualité mais également d'une certaine prospérité familiale. Les allers et venues divers, les propos tenus dont elle se sait le centre, ne la coupent pas de son silence ni de sa profonde solitude.

Dix-neuf heures – ici la nuit tombe tôt – je contemple les étoiles depuis mon balcon. Je suis descendue me faire un plateau-repas et j'en ai profité pour enfiler un gros pull. Fin août, les journées sont lourdes de chaleur orageuse et les nuits bien fraîches. Il ne se trouve plus grand monde dans la maison, tous viennent de partir pour la noce, sauf ma grand-mère. Invitée elle aussi, elle s'est néanmoins retirée dans sa chambre. Le mariage de sa première petite-fille, dans une famille si proche géographiquement, l'émeut infiniment plus qu'elle ne veut l'admettre. Quant à moi, j'ai ouvert la bouteille de vin rouge achetée à l'aéroport en prévision de ce sinistre événement. Je lève mon verre à la santé de tous ces machos réunis à quelques mètres de moi et à un bonheur possible pour ma sœur.

Le cortège des voitures des convives s'avance au loin. Des deux côtés de la route, les phares balaient la route et s'éteignent au même endroit. Pied à terre, les hommes s'annoncent bruyamment en tirant des coups de feu. Ils souhaitent, à leur manière, longue vie au nouveau couple. Leurs femmes les suivent un peu en retrait. Sur une longue file, tous embrassent le marié et sa famille proche, puis prennent place. Les hommes se rassemblent d'un côté, près des deux longues tables, leurs épouses et filles sont invitées à rejoindre le coin des femmes. Je le sais pour les avoir observées à l'occasion d'autres mariages, les vieilles du village sont vêtues de noir. En deuil, soit d'un mari, soit d'un fils, elles ne le quitteront jamais et persistent à porter sur la tête les deux foulards, l'un disposé en long, l'autre en large – ressemblant ainsi à des Indiennes Apaches ou à des cheikhs arabes – et les jeunes sont habillées à l'américaine. La plupart d'entre elles ont de la famille aux États-Unis et reçoivent leur garde-robe par la poste. La noce est la plus belle occasion pour elles de porter fièrement leur robe de paillettes, des escarpins sophistiqués, des coiffures extravagantes et des bijoux en or, en grande quantité, le tout arrangé à la mode *Dallas* ou *Dynastie*, les deux séries cultes qui font rage ici.

Deux heures auparavant, toutes ces femmes étaient dans les champs ou rentraient leurs bêtes. Elles ont dû traire les vaches ou les moutons avant de courir chauffer l'eau et se préparer. Ici, on se lave encore dans de grandes bassines, il n'y a ni salle de bains ni toilettes, ni électricité dans la plupart des maisons du village, chez ma grand-mère non plus. Mes voisins sont des gens très bien, la famille de Tom profite déjà de toutes ces commodités.

La musique se joue depuis un moment et la voix du chanteur, aidée par le micro, porte très loin. Des deux clans, hommes et femmes se réunissent à nouveau pour danser. Chacun entre dans la grande ronde en prenant la main ou la taille des voisins de son choix. Notre danse est à peu près la même que celle des Grecs. Les bras sont levés, c'est surtout le torse et les hanches que l'on voit bouger. Si les figures rituelles donnent l'impression de piétiner, deux pas à droite, un pas à gauche, deux pas à droite, un pas à gauche… en tournant dans le sens inverse des aiguilles d'une montre, elles emmènent pourtant les danseurs d'un bout à l'autre du pré. Parfois certains couples sortent du cercle et, à deux, se cherchent, se provoquent, se croisent, se trouvent, mais ne s'effleurent jamais.

Gina ne « *sortira* » que lorsque le premier plat aura été servi à tous. En attendant, les hommes boivent du raki ou du whisky pour accompagner les mëzes, nos amuse-gueules. Les assiettes composées de rondelles de saucisson, de tomates, d'oignons crus, de poivrons marinés et de notre fromage de brebis ont été préparées et sont servies par les femmes de la maison. Les hommes ont tombé les vestes mais la plupart ont gardé sur la tête leurs chapeaux de feutre. Certains se lèvent, font le tour des tables, s'offrent mutuellement des cigarettes, quand bien même ils ne fument pas. Les femmes parlent entre elles, en sirotant des sodas. La plupart connaissent Gina mais toutes guettent le grand moment. Car, je le sais, la question est déjà sur toutes les lèvres : Comment va-t-elle « sortir » ? Comment se comportera cette belle Albanaise, née et éduquée en France qui, contre toute attente, épouse Tom, un paysan ? Il est vrai que je ne comprends toujours pas…

On vient de tirer à nouveau, Gina est donc fin prête pour sa première sortie. Malgré le pull, j'ai froid ; l'émotion me fait claquer des dents… Mon Dieu, j'aimerais tant la voir à cet instant ! J'en pleure.

Je le sais, Gina s'avance avec lenteur, portée et guidée par le couple qui l'a « *prise* » en France. L'homme autant que la femme veulent éviter à tout prix le faux pas, la chute, l'incident. L'oncle de Tom s'approche à présent d'elle. C'est à lui que revient la responsabilité et le plaisir de « *tomber le voile* » de la mariée. Il s'exécute. Tel un homme de grande importance lors d'une inauguration, d'un geste ample mais léger, il soulève le dernier rempart de la vestale impassible. Il marque sa fierté et sa joie en déchargeant son arme automatique. Les six coups pointés vers le ciel ordonnent l'arrêt immédiat de la musique afin que débute le chant des femmes.

L'une d'elles se lève et crie enthousiaste, *a capella*, les premiers vers du chant populaire écrit spécialement pour les noces. Puissant, joyeux et émouvant à la fois, il s'élève maintenant dans la nuit.

Marshalla, Marshalla
E bukur na ka dal nusja
Marshalla Marshalla
E bukur për bukuri
E bukur për bukuri
Marshalla, Marshalla
Shtati i saj si selvi
Marshalla Marshalla
Syni i saj si rrush në ardhi
Marshalla, Marshalla
Marshalla, Marshalla
Dasmoresha kamt e trasha
Na ka dal nusja si pasha

Marshalla, Marshalla
Dasmoresha kamt e holla
Na ka dal nusja si modha
Marshalla, Marshalla

Merveille, ô merveille
Si belle voit-on paraître notre bru
Merveille, ô merveille
Belle entre les belles
Belle entre les belles
Merveille, ô merveille
Son corps s'élance comme un cyprès
Merveille, ô merveille
Ses yeux semblent deux grains de raisins
Merveille, ô merveille
Merveille, ô merveille
L'une mène le cortège d'un pied ferme
Vers la bru qui rayonne comme un pacha
Merveille, ô merveille
L'autre mène le cortège d'une jambe souple
Vers la bru qui rayonne comme une pomme
Merveille, ô merveille

On « *montre* » Gina aux invités. Les présentations vont durer au moins une heure. Sur son passage, d'une lenteur extrême, tous les hommes sortent leur arme et tirent, les uns après les autres. Les détonations en rafale claquent à ses oreilles mais elle ne sursautera pas. Stoïque, ma sœur joue le rôle capital de son existence. Il donnera le ton de son mariage. Toute son énergie, son attention sont rassemblées et convergent vers le but à atteindre. Muette, elle avance lentement le long des convives qui chantent, parlent autour d'elle. Peu lui importe, bien droite, les yeux ouverts mais vides, toujours humblement rivés au sol, seule au monde, totalement absente d'elle-même, elle se laisse conduire aveugle aux visages, regards ou sourires et, sourde au chant lancinant qui l'accompagne jusqu'au bout du rituel, telle une poupée, soutenue par ses deux mentors, définitivement morte à elle-même – son voile, flottant dans son dos, n'est que le bout apparent du linceul où tous l'ont enfermée vivante – elle est emportée vers une nouvelle identité.

Le chant des femmes s'affaiblit avant de se taire. Gina retourne à sa place, dans sa chambre. Je m'inquiète. Quelle sera la destinée de ma sœur dans cette communauté, dans la mesure où, je le sais, tous ses membres ont d'ores et déjà gommé les grands traits de sa personnalité ?

Les musiciens prennent le relais, les convives dansent, rient, mangent et boivent, encore et encore. Tom et ses amis, présents dans la foule, s'enivrent sans vergogne, ils enterreront plus tard dans la nuit sa vie de garçon. En attendant, à aucun moment de la noce, Tom ne s'approchera de sa promise. Gina, elle, attend les directives de sa prochaine sortie. Durant toute la soirée, elle apparaîtra à plusieurs reprises, accompagnée de ses *dasmohres*, toujours portée par ce même chant des femmes qui sera repris par les hommes et suivi d'autres morceaux traditionnels.

Au petit matin, la fête finie, je rejoins le groupe qui est entré gaiement au salon. Mes oncles et cousins sont un peu ivres, mes tantes et cousines passablement excitées mais Katrin l'est beaucoup moins, peut-être parce que plus proche de Gina.

J'interroge ma tante, il faut me rassurer.

– Alors comment était-elle ?

– Elle était très bien, un peu pâle. Bon, à la fin, elle était fatiguée…

– Il y a de quoi ! Elle a tenu le coup ?

– Ah ça oui, elle a été vraiment très bien… Tes parents peuvent être fiers !

J'aime beaucoup ma tante, mais les *r* roulés de son *trrrrrrès* bien ne font qu'augmenter ma colère… Katrin sait pourtant combien tout cela m'est douloureux.

– C'est ça, hein ? La gentille fifille a merveilleusement bien joué le jeu ! Dis-moi, elle n'avait pas froid dans sa robe de mariée ? J'espère qu'ils ont prévu une petite laine…

– Non, Cathy, tu sais bien que ça ne se fait pas chez nous…

– Bande de barbares !

De retour sur le balcon, j'entends les bruits d'en bas. Tous reprennent le refrain de la soirée : « Merveille, ô merveille… » Écœurée par cette ultime provocation, je négocie avec mon chagrin et ma rancœur. Je me sens malade à en vomir, non pas d'avoir bu ce vin – la bouteille est à moitié pleine – mais plutôt à cause des sentiments tapis au fond de moi. Ce sont eux qui me rendent malade. Ils se déchaînent et me parlent plus fort encore ce soir ; la haine crache sur tous ces fanatiques, ma famille en premier… La colère gronde contre ces rites dignes du Moyen Âge qui n'ont plus aucun sens pour moi… La honte refuse catégoriquement d'appartenir à ce peuple fou, à leur philosophie d'honneur ou de jugement… La rage et le désespoir déplorent en chœur que je sois une femme dans cet univers d'hommes… La raison me prévient que, dans une suite logique, ce sera bientôt mon tour… Tous ces sentiments se serrent les coudes et se liguent contre moi… Tous me l'ordonnent : non, Cathy, non ! il n'en est pas question !

Okay ! De toutes les manières, j'en serai incapable ! L'idée de vivre une noce comme celle-là m'est insupportable… Plutôt mourir ! Je lève mon verre et me fais la promesse de ne jamais me marier… Ni avec un Albanais, ni avec un Français, ni même avec un Américain ! Jamais un homme ne me fera sienne, jamais… Je hais trop ces machos qui entendent mener le monde et les femmes !

À l'heure qu'il est, Gina se remet seule de ses émotions, du moins à peu près ; sa belle-mère dort à ses côtés. Pas encore mariés à l'église, la nuit de noces est prévue pour demain soir. Tout à l'heure, Gina vivra les cérémonies de la mairie et de l'église, de la même manière, cette fois, en petit comité. Les amis de la veille viendront boire le traditionnel café de la jeune épouse. Contrairement à la France, nous n'avons pas de liste de mariage ni de remise de cadeaux, ce sera donc l'occasion pour chacun, lors de la première visite, après les noces, d'approcher la mariée de plus près, et une fois le café bu, de lui offrir quelques billets pliés, glissés sous leur tasse. Le défilé s'étalera sur plusieurs jours.

Je respecte le délai des sept jours. Prenant mon mal en patience, je rends visite à tous les membres de ma famille. Ici, c'est le fief de ma mère. Avec déjà dix cousins directs, en ajoutant les oncles, les grands-oncles, etc., et ce, sur sept générations… Tous me connaissent depuis des années et, si la plupart devinent ma colère contenue, personne n'ose cependant me provoquer de front. Il y a bien quelques allusions dans l'air, venant souvent des femmes, mais j'ai l'avantage de prétendre ne pas tout comprendre de l'albanais. Je les traite intérieurement de vipères… Le seul qui me comprend, c'est Bab Lek.

Gamine, dès mon arrivée dans le village, c'est vers sa maison que je courais. J'aimais cet homme tout simplement parce qu'il était particulièrement tendre avec moi. Me prenant sur ses genoux, il me racontait de belles histoires et alors qu'il avait l'âge de ce grand-père maternel que je n'avais pas eu, ses grands yeux, de la même couleur que les miens, contenaient toute l'affection dont j'avais besoin. Elle reste immuable, aujourd'hui, il me serre dans ses bras avec la même intensité. Son regard tendre demeure lumineux, clair et vif. Bab Leck est le seul à qui j'ose dire, avec mes mots, ce que je ressens. Lui ne s'est jamais moqué de mon phrasé albanais. Et malgré le poids des années, sa vieille moustache jaunie par la chique de son tabac, le fait qu'il continue à porter notre costume traditionnel – chemise blanche, gilet brodé et la petite calotte de feutre blanche – il est l'Albanais le plus évolué et le philosophe le plus serein que j'aie jamais rencontré. Nous passons la matinée ensemble à boire quelques cafés turcs. Il a l'air fatigué, mais je sens qu'il a plaisir à me répéter ses meilleures blagues ou me rappeler des détails oubliés de mon enfance. En le quittant, je réalise qu'il est devenu un très vieux monsieur.

Meubler les après-midi se révèle bien plus compliqué. J'irai bien à la plage, mais n'ayant pas le droit de m'y rendre seule, je cherche mon chaperon ! Cela m'oblige, à presque dix-neuf ans quand même, à solliciter mes proches. Et ce n'est pas simple : l'âme charitable qui se dévouerait doit être soit un homme avec qui j'ai un lien familial certain, soit une femme, à condition qu'elle soit mon aînée et mariée. Ne parlons pas de mes soirées : impossible d'aller au restaurant ou en discothèque, où la plupart de mes cousins mariés passent leurs nuits, surtout en été, sans leur femme.

Le huitième jour, je pousse la porte de la nouvelle demeure de Gina. Dans le salon, plusieurs personnes sont déjà installées. Je les salue, comme le veut la coutume, les hommes en premier, du plus vieux au plus jeune, les femmes puis les enfants. Assise, je réponds aux questions des invités en veillant à répéter au mieux les phrases rituelles que m'ont apprises, ce matin même, ma tante et ma grand-mère.

Coiffée à la mode de chez eux – le coiffeur lui a travaillé au fer des anglaises sur ses longs cheveux lisses –, vêtue d'une robe longue, couleur champagne, par cette chaleur… Gina s'avance tête baissée, le plateau dans les mains. Silencieuse, elle présente le café turc à chacun, du plus vieux au plus jeune, avant de servir les femmes puis moi, la dernière arrivée. Ma sœur ne lève pas les yeux en me posant la tasse. Le plateau vide, elle quitte la pièce à petits pas et à reculons… Gage d'humilité, durant une semaine encore, la jeune épousée ne tournera le dos à quiconque. En dépit de l'émotion à la revoir, la scène est trop comique ou pathétique… Assaillie par les prémices d'une crise de fou rire, je me précipite aux toilettes calmer les spasmes nerveux qui me secouent et me laissent en pleurs. Revenue à ma place, j'observe froidement tout ce petit monde. Fiers d'elle, Tom, sa famille et leurs amis rient et parlent fort… Pâle et amaigrie, Gina semble épuisée. La première visite officielle accomplie, je retourne chez ma grand-mère sans avoir pu l'embrasser. La veille de mon départ pour Paris, à l'heure de la sieste, ma sœur me décrit par le menu ses sentiments et ses sensations à vivre la diversité des rites d'une noce albanaise. Je suis choquée par la plupart, mais plus particulièrement par celui de la présentation du drap taché. Le lendemain de la nuit de noce, Gina avait apporté à sa belle-mère la preuve de l'acte consommé, celle de sa virginité.

J'étais rentrée en France confortée dans mes idées…

* * *

31 décembre 1990, TGV Paris-Lyon.

Dans ce train qui glisse aussi rapidement qu'ont filé ces douze dernières années, l'émotion est restée intacte, d'autant plus que, sept ans plus tard, ma sœur Christine s'est mariée exactement de la même façon. Ce jour-là, Angelin a brillé par sa présence, je portais une robe noire. À l'occasion de cette noce, nous fûmes plus de trente personnes à dire adieu à l'innocence de Christine. Elle sortit de sa chambre, nous l'embrassâmes… Elle prit place dans la voiture…

Nous étions, Gina, Sylvie, Angelin et moi, secoués par de lourds sanglots quand, avant de prendre congé, une amie française nous avait déclaré, visiblement très émue :

– C'est la première fois que je photographie un mariage qui ressemble à un enterrement…

Aujourd'hui, plus mûre mais fatiguée par tous ces combats perdus, si je me pose honnêtement la question sur l'attitude d'Angelin – aurait-il pu empêcher ces deux mariages ? – je comprends qu'il n'avait pas les moyens de changer le cours des choses. Je réalise qu'il a dû même terriblement en souffrir. Sa chorégraphie *Noces* nous l'a montré. À sa façon, mon frère croulait également sous le poids de nos traditions. De plus, prisonnier de l'amour démesuré qu'avait ma mère pour lui, si tentaculaire, si dévorant qu'il l'étouffait, lui non plus ne savait comment se dégager de l'emprise de nos racines.

Et moi, n'ai-je pas rompu ma promesse ? J'ai revu « mon amant ». Notre amie commune, croyant bien faire, nous a invités hier au concert des Rita Mitsouko puis conviés chez elle à souper. Dans le hall de la Cigale, j'ai senti, dans son étreinte et ses premiers regards, son réel étonnement. J'ai beau me maquiller, porter des vêtements amples et enrouler, façon mode, un grand bandana, je suis marquée par la maladie... Je comprends qu'il ait été troublé de me voir ainsi mais quand, au fil des heures, il a ébauché quelques gestes tendres, je l'ai très mal vécu ! Je n'ai besoin de la pitié de personne et surtout pas de la sienne... Je me suis promis de ne pas chercher à le revoir. J'avais oublié comme il peut être douloureux de se voir dans le regard, triste, de l'autre.

* * *

31 décembre 1990. Lyon-La Part-Dieu.

Angelin est en retard.

Il court sur le quai dans ma direction, sa femme Valérie vient à notre rencontre à petits pas, elle est enceinte de sept mois.

Mon frère n'a pas souhaité suivre la voie traditionnelle des noces balkaniques. Évidemment, ma mère a tenté de lui présenter une multitude de jeunes filles albanaises disséminées à travers les pays d'accueil de notre diaspora, mais il a refusé de les rencontrer. Conscient du fossé qui les séparerait, il n'a pas voulu s'y risquer. Comment aurait-il pu satisfaire les fantasmes élaborés par plusieurs générations et repris par ses parents alors que lui-même les avait jetés à la poubelle ? Aucune jeune fille, à ses yeux, ne pourrait s'adapter à la philosophie qu'il avait choisie. Pouvait-il également admettre qu'une femme, sa future épouse, supporte tous les rites anciens dont avaient souffert ses propres sœurs ? De son côté, aurait-il pu jouer le rôle incontournable du mari indifférent, voire absent lors d'une noce albanaise ? Non, mon frère a persévéré à croire que seul le destin le conduirait vers la femme de sa vie. Et son mariage ne serait pas une fête de convenances mais plutôt une grosse bamboula...

En tout cas, une véritable célébration de cet amour où elle et lui s'embrasseront à pleine bouche, au vu de tous et où ils pourront ensemble boire, danser, rire ou pleurer…

Certes, la programmation de son spectacle a réduit la durée de la noce mais Angelin a épousé sa femme de cœur. Si, par son choix, il a trahi nos coutumes et ma mère par la même occasion, je lui suis infiniment reconnaissante d'avoir coupé le fil de nos traditions. J'espère sincèrement que notre petite sœur Sylvie poussera fermement la porte entrouverte par Angelin.

Vingt et une heures, la salle est comble, les lumières s'éteignent et le rideau s'ouvre sur son *Roméo et Juliette.* C'est fou comme le fil conducteur des spectacles d'Angelin reste intimement lié à notre albanitude. Une fois de plus, mon frère délivre un message qui le touche personnellement. Ainsi, grâce à l'histoire mythique des amants de Vérone, il éclaire une de nos réalités balkaniques – notre soumission, notre renoncement à l'une des valeurs, l'une des libertés les plus essentielles, celle d'aimer – et met en scène le châtiment de ceux qui transgressent l'interdit.

Les applaudissements explosent de tous les côtés de la salle. Aujourd'hui, je suis agréablement surprise d'être émue par ce ballet. Heureuse et fière, je suis la troupe en fête… jusqu'au matin !

Janvier 1991. Paris. Hôpital.

Pas très réjouissant de commencer l'année dans un hôpital. Le staff du service d'hématologie me présente gentiment ses vœux. On me souhaite évidemment une bonne santé.

« Oui, bien sûr... »

Et une séance de faite, une ! Vivement que ce traitement cesse... Le produit que l'on m'a introduit sous perfusion m'oblige à uriner tous les quarts d'heure et depuis, je squatte les toilettes. Est-ce cela, ajouté à mon escapade lyonnaise qui me fatigue à ce point ? Je me sens envahie par un violent coup de cafard. D'avoir repensé aux noces de mes sœurs n'a pas dû arranger les choses. Gina était ma soupape de sécurité, elle temporisait les conflits entre tous, savait utiliser toutes les astuces pour calmer le jeu et sans elle, je n'arrivais plus à supporter l'ambiance familiale ni à endurer les scènes de mon père. Trois mois après son mariage, un soir de novembre, j'étais rentrée à la maison avec un peu de retard. Mon père avait refusé d'en écouter le motif et mes excuses. Comme à son habitude, il m'avait imaginée dans une sordide – et rapide – partie de jambes en l'air, mais, alors qu'il continuait à crier ses insinuations et ses menaces habituelles, j'avais fermé mes écoutilles. Il venait de dépasser mes limites.

Tout à coup, ses phrases assassines avaient résonné en moi différemment.

* * *

Novembre 1978.

Je me couche sans dîner, décidée à m'endormir vite, afin d'oublier, oublier que ma vie est foutue, que je n'en ferai rien de bon tant que je vivrai sous la domination de mes parents. Hélas, malgré le désir de me réfugier dans le sommeil, mon esprit est traversé durant des heures par une foule de considérations. Elles se présentent à une vitesse folle, à croire que c'est un soir de pleine lune... De ma chambre, j'ai envie de crier à l'intention de mon père : « Oui, c'est ça, tue-moi ! Tue-moi... qu'on en finisse ! »

Mais l'idée de mourir sans avoir vécu un dixième de ce que les gens me racontent de leur vie, percute ma conscience de plein fouet... Une onde de choc, brûlante, monte de mon ventre, je reconnais cette sensation désagréable, oui, j'ai horriblement peur, le feu est si fort en moi que je pourrais m'enflammer d'un coup, en un « pffittt ! » fulgurant. Je me déplace chancelante jusqu'à la cuisine où je bois une série de verres d'eau, coup sur coup, pour étancher cette soif inhabituelle... de vivre ? !

De nouveau au lit, je suis tant ballottée entre mes doutes – non, je ne peux pas faire cela ! – pulvérisés par un puissant cri interne – je vais mourir idiote ou quoi ? – que j'en ai atrocement mal aux tempes. Alors que, depuis tant d'années, je prétends avec force à goûter la saveur interdite de la liberté, me voilà immobilisée sous mes draps par une grande frayeur à passer à l'acte. Si j'accepte de rester dans cette maison, je finirai par m'éteindre lentement comme la mèche d'une bougie... Si je choisis la fuite, mon père sauvera peut-être son honneur d'une balle dans ma tête... D'un côté comme de l'autre, la mort me semble la seule perspective.

À quatre heures et demie du matin, j'en suis encore à tenter d'ordonner mon trouble, mon état me l'indique : je me trouve au bord d'un grand saut et d'une urgence à l'accomplir. J'ai alors un flash de lucidité : si ma vie est en jeu, autant la vivre à ma manière. « Dans trente minutes, il se lève. C'est aujourd'hui ou jamais ! Décide-toi, ma petite... Et vite ! » Ma décision prise, j'attrape un sac de voyage, y jette quelques vêtements. Tout comme Gina, je n'ai rien à emporter, mais contrairement à elle, on ne me fera suivre ni trousseau ni cadeaux... « Bon, j'y vais ! » Je descends l'escalier en retenant mon souffle, cache mon ballot dans la chaufferie... Je le récupérerai au dernier moment, en partant travailler... Au moindre bruit, mon cœur s'emballe sacrément – il ne manquerait plus que l'on se croise, lui et moi, dans le couloir ! De retour de l'expédition, le regard vissé sur les chiffres lumineux du réveil, j'ai du mal à maintenir autant l'éveil que le désir de la fuite. Dans le but d'affirmer mon choix, je me remémore toutes les phases de ce qui a été, et sera, ma dernière nuit chez mes parents. Après notre querelle, mon père m'a crié l'ordre de lui servir son dîner. Je me suis exécutée avec des gestes fermes mais sans un mot. La dernière image que j'aurai de lui sera celle où il a fait son signe de croix avant d'avaler sa première bouchée. Décidément, je n'arriverai jamais à comprendre cet homme sensible aux mœurs musulmanes... qui ose se signer ainsi, en bon chrétien, après avoir proféré de telles menaces.

Son radio-réveil se met en route, mon père aime à commencer sa journée avec les infos, le volume à fond. Je l'entends s'affairer dans la maison, descendre au garage et partir. À mon tour, je veille à accomplir les mêmes gestes, comme chaque matin. Ma mère est dans la cuisine. Je prends mon petit-déjeuner avec elle, comme si de rien n'était, bien que je sente une petite gêne à avaler ma tartine pain-beurre-confiture. À l'heure habituelle de mon départ, elle est sous la douche ; je lance un « à ce soir » hésitant qu'elle ne peut entendre. Heureusement, j'aurais été incapable d'articuler en face d'elle un au revoir qui masque mes adieux. Le sac à la main, je cours jusqu'au coin de la rue. Les jambes en guimauve, respirant un peu trop vite, je me répète les mots d'ordre : « On se calme », « Ne cours pas » et m'efforce de marcher lentement jusqu'à la gare, au cas où se trouverait sur ma route un de leurs Albanais chéris.

Une fois dans le train, je m'affole… Il ne m'est plus possible de garder mon emploi ni de rester dans la région… Où aller, chez qui et avec quel argent ? Je n'ai pas un franc sur moi. Je réclame mon compte au service du personnel : « Si possible, en espèces… »

La chef du personnel du supermarché me propose d'aller en caisse pour la matinée, le temps pour elle de le calculer. Je refuse. Comment peut-on travailler dans un tel état de panique ?

Elle me regarde, soupçonneuse.

– Cela ne va pas… Vous avez des problèmes ?

– Oui, mais je ne peux pas en parler.

Je touche mon solde. Isolée dans les toilettes, je pleure sur le maigre contenu de mon enveloppe. Mille huit cent vingt-huit francs et dix centimes. « Voilà donc toute ma fortune ! »

Je croise la chef du personnel qui m'interpelle :

– Bon courage pour la suite.

– Merci.

– Et j'allais oublier… Bonne fête !

Je ne réagis pas.

– Voyons Catherine ! Le 25 novembre, la Sainte-Catherine…

– Ça pour être ma fête, ça va être ma fête !

Plutôt habituée d'avoir en face d'elle une rigolote, elle semble surprise par ma remarque. En poste à l'information clientèle, nous avions, mes collègues et moi, des annonces micro à passer au moment de la fermeture du magasin. Plusieurs fois, je me suis amusée à dire mon texte soit avec le phrasé suave d'une hôtesse de l'air soit avec la petite voix de Caliméro ou même avec l'accent de Pierre Péchin dans son sketch *La Cigale et la fourmi.* Cela faisait beaucoup rire les caissières et certains clients, mais pas mon chef. Il m'a collé un avertissement.

Gare de Lyon, d'autres questions se posent. Fuir, oui, mais où ? Paris ? Non, trop près des Albanais… À l'étranger ? Trop cher pour mon pécule et la langue serait un obstacle… La province ? Oui, mais au soleil ! Cela doit venir de mes gènes, j'ai besoin de chaleur… De voir la mer… Un train part pour Marseille dans deux heures. Afin de patienter, ne surtout pas penser, j'achète au kiosque un magazine, *Femmes en mouvement…* C'est de circonstance… Un petit encadré attire mon attention : en Touraine, un groupe annonce sa prochaine soirée hebdomadaire d'accueil destinée aux femmes en difficultés, elle a lieu… aujourd'hui, changement de cap, destination Tours ! Gare d'Austerlitz, mon billet en poche, je peux maintenant écrire à mes parents. Dans mon esprit, ma lettre doit leur expliquer mon départ et leur proposer un arrangement. J'en suis persuadée, nous pouvons éviter la honte et le déshonneur, nous avons la solution de cacher la vérité aux autres, nous pourrions prétendre, par exemple, que j'ai été embauchée à l'étranger, que nous l'avons décidé ensemble, dans la mesure où je serais hébergée dans une famille albanaise, laquelle, bien évidemment, serait inconnue des Albanais de France…

Le train pour Tours partira dans dix minutes. Incapable d'aligner de façon cohérente mes idées, en désespoir de cause, je griffonne ces lignes : « Je n'ai pas été kidnappée, je vais bien mais j'ai décidé de m'enfuir. Ne me cherchez pas. Catherine. » Ma missive cachetée, je me sens coupable, par avance, de l'inquiétude de mes parents. Ils envisageront tous les cas de figure, jusqu'aux plus dramatiques. Ma mère m'imaginera, victime d'un accident mortel, d'un crime, voire d'un viol. C'est pourquoi il me faut les rassurer tout en restant déterminée : je suis vivante et j'entends bien le rester ! Le mot d'adieu glissé au fond de la boîte aux lettres, je sais que la prochaine nuit de mes parents sera terrible. Mais, après tout, elle vaudra bien toutes les miennes.

Tours.

J'arrive pile à l'heure de la réunion.

Une fois mon cas exposé, malgré ma peur, je le sens, la plupart de ces femmes ne me croient pas vraiment. Pourquoi en serait-il autrement ? Apparemment, aucune de ces militantes ne connaît concrètement ni mon pays d'origine ni ses mœurs. Comment pourraient-elles comprendre l'inacceptable ? L'Albanais, de nos jours, tue encore au nom de l'honneur.

L'une d'elles entame une polémique sur mon éducation qui ressemble fort à celles de toutes les femmes des pays méditerranéens ou arabes… Elle ajoute :

– Tu n'es pas la seule à vivre l'expérience de l'émancipation… Mais, tout de même, tu ne crois pas que tu exagères un peu sur les conséquences de tes actes ?

Je vais quitter cette assemblée de femmes auxquelles je n'ai plus rien à dire, quand la plus jeune me retient par le bras.

– Attends… Tu sais où aller ?

– Non, j'arrive du train de Paris et…

– Chez moi, ce ne sera pas le luxe, tu dormiras sur le canapé. Mais je te préviens, je t'héberge une semaine, pas plus, le temps de te trouver un emploi et un logement.

Le troisième jour, je suis vendeuse au rayon Noël du plus grand magasin de la ville. Le sixième jour, une grippe carabinée m'oblige à me partager entre les guirlandes, les clients et les toilettes. Le septième, comme convenu, je quitte l'appartement douillet de Carole. C'est fou comme l'orgueil à mon âge est développé. N'ayant pas de garanties à présenter pour un logement et refusant d'aller dans un foyer de jeunes filles – non merci, j'ai déjà connu la prison chez mon père – je prends une chambre d'hôtel.

Le soir, sans but précis, je déambule seule dans le centre-ville et la peur au ventre, je commence à boire. Les premières fois, je consomme dans les brasseries, espérant faire des rencontres. Hélas, la plupart des filles et des garçons de mon âge sont en groupe et, honnêtement, à voir ma tête renfrognée, je comprends qu'ils n'ont pas envie d'entrer en contact. Souvent, il se trouve, aux tables voisines de la mienne, des hommes seuls ou moins jeunes. Quelques-uns essaient de m'accoster mais, aveuglée par les remarques de mon père et le discours de ma mère – tous les hommes sont vicieux, tous des salauds, etc. – je refuse toute entrée en matière et si l'un d'eux insiste, je quitte précipitamment l'endroit.

Je me rends vite à l'évidence, vu mes finances, je ne pourrais pas tenir jusqu'à la fin du mois. Je commence par passer une nuit sur deux à l'hôtel, l'autre chez des gens, au gré des rencontres, et même une fois, dehors, plus exactement sous une cage d'escaliers, à cause d'un traquenard. Je fréquentais alors les petits bars et consommais à présent au comptoir. Un soir, je rencontre une femme d'une trentaine d'années. Nous avons commencé à blaguer ensemble puis sympathisé très vite. En fin de soirée, elle me propose de m'héberger quelques nuits. Le lendemain, nous avons rendez-vous à la même heure.

Nous avons déjà bu quelques verres et malgré cela, elle prend le volant, en riant. Une fois chez elle, elle sort de la pièce passer un coup de fil. Moins de dix minutes plus tard, alors que j'étais assise sur le canapé, mon blouson encore sur le dos, deux de ses copains sont arrivés. On ne saura jamais ce qu'elle leur a promis, mais ils furent rapidement trop entreprenants. Un peu éméchée, je me demande comment j'ai trouvé la force de me dégager de l'emprise de celui qui s'est littéralement jeté sur moi. Quoi qu'il en soit, dans un sursaut de rage, j'ai basculé, en une contorsion extravagante, nos deux corps sur le côté, me suis relevée d'un bond en criant et précipitée jusqu'à la porte. Elle a claqué bruyamment derrière moi. Dieu merci, je m'étais sortie de ce piège, mais terrorisée à l'idée d'être à cette heure tardive dans les rues sombres de ce quartier réputé mal fréquenté, j'avais trouvé refuge sous une des cages d'escaliers de son HLM. Vers six heures du matin, j'avais pris le chemin de la gare, choisi l'hôtel le moins cher et, une fois sous la douche, m'étais autorisée à pleurer.

Je perds pied. Pourquoi faut-il que je sois si naïve, assez crédule pour croire profondément que les gens sont par nature bons, sincères, voire aidants ? Sur qui puis-je compter désormais ? Seul mon frère sait où je me trouve. En quittant Paris pour Tours, je l'ai prévenu de ma fuite. Angelin m'avait semblé être le meilleur médiateur auprès de mes parents. Il représente également le lien affectif dont j'ai besoin. Je n'ose pas l'appeler, je me sens confusément coupable, d'autant plus abattue et désespérée que l'on est dans la semaine de Noël, la plus inhumaine, la plus obscure quand on se sent pauvre et seul au monde. Après avoir réglé quelques nuits d'hôtel d'avance, je n'ai plus de quoi me payer un repas. Mon contrat de travail est terminé, mais le solde de tout compte et le bordereau de dépôt à la banque ne me réconfortent aucunement. Il me faut attendre trois jours pour l'encaissement de mon chèque. De toute manière, je ne supporterais pas l'ambiance d'une brasserie vide ni celle d'un restaurant bondé par de grandes tablées familiales. Je donnerais beaucoup, mais ne possède rien, pour me sentir bien au chaud et accompagnée.

J'erre dans les rues à la recherche d'une âme esseulée comme moi, mais ne trouve personne à qui parler. Place Plumerau, une fanfare, certainement celle des étudiants d'une grande école, interprète les morceaux traditionnels de Noël. Certains, pour la plupart des filles, chantent en saluant les passants placés en cercle autour du groupe.

« *I wish you a merry Christmas. I wish you a merry Christmas. I wish you a merry Christmas and a happy new year!* »

Dans ma chambre, de sale humeur : « Oui, c'est ça. Joyeux Noël et bonne année ! »

Les soixante-douze heures suivantes, le chauffage bloqué au minimum, je reste au lit enroulée sur moi-même, obnubilée par le tiraillement de la faim et le souvenir des réflexions de mon père : « Tu as à manger, un lit où dormir ? Alors, de quoi te plains-tu ? » Je me maudis mille fois de n'avoir pas su préparer convenablement ma fuite. Mes parents ne m'ont pas élevée et aguerrie pour affronter les vicissitudes de l'existence ; certes, j'ai dix-neuf ans mais aucune expérience de la vie ! Facile de partir sur un coup de tête ! Et voilà le résultat : au bout d'un mois, le goût de la liberté a viré à celui du suicide. J'occupe ce temps mort à gérer deux pulsions. La première, avoir quelque aliment à placer dans ma bouche pour calmer les crampes qui me tiennent éveillée, la deuxième, vouloir en finir, dès le réveil, après un petit somme. Si je n'ai pas de solution pour déjouer la faim, quant à me supprimer, il me suffit de m'imaginer physiquement morte, vraiment, pour réveiller instantanément mes instincts de survie.

La banque a ouvert ses portes, moi vidé mon compte. Célébrant Noël à ma manière, avec un peu de retard, j'avale un petit-déjeuner complet et change d'hôtel. J'ai réservé une chambre avec baignoire pour quelques jours, jusqu'au 1er janvier. Le repas puis la chaleur du bain me réconcilient avec la vie. J'ai choisi la date butoir et symbolique du premier de l'an pour me décider. Dois-je m'installer dans cette ville froide ou descendre vers le sud ?

Voyons ce que la ville peut m'offrir… Peu après mon arrivée à Tours, j'ai remarqué le Bar de la Tour. Situé face à la tour Charlemagne, d'où son nom, sa devanture inhabituelle désignait l'endroit sélect. Les vitres sont fumées, les doubles rideaux, lourds, l'éclairage, soft, l'immense bar, en bois massif, les grands tabourets, recouverts de cuir… Pas mon genre. Et puis tant pis, je m'assieds sur l'un de ceux placés dans l'angle le moins éclairé et réponds au sourire de la femme debout derrière le bar. Quand elle s'est levée à mon arrivée, avec ses cheveux blonds coupés très courts, son allure androgyne, je me suis demandé une seconde s'il s'agissait d'un homme ou d'une femme. En grignotant les olives servies avec ma coupe de champagne, je la regarde. Elle ressemble à une femme croisée l'année dernière dans une discothèque parisienne réservée aux femmes. Sabine, une amie de l'institution religieuse, et moi étions sorties de la boîte de nuit au petit matin, toutes deux fières de notre virée nocturne mais la tête pleine de doutes. Oserions-nous un jour aborder l'objet de nos fantasmes ?

Plus d'équivoque possible, quelques couples mixtes et beaucoup de femmes entrent au Bar de la Tour. Trois femmes s'assoient à côté de moi, me glissant un regard insistant et très vite m'invitent à prendre un verre avec elles. Ma première coupe faisant effet, j'accepte l'offre. Au cours de la soirée, des bulles dans le ventre et dans la tête, je suis assez détendue pour dîner en leur compagnie. Pendant le repas, elles me donnent leurs meilleurs tuyaux sur la région tout en s'étonnant, en plaisantant, de préférer vivre à Tours qu'à Paris. Sur mes gardes, je laisse entendre que j'ai le virus du voyage et une chambre à l'hôtel mais reste évasive sur mes projets. Elles m'emmènent au Club 71, où les couples de filles et garçons créent conjointement l'ambiance. D'allure assez masculine, Véronique fait tout pour me séduire et ses avances me troublent. Quand, à deux heures du matin, devant l'établissement qui ferme, elle me propose d'aller chez elle, j'accepte de céder à cette attirance hors norme… Mais dans sa voiture qui roule vers Saint-Avertin, je suis loin d'imaginer ce que cette femme de trente ans va m'annoncer.

Elle se présente. Puis tout à coup :

– Avant tout, il faut que tu saches… Ce n'est pas facile à dire ni à expliquer… Je suis mariée.

Je la regarde sans bien comprendre.

– Quoi ? Tu n'es pas…

– Si, je le suis… Mais je ne l'ai compris et accepté qu'après mon mariage… Depuis, Marc ne me touche plus… Je te rassure, nous sommes devenus les meilleurs amis du monde…

– On ne peut pas aller chez toi. S'il te plaît, fais demi-tour, ramène-moi à l'hôtel !

– Catherine, ne t'inquiète pas. Mon mari accepte totalement cette situation. Il n'y aura pas de problème.

– Non !

J'ai crié, malgré moi. Cette femme pense-t-elle m'offrir à son mari ? Elle gare la voiture sur le bas-côté de la rue et me prend dans ses bras. Je tremble.

– Tout se passera bien. De quoi as-tu peur ?

Elle écoute, intriguée, le récit de mon épopée HLM, puis l'aveu que j'ai à lui faire : je n'ai vécu aucune expérience de cet ordre… Elle me dévisage alors comme si elle découvrait en face d'elle un visage inconnu. Elle me glisse à l'oreille : « Je te le jure, ce n'est pas un coup foireux… »

Elle reprend la route puis, quelques minutes plus tard, coupe le moteur devant une grande maison. Dès l'entrée, le doigt sur sa bouche, me prenant par la main, elle me guide dans l'obscurité. Au milieu du salon, sur le canapé ouvert dort un homme. Elle pousse la porte de sa chambre. Émue, je ferme les yeux lorsque nos deux corps identiques et nus se rencontrent. Évoluant délicatement sous les caresses sensuelles jusqu'au plaisir intense, mon corps se révèle à travers le sien. L'orgasme réveille des désirs insoupçonnés et balaie, d'un coup, toutes mes craintes. À mon réveil, un mot sur l'oreiller. Véronique est partie faire des courses. « Marc ne travaille pas aujourd'hui. Il est prof. Tu verras, il est sympa… » Elle sera là pour le déjeuner, elle m'embrasse tendrement et plus. Elle m'aime déjà, m'écrit-elle. Elle a signé de son diminutif, étalé sur toute la largeur du petit papier. Mais c'est quoi, l'amour ?

La rencontre avec Marc n'est pas si terrible, plutôt surréaliste. Me fixant droit dans les yeux, insensible et froid, il me tend une tasse de café et s'explique. Résigné à tolérer cet état de fait, il autorise son épouse à sortir et accueille parfois les maîtresses de sa femme. Véro a souvent des coups de cœur, cela ne l'inquiète aucunement, cela ne dure pas… Tandis qu'il me parle, j'ai l'impression d'être la médiocre actrice d'un vaudeville glauque. La vie s'organise pourtant sans heurts dans la maison. Très vite, Marc et moi sommes complices et ce n'est que plus tard qu'il m'avouera avoir utilisé cette stratégie pour me déstabiliser. De mon côté, je ne peux dire si je suis amoureuse mais suis certaine que je ne m'autorise pas à l'être ; je ne me sens pas à l'aise dans ce duo transformé en trio insolite.

J'ai un nouvel emploi. Représentante auprès des commerçants, je vends – en les culpabilisant avec statistiques et documents à l'appui – toute une gamme de produits allant de la petite bombe lacrymogène à l'extincteur. « Savez-vous, madame, qu'en France, il se passe une agression chez un commerçant toutes les dix minutes ? » Ou bien : « Je vous assure monsieur, vous êtes en totale infraction si vous ne présentez pas, en cas de contrôle de sécurité, l'extincteur réglementaire... »

En fin de journée, Véro me retrouve chez la Baronne. La propriétaire du Bar de la Tour baptisée ainsi par deux de ses meilleurs clients refuse de dévoiler son identité.

*

Angelin m'a appelé hier soir, nous avons rendez-vous aujourd'hui à Tours. Il est accompagné de son amie et moi de la mienne. Nous déjeunons au Vieux Mûrier, place Plumerau. Très rapidement, mon frère en vient aux faits.

– Ecoute Tika, les parents te demandent de rentrer à la maison. Tu pourras occuper l'appartement du bas, il est disponible puisque j'ai déménagé. Papa et Maman ont accepté que tu vives comme tu l'entends. Papa retire ses menaces...

– Je ne remonterai pas avec toi à Paris. Je ne veux pas retourner chez eux.

– Je te l'assure, ils m'ont juré qu'il n'y aurait pas de représailles...

– Je n'y crois pas, je regrette... Le problème n'est pas là, tu le sais bien. Franchement, tu crois qu'en vivant au rez-de-chaussée de leur maison, ils vont réellement me laisser tranquille ?

– Oui, ils me l'ont promis, tu feras ce que tu voudras.

Je comprends que c'est sur l'insistance de ma mère qu'il s'est déplacé. D'après lui, ma mère revient à la charge tous les jours depuis ma fuite. Elle l'a supplié mille fois de me ramener, prétextant qu'elle ne peut plus sortir à cause de mon absence... Pour avoir la paix, une bonne fois pour toutes, Angelin a accepté de descendre à Tours mais est-il réellement conscient des conséquences de mon retour ?

– Angelin, tu le crois vraiment ? Ils m'autoriseront à être libre, sous leurs yeux et ceux des Albanais ? Tu les imagines accepter que je sorte quand et avec qui j'en ai envie? Tu rêves! À peine rentrée, ils vont m'enfermer à nouveau. Ils recommenceront leurs scènes et leurs menaces.

– Tika, elle en devient malade…

Je réponds à Angelin que je n'accepte pas ce chantage. Ma mère est peut-être malade – par honte mal placée, par péché d'orgueil et certainement victime du jugement des autres – mais elle n'est pas inquiète ou sensible au fait que je vive loin d'elle. C'est le respect du code strict de l'honneur et du qu'en-dira-t-on qui la pousse à vouloir me récupérer mais pas le sentiment d'amour maternel.

Les deux femmes qui nous accompagnent n'osent aucun commentaire jusqu'à ce que nous soyons d'accord, mon frère et moi. Ensuite, tous les quatre, nous abordons des sujets bien plus agréables avant de nous séparer. Angelin est déçu de n'avoir pas pu accomplir sa mission mais j'apprécie qu'il ne m'oblige pas à le suivre. Dans ce cas précis, tant d'Albanais de son âge auraient été plus agressifs avec leur sœur. En les regardant, lui et son amie, s'éloigner de la place piétonne, j'aimerais croire que j'ai réussi à gagner mon indépendance vis-à-vis de ma famille, mais j'ai le pressentiment que les choses ne s'arrêteront pas là.

Effectivement, six semaines plus tard, mon père est à Tours. La Baronne l'a rencontré hier, le jour de son arrivée.

– Catherine, je ne voudrais pas te faire peur, mais deux hommes te cherchent partout, dans les cafés. Il me semble que l'un d'eux est ton père. Basané, les yeux noirs, un peu chauve sur le devant, pas plus d'un mètre soixante-dix, c'est bien lui? L'autre est également typé, mais beaucoup plus grand que lui. Ils se sont présentés à l'ouverture, à midi. Ils n'ont pas l'air commode!

Je deviens livide. Il n'est pas seul, qu'est-ce que cela veut dire… Qui est l'autre? Il ne peut pas s'agir d'un Albanais. Connaissant mon père, jamais il n'oserait avouer à qui que ce soit sa déconvenue. Alors pourquoi se trouve-t-il à Tours avec un géant?

– Dis-moi, sont-ils restés longtemps?

– Au moins une heure. Ils étaient assis au bar avec l'air d'attendre quelqu'un. Peut-être toi? Avant de partir, l'homme qui semble être ton père t'a décrite, m'a demandé si je te connaissais et si je t'avais vue ces derniers jours. Je me suis permis de lui mentir, mais il m'a répondu qu'ils reviendraient. À ta place, j'éviterais le quartier.

– Tu te souviens s'ils se sont parlés en français ou en albanais ?

– C'était une langue étrangère, mais je ne peux pas te dire si c'était de l'albanais ou du polonais...

Quels sont les véritables desseins de mon père ? Je tente de joindre mon frère pour en savoir plus mais en vain. Devant mon angoisse, Véro et la Baronne essaient d'évaluer les risques à ma place. La baronne s'exclame :

– Au pire, que peut-il te faire ?

– Le pire, me tuer, le moins, me forcer à rentrer ou à me marier...

Après avoir considéré toutes les issues, nous sommes d'accord, Véro me conduit rue Marceau, au commissariat central.

J'explique mon cas à l'inspecteur, réclame la protection de la police et demande à rester au poste, au moins pour la nuit, il refuse.

– Mais, monsieur, qu'est-ce que je fais s'ils se trouvent en face de moi ?

– Mademoiselle, on ne peut rien contre votre père. Jusqu'à présent, considérons qu'il vous cherche, certainement dans le but de vous parler...

– Pour me réitérer les mêmes menaces ? Monsieur, cela dure depuis des années... Et s'il m'emmène avec lui, de force ? Et que faites-vous de celui qui l'accompagne ?

– Je suis désolé, mais tant qu'il n'y a pas eu d'agression réelle, prouvée...

Véro se lève et le toise :

– Vous allez peut-être attendre qu'il y ait du sang, peut-être même un cadavre pour réagir ?

– C'est à peu près cela, la loi est ainsi faite... Je suis désolé.

Je suis à cran, je m'imagine déjà six pieds sous terre et l'on me parle du Code pénal... Je hausse le ton :

– Concrètement, vous pouvez me dire ce qu'il me reste à faire ?

– En premier lieu, ne vous montrez pas en public, cachez-vous quelque part... Mais avant tout, je vous conseille de porter plainte. Il sera convoqué au commissariat de son domicile pour s'expliquer. Cette main courante aura pour effet de le calmer.

Consternée d'en arriver là, je lis et signe la déposition avec beaucoup d'émotion. J'ai conscience de la trahison faite à mes parents et de l'importance de ce document qui brise la loi du silence et accuse ma famille. Ma souffrance en devient plus intense, je sors du poste de police pliée en deux ; le feu de la peur me brûle à nouveau l'estomac. Espérant que mon père finira bien par rentrer chez lui, réfugiée dans une maison isolée à la campagne, chez une amie de Véro, je crie mes cauchemars en albanais toutes les nuits, jusqu'à ce que j'apprenne par Angelin qu'il a quitté la ville.

Rassérénée, je reprends ma vie à l'endroit où je l'ai laissée. Presque. Orpheline d'avoir assassiné mes parents à travers leur honneur, coupable d'avoir coupé le cordon si violemment, je me prépare à faire le deuil de ma famille. Les événements ne m'ont pas aidée. Un jour de Pâques, vers midi, l'annonce à la radio me fait sursauter : « Important tremblement de terre en Yougoslavie dans la région de Dubrovnik, d'une magnitude sept sur l'échelle de Richter… »

– Mon Dieu !

Véro répète plusieurs fois sa question pour me sortir du désarroi dans lequel l'annonce m'a plongée.

– Ce qui se passe ? Tu n'as pas entendu ? Le tremblement de terre ! Une partie de ma famille vit là-bas, surtout Gina, ma grande sœur !

L'oreille collée au poste, j'écoute les journalistes décortiquer l'info. La première secousse, assez faible, a eu lieu à sept heures du matin, suivi d'une autre, très violente, vingt minutes plus tard. Dieu merci, si cela s'était passé au beau milieu de la nuit, cela aurait pu se révéler plus mortel. L'animateur énumère une série de numéros de téléphone mis en place par l'ambassade de Yougoslavie en France et par un organisme d'aide humanitaire. Je les compose sur le cadran, telle une hystérique, mais ils sont occupés en permanence. Les numéros au Monténégro, celui de Gina, de ma grand-mère ou de ma tante, aboutissent dans le vide ! L'inquiétude me gagne, il me reste à joindre mes parents… Peut-être ont-ils des nouvelles de Gina ? Peu importe que ce coup de fil soit le premier contact avec eux depuis des mois. La ligne est occupée pendant des heures. Enfin :

– Allô, Maïco ? As-tu des nouvelles de Gina ? Qu'est-ce qui se passe là-bas ?

– Non, pas encore ! On ne sait rien… Quand vas-tu rentrer ? Il faut cesser la honte sur notre famille !

– Non, Maïco, je ne veux pas rentrer.

– Katrrriiin, je t'en supplie, fais ça pour nous…

Ma mère crie en pleurs ses deux malheurs : sa fille aînée dont elle n'a pas de nouvelles et l'autre qui persiste à se cacher. Elle craque. Ma sœur Christine prend le relais, elle aussi en larmes :

– Cathy, si tu ne reviens pas, je vais rater mes études par ta faute…

Elle me raconte son calvaire depuis mon départ, ses mots me font mal, j'ai honte, ma mère me tient à la gorge en se vengeant sur Sylvie et Christine. Elle demande à me parler à nouveau.

– Katrin, Bab Lek est mort. Il a eu une crise cardiaque pendant la deuxième secousse, ma cousine d'Amérique vient de nous prévenir.

Ma mère sait à quel point j'aime cet homme. Pourtant préparée à être distante, à ne pas céder à l'émotion, je ne peux contenir ma peine.

– Et pour Gina, ta cousine n'a pas de nouvelles ?

– Non, pas encore…

Je raccroche après avoir promis de rappeler.

Malgré la tristesse de la disparition de Bab Lek, l'inquiétude pour Gina, je me fais du souci au sujet de mes deux petites sœurs. Je répète à mon amie les propos de Christine. Depuis ma fugue, ma mère est devenue très stricte avec elles. J'apprends qu'elle les a menacées de les emmener dans un pré au bout de la rue, de les attacher autour d'un arbre toute la nuit… Au cas où elles voudraient suivre mon exemple… Même si ce ne sont que des phrases lancées dans un moment de colère, je suis pressée que leur cauchemar cesse immédiatement. Prête à affronter mes parents, j'ai à nouveau ma mère au téléphone qui m'apprend l'excellente nouvelle : Gina est saine et sauve ! Elle et sa belle-famille ont dû abandonner leur maison et se réfugier sous les tentes, plantées à la hâte par l'armée yougoslave. Ma mère m'apprend également que la maison de ma grand-mère est totalement détruite… qu'un proche cousin est gravement blessé ; un pan de son plafond s'est écroulé d'un bloc sur sa jambe pliée au bord du lit… broyée sous la masse. En dépit de son chagrin, ma mère n'en abandonne pas moins l'espoir d'une solution à notre problème. Elle me propose de monter à Paris.

– Si tu veux, viens seulement pour le week-end.

Elle semble prête à faire des efforts.

– Maïco, tu es sûre… Tu me promets de me laisser repartir ?

– Je te le jure !

– OK, mais je ne serai pas seule, je viens avec une amie. À vendredi.

Véro m'avait préparée à accepter sa proposition :

– Catherine, tu ne pourras pas les changer à distance et certainement pas par téléphone. Je t'accompagne, je serai rassurée. On ne sait jamais.

Alors que nous pensions avoir deux jours pour nous entendre avec mes parents. Dès le lendemain matin de notre arrivée, la visite est écourtée pour Véro. Ma mère pressentant qu'elle est ma maîtresse en profite pour faire un drame qui lui permet de la mettre à la porte. Mon père exécute le plan qu'ils ont préparé :

– Tu ne sortiras pas d'ici, tu ne retourneras plus à Tours. Je te le jure !

Il peut jurer et me menacer ! Tous deux ont blasphémé tant de fois… Il ne brandit ni revolver ni arme blanche, il n'en a pas besoin, mais ses mots sont suffisamment assassins pour que je songe à m'enfuir à la première occasion. Il le sait, chacun reste sur ses gardes, le manège dure quelques jours durant lesquels nous ne dormons pratiquement pas, occupés à surveiller le sommeil ou la fragilité de l'autre. J'ai beau être jeune, plus résistante, le bras de fer est inégal, mes parents se relaient l'un l'autre. Plus je compte les jours, plus l'espoir s'éloigne.

Faisant fi de l'interdiction formelle de mes geôliers, Véro appelle tous les jours. Au son de sa voix, ils raccrochent systématiquement, idem pour quelques connaissances tourangelles. Mobilisées par mon histoire, elles téléphonent à tour de rôle, certaines plusieurs fois de suite jusqu'à ce matin où, François, un de leurs amis, décidé à me tirer d'affaire, téléphone à mon père. Il se présente, journaliste à la *Nouvelle République*. Ça en impose… François est direct :

– Écoutez, monsieur, j'ai une solution à votre problème. Vous voulez conserver votre honneur, c'est bien cela ? Vous vous refusez toujours à laisser partir Catherine ? Je vous propose un accord. Je crois savoir que la seule condition est qu'elle se marie ? Eh bien, monsieur, si c'est la seule possibilité, je vous demande la main de Catherine… Puisqu'il le faut, j'épouserai votre fille !

À ma grande surprise, mon père ouvre la porte de ma chambre et m'ordonne d'aller au téléphone. L'homme – il se doute que mon père a l'écouteur – répète les mêmes propos qu'il a tenus auparavant. Sa proposition, le ton de sa voix sont si chaleureux que je lui réponds en pleurs. Merci… mais pourquoi cet homme accepte-t-il de me sauver des griffes de ma famille, sans me connaître, sans m'avoir jamais vue ? Mon père est soulagé. Pressé d'en finir, il redoute une honte médiatique, il m'offre mon billet de train. Je lui promets de revenir pour les préparatifs du mariage. Dans le train, je n'ose pas y croire, je suis libre ! Enfin, pas tout à fait puisque j'aurai à prendre le nom d'un homme, mais quant à me marier, je préfère que ce soit avec un Français.

À Saint-Pierre-des-Corps, Véro et François m'attendent au bout du quai. Vraiment charmant, de plus assez bel homme, mais après deux heures d'une conversation très animée, mon « ex-futur-époux » revient sur sa promesse : plus de mariage à l'horizon !

– Catherine, j'ai bien pesé le pour et le contre. Ne culpabilisons pas d'avoir promis. Tes parents n'ont pas tenu, eux-mêmes, leurs propres engagements. C'est de bonne guerre : notre parjure n'est qu'un juste retour des choses ! Je trouve stupide que tu sois obligée de te marier et ne me sens pas prêt à jouer cette comédie avec tes parents.

Un peu déçue – ce mariage m'aurait bien convenu – j'argumente la seule obligation : il suffirait de passer devant un maire pour faire taire les rumeurs sur mon compte et préserver l'honneur de ma famille…

François refuse, les conséquences sont trop importantes pour lui comme pour moi. En conclusion, il me rappelle les faits.

– Je te signale que c'était la seule manière de te faire sortir de chez eux !

– Oui, mais qu'est-ce qui va se passer maintenant, pour moi, pour mes sœurs ?

Comme les autres, François m'assure que mon père lâchera prise, un jour ou l'autre. Il faut lui laisser un peu de temps…

– François, tu ne les connais pas…

Avant de me quitter, il m'encourage vivement à retourner au commissariat afin d'ajouter sur la plainte pour menaces, une tentative de séquestration. Il se propose de témoigner. Je rejette l'idée de le faire mais me sers de cette hypothèse accablante pour calmer définitivement mes parents. Persuadée que ma mise au point les dissuadera de poursuivre un tel harcèlement, je crois, cette fois-ci, avoir gagné ma liberté.

Sans raison apparente, la relation entre Véro et moi a changé, nos retrouvailles prennent le chemin de la rupture. Je reçois un appel de la banque ; on m'apprend que j'ai émis des chèques sans provisions, il s'agit d'une somme importante. Mon correspondant m'annonce que, suite à leur lettre restée sans réponse, il m'a fichée pour incident à la Banque de France. Il me fixe un rendez-vous pour le lendemain. C'est impossible ! Je fais mentalement mes comptes puis, la mémoire me revient. Peu avant notre départ pour Paris, Véro, décidée à changer, dans son cas, sa garde-costumes, m'avait demandé de l'aider à choisir un style vestimentaire plus décontracté-chic. Comme elle était un peu coincée, j'avais signé un chèque dans quatre ou cinq magasins. Elle devait réapprovisionner mon compte bancaire, au plus tard la semaine suivante, m'avait-elle promis... Dans la tourmente, elle a sûrement oublié... Non, elle m'a affirmé à mon retour avoir effectué le virement. Pourquoi me ment-elle, aurait-elle intercepté la lettre ? Si elle avait des soucis, elle me l'aurait dit...

Ce soir, Véro nie en bloc les faits mais ne pouvant pas m'apporter la preuve de ce virement fictif, elle ne fait qu'aggraver son cas. Je ne hausse même pas le ton lorsqu'elle me suggère d'oublier l'incident... Terriblement déçue, je réalise en rassemblant mes affaires que je ne l'aime pas, du moins plus assez pour accepter ce mensonge. Elle refuse d'admettre que cette trahison provoque mon départ.

« J'allais divorcer pour toi... On vivra ensemble. »

Qu'elle divorce pour être libre, mais certainement pas pour moi ! La porte claque derrière moi.

Il se produit un enchaînement incroyable d'événements positifs. À ma grande surprise, le chargé de compte de ma banque est compréhensif. Je suis sincère, ne lui cache pas la vérité et promets de créditer mon compte très vite. À la fin de l'entretien, il m'invite à déjeuner. Je loue une chambre d'hôtel mais cherche un petit logement dans cette ville que j'aime bien. Pour ce faire, je m'adresse à « Tours vous accueille », une structure d'aide pour les nouveaux arrivants. La femme qui me reçoit se prend immédiatement de sympathie pour moi. La cinquantaine, madame de R. – distinguée tant par son port de tête, ses vêtements griffés que par sa particule – intervient auprès de ses amis, notables de la ville, pour me trouver un emploi. À la fin de cette journée printanière, madame de R., souriante et ravie, m'a trouvé, auprès de la mairie, un poste de gardienne au musée des Beaux-Arts. Je bénis mes deux anges gardiens, ce banquier si aimable et cette femme si dévouée, de m'offrir la perspective d'un avenir plus serein. Je le sens, la livraison des cadeaux ne fait que commencer.

En poste dans les salles de l'exposition « Jeanne d'Arc et sa légende », j'ai étudié la biographie de la Pucelle, le catalogue ainsi que toutes les notes de cette manifestation culturelle. Plutôt que d'être figée, statique – on me demande d'être vigilante en cas de vol ou d'agression sur une œuvre d'art – je prends plaisir à renseigner ou à guider les visiteurs. Au début, la plupart des gardiens m'ont regardée d'un mauvais œil puis se sont tous révélés fort gentils. On peut les comprendre : les postes de surveillants étaient jusqu'à présent exclusivement réservés aux hommes.

« Ce qui est sûr, c'est que tu es une bouffée d'oxygène dans ce musée ! » me lance Babeth. Étudiante en histoire de l'art et stagiaire au musée, de deux ans mon aînée, elle m'a prise, elle aussi, sous son aile. Apprenant que j'ai une chambre à l'hôtel Molière – sa réputation n'est pas des meilleures, surtout celle du patron – Babeth me propose de m'accueillir dans son appartement, un très grand studio, en plein centre du vieux Tours, qu'elle partage avec son ami Charles.

*

Nous cohabitons dans la joie et la bonne humeur. Je ne suis pas là souvent : afin de régler mes dettes au plus vite, j'ai accepté trois emplois. Le musée des Beaux-Arts dans la journée, puis, de cinq à sept, je garde les enfants de madame le Conservateur avant d'être serveuse dans un restaurant de nuit, Chez Natacha. La patronne, un ex-mannequin parisien, a placé toutes ses économies dans ce commerce situé à deux pas des quais de la Loire. Bien que certains déplorent qu'une grande partie de sa clientèle soit constituée de prostituées, c'est pourtant les clientes les plus généreuses que je connaisse. J'ai beaucoup d'affection pour ces femmes et elles me le rendent bien. Accompagnées de leurs amis, dès l'addition présentée, je les entends murmurer dans mon dos, au monsieur en face : « N'oublie pas le petit cadeau de Catherine. » Et lorsque nous nous retrouvons au 71, c'est l'occasion d'une fête au champagne qui dure jusqu'à l'aube. Je rentre tard, dors deux ou trois heures, une douche et hop ! Au Musée… Jeune, animée par la rage de m'en sortir, avec mes pourboires, mon salaire et la garde des enfants, j'ai vite remboursé mon banquier, il est devenu mon ami. Nous déjeunons souvent ensemble et parfois, après mon service chez Natacha, il m'emmène dans la discothèque la plus chic de la ville. Il sait me faire plaisir, j'adore danser. Je m'amuse dans ce lieu, où seule, portant jeans, bottes et sous mon blouson, un simple tee-shirt, avec une coupe de cheveux à la Seberg, on ne me laisserait pas entrer. Mais avec lui, toujours élégant, je suis bienvenue. En véritable gentleman, au courant de ma préférence depuis notre première rencontre à la banque, il me respecte. Il aime, me dit-il, ma gaieté, mon tempérament slave, profond, sérieux et quelquefois tragique.

Quand je ne travaille pas au restaurant, je retrouve Babeth et Charles au Vieux Mûrier. C'est à l'heure de l'apéro que se décident les fêtes chez l'un ou l'autre de nos amis. C'est lors d'une de ces fiestas que j'ai l'occasion de fumer mon premier joint. Peu experte et assez sensible à la marijuana, j'aspire timidement quelques taffes sur un pétard quand mes amis en ont déjà roulé un ou deux. Cela me suffit largement ; l'herbe a l'effet de me rendre hilare… Ensuite, tous trois, un peu flottants, nous finissons la soirée en discothèque, où nous dansons jusqu'à la fermeture.

*

À peine mon contrat terminé au musée, je commence à souffrir d'un petit abcès placé sur une dent du haut. Pendant la nuit, non seulement il triple de volume mais gagne le dessous de mon œil gauche. Inquiète, je me rends à l'hôpital. L'interne des urgences, n'y voyant nulle gravité, me demande d'attendre qu'il se résorbe. Le lendemain, il est devenu si gros… Je consulte un dentiste en ville qui me met sous antibiotiques avant de me donner rendez-vous la semaine suivante à la clinique Saint-Gatien :

– Il faut arracher cette dent. Je vous propose pour notre confort mutuel que l'extraction se fasse sous anesthésie générale.

*

Encore sous l'effet de la médication, je passe instinctivement ma langue sur ma dent, puis sur les autres et découvre le carnage ! Il n'y a pas un trou, mais plusieurs, en bas, en haut, à droite et à gauche… Ô rage, ô désespoir, ô dentiste ennemi qui m'a parlé d'extraire une dent, mais certainement pas huit… L'état de mes dents justifiait-il qu'on les arrache immédiatement, sans me demander au préalable mon accord, ou le dentiste s'est-il tout simplement trompé de dossier ? A-t-il pu confondre ma bouche avec celle d'un autre ?… Ou pas même regardé sous le champ de gaze ? A-t-il cherché à augmenter son K opératoire et ainsi gonfler sa note à la Sécurité sociale ? À présent, totalement réveillée, je pleure sur l'épaule de Charles qui vient d'entrer, une rose à la main…

Je ne pense même pas à consulter mon dossier médical ni à entamer une procédure contre la clinique ou ce chirurgien fou – il doit l'être… Je n'ai jamais revu cet homme après l'opération, bien heureusement pour ses trente-deux dents à lui… Par sa faute, j'ai perdu mon rire. Édentée, je fais le deuil de mon sourire, place systématiquement ma main devant la bouche quand j'ai à m'exprimer face à quelqu'un. Mais, en dehors de la considération esthétique, ce dentiste sait-il qu'il m'a également privée de l'envie et du plaisir de mordre la vie à pleines dents ?

À ma sortie de Saint-Gatien, madame de R. me confie une autre mission : veilleuse de nuit dans un institut médico-pédagogique à quinze kilomètres de Tours. Un ami de Charles m'a prêté sa moto, mais la petite cylindrée Yamaha rouge tombant régulièrement en panne, je me risque à la prendre uniquement pour descendre à Tours, en week-end. Mon emploi consiste à surveiller le sommeil de trente chérubins et à les mettre sur le pot, toutes les quatre heures. Souvent, le temps de faire ma ronde, les enfants ont déjà mouillé leurs draps, à croire qu'ils se sont passé le mot ! Au matin, le directeur m'accuse de m'assoupir durant mes gardes. Je vais me coucher déprimée. C'est impossible : la responsabilité de ces gamins, âgés de cinq à vingt ans, suffit à me tenir éveillée ! S'occuper avec dévouement d'un charmant petit enfant mongolien ou avec force d'un grand adolescent grabataire, si émouvant mais physiquement si lourd, ne m'est pas facile. Dénuée de toute formation pour tenir ce poste, en cas de crise, j'appelle l'infirmière de garde – elle loge dans l'autre bâtiment – et panique jusqu'à son arrivée.

*

Mon père revient à la charge.

Il doit être une heure du matin. Avec ma nouvelle amie, nous sommes assises au Club 71, face à la porte. Elle s'ouvre et… qui vois-je s'avancer le long du bar ? Ma sœur Christine suit Charles, qui accélère le pas dès qu'il me voit. Afin que je l'entende, il me crie à l'oreille :

– Ton père est chez nous. Ne t'inquiète pas… Il veut négocier ton retour. Allez, viens…

Je prends rapidement congé de mon amie sans l'inquiéter tout en me demandant si je la reverrai un jour. Ma petite sœur n'a pas l'air de comprendre dans quel endroit elle se trouve. Pâle de fatigue, elle semble complètement perdue dans ce jeu de quilles. Mon père a pensé, avec raison, que sa présence me rassurerait sur ses intentions. Sur le chemin, jusqu'à l'appartement, Charles me raconte leur arrivée. Ni lui ni Babeth n'ont été surpris. Nous parlions souvent de notre enfance, de nos souvenirs et de nos histoires de familles respectives. Face à mes amis, mon père a l'air calme, assez détendu. Ce qui a frappé Charles, c'est sa froide détermination à me récupérer. Tous les quatre discutent pendant des heures. Fatiguée, Babeth décroche du débat, s'isole et s'endort. Charles continue à dialoguer avec mon père et finit par le croire : mon père ne me fera aucun mal. Mon ami propose à Christine de l'accompagner, mais conseille à mon père de les attendre. Je le trouve assis sur le tabouret face au bar qui délimite le coin cuisine. J'écoute ses propositions, feins de croire en ses promesses et accepte de rentrer à Paris. Christine et lui partent au petit matin, je les accompagne jusqu'à la voiture, garée au bout de la rue. J'ai exigé de mon père de terminer ma mission avant de revenir chez eux.

C'est clair, mes parents ont changé de tactique. Plus de menaces mais c'est pire, ils ne me lâcheront jamais. L'emprise sera éternelle. Scellée par l'honneur, elle ne pourra être coupée que par un mariage ou la mort, la leur ou la mienne. En me traquant ainsi, mes parents me rappellent leur vérité : bien que majeure, je leur appartiens et suis leur chose. Si mon père ne m'a pas tuée, c'est à cet endroit que le bât blesse, je ne peux plus supporter d'avoir peur ni de subir une surveillance continuelle, où que je sois. Mes parents m'ont piégée. Ils m'ont ligotée, psychiquement, sans répit, avec des mots et des actes qui définissent parfaitement leur sens de l'honneur, du clan, de la tribu. Profitant sans vergogne de ce lien invisible – l'attachement familial viscéral tissé entre nous et à mon insu – ils se sont appropriés ma vie et son contenu. Cette fois, je tiendrai ma promesse, je le dois, je ne supporterai pas de faire du mal à quiconque, surtout pas à Christine : elle a l'air si heureuse de me voir rentrer bientôt.

Ce sursis me semble nécessaire pour faire mes adieux à mes amis, à mon banquier, à madame de R. et à ma liberté. Ce temps sert également à poser un pansement sur ma plaie et un masque sur la figure. Pour moins souffrir, j'ai besoin de m'aveugler : je rentre à la maison toute seule.

Home, sweet home…

10 janvier 1991. Banlieue parisienne.

C'est l'hécatombe, la loi des séries… Ma mutuelle me notifie son refus de me prendre en charge sous le prétexte peu catholique d'un article L quelque chose ! La force de mes souvenirs ajoutée à ces événements combinés – le licenciement et à présent ce rejet – me font croire deux choses. Un, je n'ai décidément pas de chance ; deux, le monde s'acharne contre moi ! La lettre me laisse perplexe.

Mademoiselle,

Notre médecin-conseil vient de nous transmettre les conclusions de l'examen médical que vous avez subi auprès de notre médecin expert. Ces conclusions révèlent qu'à la date de la signature de votre questionnaire d'état de santé, vous avez omis de nous déclarer être en soins et traitements, ce qu'il vous était difficile d'ignorer. L'inexactitude de cette déclaration entraîne la nullité de l'assurance conformément à l'article L113/8 du Code des assurances et par voie de conséquence, nous sommes fondés à refuser la prise en charge de ce dossier.

Nous vous prions d'agréer, etc.

Ah, ça non, je n'agrée pas ! J'appelle Françoise, responsable du personnel dans une grande entreprise. Elle maîtrise sûrement toutes ces tracasseries-là. Elle n'en revient pas.

– C'est scandaleux d'avoir rejeté ton dossier ! Passé les six premiers mois, tu entres pour eux en longue maladie et, sachant que ça peut durer trois ans, au tarif de tes indemnités journalières, cela va leur coûter bonbon ! C'est simple, il faut tout reprendre depuis le début et contester par écrit leur décision, en recommandé. Prépare-moi ton dossier. Je passe te voir ce week-end. On ne va pas se laisser faire !

*

Avec Françoise, nous retraçons l'historique de ma maladie, point par point. J'en ai parlé au Professeur B. ce matin. Indigné par l'attitude des médecins de cette compagnie d'assurance, il me promet de faire intervenir le professeur en gastro qui m'a reçue aux urgences cet été. Lui seul peut vérifier le mal-fondé de l'accusation et récuser leur décision. Il leur est difficile de croire que j'ai coché la case « Rien à signaler » sur le questionnaire de santé quelques jours avant de me présenter aux urgences de Saint-Antoine… On connaît la suite.

Le passé refait surface, suite à mon épopée tourangelle. S'il suffit généralement de trois mois pour cicatriser puis reboucher des trous, j'ai dû patienter deux ans avant de procéder à une première étape. Au vu des devis en France et de mes économies, c'est en Yougoslavie que l'on m'a posé un bridge et des couronnes en or. Le dentiste d'État, pour arrondir ses fins de mois, prenait, au noir, une petite clientèle privée. Chez lui, dans son garage aménagé en cabinet, un peu sordide, il m'avait titillé l'intérieur de la bouche sans anesthésie, cette fois.

Le bridge n'a jamais pu tenir, et pour cause : le fou de Touraine ne m'avait pas laissé à cet endroit la dent qui aurait pu le soutenir… C'est pourquoi, il y a deux ans, privée de la possibilité de mastiquer mes aliments depuis longtemps, j'avais pris conscience de ma tendance à gober mes repas. Elle s'installait sérieusement et ma digestion en pâtissait gravement. Après quinze mois de soins, j'avais envoyé ma facture à la mutuelle. Près de quarante mille francs… Je comprends mieux le but de la visite de l'expert lors de sa visite à l'hôpital.

En attendant, la caisse primaire d'assurance maladie a réduit mon salaire de plus de la moitié. Comment une personne dans mon cas peut-elle vivre s'il lui faut régler un loyer, si elle n'a pas de mutuelle, ni l'argent pour avancer les nombreux médicaments dont certains fort coûteux ou les frais des trajets en taxi, voire en ambulance ? À ce propos, j'ai appris, à la lecture de mon dernier relevé, que la Sécurité sociale considère ma perruque comme un accessoire de luxe ! De fait, ils ne l'ont remboursée qu'à la moitié de sa valeur. En revanche, d'autres médicaments, véritables cache-misère mais consommés à outrance par les Français, sont acceptés par cet organisme… Qui désormais nous parle de médicaments dits de confort quand il refuse de les prendre en charge. Allez dire à une femme privée de ses cheveux, sourcils et cils, que sa perruque, c'est du superflu !

Exclue par la société, je ne sais pas si je pourrai y retrouver ma place un jour. Cette lettre comme ses conséquences tombent mal. Après avoir acheté mes meubles anglais, une centaine de disques compacts, je viens de m'offrir Le Robert en seize volumes… Acquérir des objets aussi onéreux dans mon état peut paraître idiot mais c'était ma manière d'être positive. Bilan de l'opération : zéro ! Je suis malade, sans emploi et je n'ai plus un sou. Sur ce point, ma mère ne me rate pas.

– Katrin ! il ne faut jamais acheter quand on n'a pas l'argent sur son compte…

– Maïco, cet argent, j'y ai droit ! Franchement, qui aurait pu croire que cette grande compagnie d'assurance refuserait mon dossier ? Quand je pense qu'elle ose prétendre haut et fort dans ses nombreux spots publicitaires, au prix où ça coûte, à la télé, qu'elle est toujours avec vous… Maïco, qui aurait pu prévoir qu'elle me lâcherait ?

*

Les scènes de mon existence resurgissent. La vanne des réminiscences s'étant ouverte, elles affluent en cascade. Comment stopper le flux de ces pensées qui m'empêchent de dormir ? Par exemple, je ne sais toujours pas comment et par qui mon père a eu mon adresse à Tours ni n'arrive à connaître l'identité de « l'inconnu » qui l'accompagnait. Alors que j'aimerais baliser les erreurs passées de ma vie, mon père, lui, ne comprend pas ce sentiment, ni son urgence et reste sur sa position : il refuse catégoriquement de parler du passé.

Moi, je me souviens… De retour chez eux, installée dans l'appartement aménagé au sous-sol du pavillon, à vingt ans – mais plus toutes mes dents – je m'étais laissée glisser dans une descente aux enfers.

* * *

1979-1981. Banlieue parisienne.

Malheureuse, désenchantée, je prie simplement le ciel de me donner la force d'accepter cette situation. Afin de masquer ma déprime, démonstratrice au rayon sport d'un grand magasin, dans un immense centre commercial terne mais baptisé Créteil-Soleil, je me perds corps et âme dans mon travail. Mon unique prétention est de m'élever dans la hiérarchie sociale en devenant chef de rayon ou mieux, de département. Mes parents respectent leurs promesses, à leur manière ; la porte de ma prison dorée est ouverte, aucune menace ne plane mais ils expriment leur désaccord à chacune de mes escapades. De mon côté, provoquant mes sorties par principe et ne leur cédant pas de terrain, je fréquente les boîtes de filles, à la recherche de l'âme sœur sans plus y croire.

Depuis mon retour sur Paris, j'ai dîné plusieurs fois chez mon amie Isabelle. Notre amitié date de l'institution religieuse. D'un tempérament assez effacé, Isabelle s'était fait remarquer pendant un cours d'espagnol durant lequel elle présentait à notre classe un exposé remarquable sur sa passion, la tauromachie. À l'âge de huit ans, sa mère l'avait traînée à une corrida, elle ne s'en était pas remise, à tel point que sa mère, tentant de l'éloigner du milieu tauromachique parisien et exigeant qu'elle parvienne au moins jusqu'au bac, l'avait placée chez les sœurs. Quelle ne fut sa stupéfaction, comble du destin, quand sa fille, la bouche en cœur, lui apprit que nous avions dans notre classe la cousine de Simon Casas. Alors *novillero*, il allait prendre, cette année-là, durant la féria à Nîmes son alternative, la première consécration professionnelle pour un matador. Simon deviendra par la suite le directeur des arènes de Fréjus, puis de celles de Nîmes.

Au cours de notre dernière année scolaire commune, nous avions fait un serment mutuel concernant nos passions respectives. Isabelle deviendrait une grande matador et moi une journaliste-écrivain célèbre. Elle promettait de m'inviter à l'une de ses corridas, certainement la première, de m'offrir la mort du taureau, et moi de lui dédicacer mon premier reportage publié ou roman édité.

Mais j'ai banni de ma vie l'idée de l'écriture quelques mois après cette promesse de gamine faite à Isabelle. Gamine, je l'étais, stupide aussi. En recherche de soutien dans ma démarche poétique, et certainement de compliments, j'avais confié la totalité de mes poèmes à ma prof de français. Mon admiration pour Charles Baudelaire était si grande que j'utilisais, en guise d'hommage posthume, son anagramme comme nom d'auteur : Aude Balire, cela sonnait bien !

Au retour des vacances scolaires, j'apprenais que le mari de ma prof avait jeté malencontreusement mon enveloppe kraft à la poubelle ! Elle fut sincèrement désolée de n'avoir pu récupérer ma prose à l'eau de rose dans le vide-ordures, d'autant plus lorsqu'elle réalisa que je n'avais aucune copie de mes trente poèmes… Dans le sentiment douloureux de la perte et pour me punir davantage de ma bêtise, dans un sursaut enfantin, j'ai muré en moi toutes mes envolées littéraires ; l'écriture n'aurait plus d'importance ! Mais à l'épreuve orale du bac de français, passé en candidate libre, l'examinateur m'offre l'explication de texte de *L'Albatros*... Je me délecte à décortiquer mon poème préféré et à m'y voir un parallèle avec l'albatros : comme lui, d'une certaine manière, mes marins, à terre, en négligeant mes textes, m'avaient plombé les ailes.

Cinq ans plus tard, loin de toutes ces considérations, ne cherchant plus qu'à atteindre mon but – réussir à faire un mariage blanc – je me rends dans une agence réputée spécialisée dans ce domaine. L'agence occupe un petit bureau composé de deux pièces minuscules. L'absence de luxe ne me rebute pas et le côté sinistre du lieu correspond parfaitement à l'idée que je me fais d'une transaction de cet ordre, effectuée en catimini. Le directeur, un homme assez fin, très beau physiquement mais maniéré, écoute mes motivations puis m'annonce d'un ton très sûr le prix de sa prestation. Il est trop élevé pour mon budget mais j'accepte son tarif ; je suis prête à économiser des années pour résoudre une bonne fois mon problème. Il comprend mon objectif mais refuse ma candidature.

– Mademoiselle... Tous ces messieurs sont pour la plupart des hommes d'affaires. Ils recherchent de belles femmes, élégantes mais avant tout féminines. Vous comprendrez l'importance des qualités requises. Elles sont nécessaires, je dirai même qu'elles sont les conditions indispensables pour ce rôle d'épouse. Malheureusement, vous ne convenez pas, mais absoooolument paaas... – il articule davantage ces deux derniers mots – au profil de mes clients...

Message reçu, la demoiselle n'est pas assez belle, pas clâââsssse pour un sou et peu féminine... Je respecte la nécessité de ces hommes de hautes responsabilités à masquer leurs penchants – l'homosexualité est toujours considérée, en 1980, comme une maladie et un délit – mais je regrette qu'ils imposent aux femmes le rôle de potiches à l'occasion de leurs dîners mondains.

In fine, l'homme de l'agence me conseille d'orienter ma recherche vers des hommes en quête de papiers d'identité français. Ils seront moins regardants sur ces critères, me précise-t-il. Je refuse poliment. Non merci, j'ai tant de mal à me libérer de ma condition d'immigrée qu'il est hors de question que j'épouse un Tchèque, un Russe ou un Yougoslave... Ne parlons pas d'un mariage avec un Turc, une union avec un musulman relèverait de l'offense suprême pour les miens. Autant épouser un Albanais et satisfaire mes parents !

Grâce à la franchise de ce monsieur, je comprends l'importance à connaître celui avec qui j'aurais à jouer cette comédie. Comme au théâtre, c'est une question de *feeling*... Et à dire vrai, avec la chance qui me caractérise, je ne peux pas me permettre de prendre ce risque ! Néanmoins, deux amis homosexuels de mon âge sont prêts à se présenter à mes côtés à la mairie. Ils ont également émis l'hypothèse d'un mariage afin de ne pas peiner leurs parents ou pour mieux vivre socialement. Hélas, pour des tas de raisons et une kyrielle d'actes manqués, de part et d'autre, nous ne sommes pas allés plus loin que l'annonce d'éventuelles fiançailles. J'ai finalement éliminé sans regrets cette solution, au grand désespoir de mes parents...

1981.

Ma tentative d'être conforme aux traditions familiales a échoué ; je suis toujours la honte de la famille. D'autant que, Christine, à dix-huit ans, s'est résignée à se marier un jour à l'albanaise. Rien ne pourra la faire changer d'avis. Mon périple pour ma liberté lui a paru si dangereux qu'elle a choisi la soumission. Pensant ne pas posséder l'énergie suffisante pour vaincre sa peur, elle préfère, affirme-t-elle, suivre l'exemple du parcours de Gina. Qui de nous toutes est la plus courageuse ? Il me semble qu'il faut une dose massive d'inconscience ou un dévouement sans limites pour endurer l'autorité parentale et s'engager sur cette voie tragique.

J'ai eu beau tempérer mon caractère, le démon intérieur reprend ses droits. Lorsque l'on n'a pas enterré assez profondément ses rêves, ils remontent à la surface... Quand Isabelle m'informe de son projet de vivre prochainement dans la capitale espagnole afin d'approcher plus près le sien – s'inscrire à l'école taurine de Madrid – je sens que la suivre serait un choix judicieux, mais je me sais encore fragile. Après son départ, j'ai eu besoin de six mois pour reprendre mon envol. Le bus me laisse porte de Bagnolet. Là se trouve mon point de chute. Après avoir confié ma valise au commerçant d'à côté, j'entre timidement dans la parfumerie de Geneviève, attends que la mère d'Isabelle termine avec sa cliente. Une fois seules, je réclame son aide. Au fait de ma situation, par respect pour sa fille et par amitié pour moi, elle m'accueille dans son appartement du XIIe arrondissement. Cette fois, je ne ressens aucune angoisse à m'être enfuie. Durant ces deux années, au rythme de mes absences, mes parents ont, d'eux-mêmes, pris le pli de mentir à leurs amis.

– Non, Katrin n'est pas là, elle est à Paris. Elle travaille beaucoup… Elle rentre très tard…

Personne n'est dupe ; on continue à poser des questions, par politesse. De mon côté, de temps en temps, j'honore tout ce petit monde d'une courte apparition. Ce qui m'a permis de repartir fut d'avoir compris qu'il importe, dans cette situation, de sauver à tout prix les apparences au nom de l'honneur. Ainsi l'appartement du sous-sol garde l'air habité durant des mois, jusqu'à ce qu'on me propose de partager un appartement avec deux étudiantes suisses. Geneviève m'aide à le trouver et se porte caution pour ma part locative.

C'est le début de ma vie parisienne, première de rayon au drugstore Publicis à Saint-Germain-des-Prés, un titre bien pompeux. En fait, je seconde la chef du rayon cadeaux, chapeaute trois vendeuses, de quinze ans mes aînées en subissant leur jalousie, toutes trois prétendantes au poste avant mon arrivée. Travailler à Saint-Germain-des-Prés est un peu comme être le spectateur privilégié d'une gigantesque comédie. Toute la faune branchée de l'époque et le Tout-Paris fréquentent ce lieu ouvert sept jours sur sept, de neuf à deux heures du matin. Avec une collègue, nous nous amusons à mettre des noms sur les visages des personnalités du spectacle, des arts ou de la politique. Tous se mêlent à l'ambiance si particulière des soirées chez Lipp, des Deux Magots ou du Café de Flore.

*

Isabelle m'a conviée à sa première course. Partie par le train de nuit, j'arrive à Madrid au matin, à temps pour prendre la route avec elle, sa mère et son manager. Ernesto, qui connaît l'univers de la corrida comme sa poche, a pris en main la carrière de notre jeune Française. Durant les trente kilomètres jusqu'au village de Pelayos de la Presa, dans sa voiture, une vieille Mercedes, nous restons tous silencieux. Je retrouve le souvenir de nos conversations enthousiastes. Dans quelques heures, mon amie sera au centre de son rêve, au milieu de l'arène. J'assiste aux préparatifs. Ernesto aide Isabelle à enfiler sa chemise, son pantalon, ses bas, son gilet, sa veste et sa ceinture, lui noue sa cravate, lui fixe ses bretelles, lui présente ses escarpins, et pour finir lui remet sa petite natte postiche, son chapeau puis sa cape de parade.

À dix-sept heures, entourée par trois matadors, Isabelle pénètre dans l'arène. Son chapeau à la main, la cape sur l'épaule gauche, portant fièrement le costume qui épouse son corps à la plastique parfaite, d'une démarche chaloupée, glissant conquérante sur le sable, féminine et sensuelle dans son habit de lumières, elle est d'autant plus impressionnante que sa haute et longiligne silhouette gainée par le tissu bordeaux rehaussé de passementeries noires et son gilet d'or flirtent avec la lumière du soleil tombant. Le taurillon roux, âgé seulement de deux ans, sort à son tour. L'animal, imposant pour sa catégorie, fait un tour rapide et complet avant de stopper net, loin d'elle. Du centre du cercle de terre ocre aux reflets rouges, le corps en avant, le torse bombé, Isabelle l'appelle à plusieurs reprises d'une voix rauque, inhabituelle, puis basculant à nouveau le bassin, dans un mouvement significatif, plus provocante encore, elle fait un pas de plus, sûr et lourd, dans la direction du taureau. J'entends une dernière fois son appel sonore et vois l'animal foncer droit sur elle…

Elle lui donne les premières passes avec la cape et freine sa charge. Plus les Espagnols, hommes et femmes, crient leur *olé !* plus je suis dépassée, incapable de comprendre ni le jeu ni la beauté de ce qui s'offre à moi. Le duo tourne et virevolte dans une danse agile, mais terrestre, aussi singulière pour elle que pour lui. Le taureau dans sa charge souffle bruyamment sa rage et, soulevant le sable de l'arène à chacune de ses attaques. Il paraît puissant et lourd… Elle, si aérienne, semble faire front avec légèreté, élégance et courage…

Au *tercio* de la corrida, après avoir exécuté toutes sortes de passes avec sa cape, devenue le prolongement de son bras et de sa main, elle revient dans le couloir, échange sa cape contre la muleta, boit une gorgée d'eau, la recrache et s'avance vers les gradins. Face à nous trois, elle lève le bras et, soulevant son chapeau, signifie qu'elle nous offre la mort du taureau. La perspective du danger qu'elle encourt m'angoisse mais, comme pour l'aider, mon regard fait corps avec elle pendant l'intégralité de la scène finale. Elle enchaîne les passes, de la main droite, de la main gauche, le tout sur un rythme allant crescendo… Le haut du corps propulsé vers le ciel, les hanches et les pieds bien ancrés au sol, prêts pour l'ultime passe, elle termine sur celle « de poitrine ». Le geste, accompli dans un soupir, laisse son adversaire dominé, immobile, tête baissée. Le taureau placé, elle est prête pour la mise à mort, munie de son épée. Elle plie sa *muleta*, lève son bras droit… D'un geste plongeant avec un râle rauque, elle lui porte l'estocade sans trembler. Il s'effondre sur le sable.

Entraînée à accomplir ce geste sur des fagots de paille, mon amie se tient victorieuse face à l'animal. Contrairement au matador qui l'a précédée en évacuant sa joie dans une série d'insultes destinées au taureau, Isabelle reste silencieuse. Elle relève la tête puis salue le public en liesse. La plupart des spectateurs agitent frénétiquement le mouchoir blanc, réclamant ainsi l'attribution de la première oreille de l'animal pour Isabelle. En réponse à l'exigence de la foule enthousiaste, les hommes de la présidence lèvent à deux reprises le carré de coton blanc : Isabelle reçoit les deux oreilles. Nous sommes profondément émus. Ernesto, fier de son élève, sa mère, soulagée de partager le bonheur de sa fille et moi d'assister à la réalisation de son rêve. À présent, elle appartient au club très fermé des matadors.

Au cœur de l'ambiance festive de l'Espagne, la nostalgie me gagne. J'applaudis sincèrement le succès de mon amie mais sa joie me rappelle à l'ordre : pour ma part, je n'ai pas écrit la première ligne d'un roman, ni même l'ébauche d'un article… Pourtant, j'avais un sujet à traiter. Une amie albanaise, royaliste et intime du prince Lek d'Albanie, m'a permis de le rencontrer. Je savais peu de chose sur l'histoire de « mon pays » si ce n'est que le roi Zog 1er d'Albanie a abandonné son trône lors de l'invasion des fascistes italiens en 1939. Après avoir été accueillie par le roi Farouk d'Égypte, la famille royale a élu domicile à Neuilly-sur-Seine pendant quelques années, jusqu'en 1961, l'année de la mort du roi Zog. Ses plus fidèles sujets continuent à lui rendre hommage sur sa tombe, au cimetière de Thiais. Le prince Lek, quant à lui, a préféré s'exiler en Angleterre, puis en Espagne avant de s'installer définitivement en Afrique du Sud, à Johannesburg, le pays de l'apartheid.

La quarantaine passée, mesurant plus de deux mètres, blond, la peau claire, les yeux bleus, polyglotte, ayant appris au cours de ses pérégrinations une dizaine de langues, l'homme, bien que prince, ne m'a pas conquise. Durant la soirée, le fils du monarque déchu avait fait état de sa souveraineté et revendiqué son trône. Tout en gérant ses affaires, dans l'export, il préparait son retour dans son royaume. Allait-il lui aussi comme son père, jadis homme d'affaires, se proclamer président, puis roi ? Les mauvaises langues font régulièrement courir la rumeur qu'il aurait envoyé l'un de ses plus fidèles amis en Libye afin d'y entraîner en secret, dans le désert, une armée…

Bien qu'immigrée de la deuxième génération, je lui ai demandé d'instaurer la démocratie dans la patrie de nos ancêtres… Ce n'est pas parce que je n'ai jamais posé les pieds sur cette terre interdite et inconnue, mais dont je suis pétrie autant de son histoire que de ses traditions, que je n'avais pas voix au chapitre de sa destinée ! Bref, consciente de l'intérêt à présenter l'extraordinaire saga albanaise aux Français, prise par la velléité de m'y mettre, de retour d'Espagne, je m'étais rendue compte que j'en serais incapable. La vie m'avait définitivement éloignée de mon rêve d'adolescente.

*

Au bout de quinze mois à Saint-Germain-des-Prés, je perds mon emploi. À la suite d'une série de vols de bijoux, le directeur exige d'avoir le nom de la coupable, cela ne peut être qu'un membre de l'équipe, et nous oblige à la dénoncer. Il menace de nous licencier si nous nous obstinons à couvrir la voleuse. L'auteur du délit n'ayant pas bronché, j'ai préféré démissionner. De plus, rentrer tard le soir ne m'arrange plus. J'ai rencontré une femme et abandonné l'appartement collectif pour vivre avec elle. Notre *love affair* ne dura pas longtemps mais assez pour me déstabiliser. Bérengère appartient à cette catégorie d'êtres humains diaboliques qui vous aiment tendrement en privé mais vous démolissent en public, sapent vos espoirs, n'en ayant plus… Une de ces femmes dont l'hostilité à l'égard des hommes n'a d'égale que la propension à les singer… Je m'en vais ; quitte à vivre avec un macho, autant que ce soit un homme…

Souffrant d'une blessure d'amour-propre, tant au niveau professionnel qu'amoureux, me retrouvant une fois de plus à la rue, je trouve, via une petite annonce, un nouvel emploi qui va régler tous mes problèmes. L'entreprise couvre la France entière avec plusieurs équipes de colporteurs. Je passe plus de deux années à parcourir notre pays, du nord au sud, de l'est à l'ouest, de la côte d'Azur à la côte sauvage. Vendre en porte à porte toute la journée, jusque tard le soir, des peintures à l'huile fabriquées en série à Taiwan ou des lithographies sorties d'usines anglaises, demande un courage à toute épreuve ou une détermination implacable.

Même si c'est mathématique, au bout du compte et du nombre, une porte s'ouvrira… Entre, c'est un véritable cauchemar. Cent fois, il faut se présenter, sonner voire taper – d'où dans le jargon, être des tapeurs – sans avoir une réponse. On entend bien derrière la porte le grognement d'un chien, le miaulement d'un chat, le bruit sourd d'une télévision, d'une radio qui s'arrête brusquement ou des chuchotements… Les portes s'ouvrant rarement spontanément, encore moins avec un sourire engageant. On ressent le désagrément d'être observé par l'œil de bœuf…

Pour garder la bonne humeur et un courage sans failles, j'ai suivi le conseil de celui qui m'a formée : « Quand t'as pas le moral, bois un coup ! »

Je suis devenue alcoolique.

Dans notre équipe constituée de marginaux – il faut l'être – nous sommes tous soit sous l'emprise de l'alcool, soit sous celui de la drogue. Alors qu'en Touraine, je ne buvais que du vin et savais me mettre à l'eau durant de longues périodes, je consomme des alcools forts et en grande quantité. L'escalade et la chute sont terribles. Le dernier mois, achevant en Bretagne une longue tournée, j'en arrive certains jours à boire jusqu'à m'en rendre malade.

Le matin, nous commençons la journée avec un petit verre au bistrot, pour nous donner du cœur à l'ouvrage… Ainsi plus gais, nous faisons rire les gens. Ils nous laissent entrer chez eux, on déballe facilement la « camelote », on sympathise vite. Ils nous offrent un verre, puis deux, et parce qu'ils nous apprécient et ont passé un agréable moment, ils achètent. L'argent n'est pas l'unique moteur et l'alcool le seul carburant qui me pousse chaque matin à descendre du camion et entrer dans un immeuble comme on attaque une citadelle. Je gagne ma vie, mais c'est pour deux autres raisons que je persévère. La première est identifiable à mes yeux. Je reconnais cette rage en moi de vaincre au combat, ce besoin impérieux de prouver à n'importe quel prix, y compris ma santé, que je suis la meilleure, et sur ce terrain, imbattable… La deuxième est subtile ; je suis si désabusée sur le sens et la valeur de mon existence qu'il me faut toucher le fond de mon désespoir en me frottant à celui des autres.

Pourquoi ai-je passé tant de temps auprès de femmes au foyer qui, par leurs mots, leur attitude, me renvoient l'image, dans le miroir de la rencontre, d'une vie morne, triste et pauvre où la part du rêve est noyée quotidiennement dans un verre de mauvais vin, de porto, de vodka ou d'alcool… à quatre-vingt-dix degrés ? Oui, je le reconnais, j'ai du plaisir à remonter le moral de ces femmes qui m'ouvrent leur porte et leur cœur à quatre heures de l'après midi, la plupart en robe de chambre, les cheveux en bataille et la larme à l'œil. Il est vrai que je me sens exister au contact de ces êtres désœuvrés. Je me souviens de ce sentiment paisible d'avoir commis une bonne action à regarder chaque jour la vie se vivre, se morfondre et souvent se détruire sous mes yeux. Incapable de faire davantage, je reste simplement attentive à entendre et répondre de mon mieux, curieuse et avide d'indications qui me livreraient les secrets de mon âme et ceux de la condition humaine.

Pour défendre le principe de l'art et l'importance de l'esthétique, j'incite aussi mes interlocuteurs à oser pousser les portes des galeries d'art, l'accès y est totalement gratuit, ou celles des musées nationaux. À défaut, je suggère qu'ils ôtent de leur mur la reproduction, jadis couvercle en carton d'une boîte de chocolat, recyclé en deux temps trois mouvements en un grossier tableau sans cadre. La question n'est pas d'ordre financier mais d'éducation. N'est-ce pas là une réparation au malaise personnel ressenti chez mes parents par leur manque d'intérêt culturel ?

Le dimanche nous offre quelques activités de loisirs inhérentes au lieu ou à la saison. Ainsi, l'hiver, j'apprends à skier au col de la Schlucht et l'été, je profite des joies du sport en plein air. Malgré ma peau de rousse, j'ai plaisir à lézarder au soleil. Notre équipe étant composée de six garçons et de deux filles, Hélena, ma consœur, devient rapidement mon amie, par solidarité féminine, mais aussi à travers la passion que nous partageons pour le flipper, il fait notre affaire au quotidien, et le billard, fort prisé les dimanches pluvieux.

La première année, passant par Montpellier, j'en profite pour rendre visite à Angelin. Mon frère, alors danseur dans la compagnie de Dominique Bagouet, m'accueille chez lui pendant plus d'un mois. Ce séjour sera dans ma mémoire le souvenir de mon premier sentiment d'amour à l'égard d'un homme, et pas de n'importe lequel. Au fil des rencontres avec l'ami et chorégraphe d'Angelin, naît une immense tendresse pour ce garçon. Physiquement très fin, il me fait penser souvent à un funambule et parfois à un ange ; son talent est si grand et sa sensibilité si extrême qu'il me touche infiniment. Avant de quitter Montpellier, bien qu'il me paraisse inabordable – je me sens ridicule face à lui – je confie à mon frère ma plus belle déclaration écrite à son intention. Dominique est le premier homme qui me réconcilie avec l'image des autres. Je poursuis ma route.

*

Peut-être aurais-je continué cette activité pendant des années, s'il n'y avait eu cet incident ? Descendue du camion en début de soirée, comme à mon habitude, j'avais pris l'ascenseur, appuyé sur le bouton du dernier étage – on commençait toujours par le haut, ascenseur ou pas – et sonné à la première porte.

Elle s'ouvre promptement, laissant apparaître un homme grand et fort tenant fermement le collier de son chien qui aboie férocement, les deux pattes avant patinant frénétiquement en l'air à ma rencontre…

L'air halluciné, le visage rougeaud, les yeux injectés de sang, il menace de lâcher son doberman sur moi. Je m'excuse poliment, n'insistant pas, je tourne le dos au gentil monsieur… à son adorable toutou, marche vers l'ascenseur. La porte a pourtant claqué, le chien jappe plus fort encore, mais en me retournant… L'homme n'est pas entré chez lui… Il s'avance et me crie :

– Non, ça va pas, mon gars, tu ne prendras pas l'ascenseur !

Le moment est mal venu pour préciser à cet homme aveugle, probablement sourd, qu'il a affaire à une représentante du sexe faible…

– J'te dis que tu vas descendre à pied ! s'exclame-t-il, d'un ton haineux. M'attrapant d'une main par le milieu du col de mon manteau, ouvrant la porte de service de l'autre, il me soulève littéralement du sol et me jette, moi et mon carton de toiles, dans la cage d'escalier. Je déboule les deux étages en roulant sur moi-même tout en pensant que mon crâne va rencontrer le nez tranchant d'une des marches en béton… Miracle, je me relève en palpant ma tête avant de m'écrouler à terre en larmes.

Après l'expulsion de l'immeuble, j'attends plus d'une heure le bruit du moteur du Trafic. Cela me laisse le temps de faire le bilan de l'expérience et de tirer un grand trait sur ce boulot de dingue. Jeune mais déjà bouffie par l'alcool, alourdie par plus de vingt kilos, pris en moins de deux ans, il est temps que j'arrête les dégâts. Le lendemain matin, souffrant de toutes parts, je ne peux pas me lever. En fin de journée, je m'oblige à me regarder. Assise sur la moquette, devant la glace de l'armoire de la chambre d'hôtel, j'examine minutieusement ce corps qui ne m'appartient plus, que je traîne sans jamais vouloir ni le regarder ni le respecter… Les pleurs n'effacent pas le chagrin causé par cette déchéance, mais me confirment le désir profond d'un virage.

*

Pas très fière, je retourne chez mes parents me refaire une santé et réfléchir à ce que je pourrais bien faire de ma vie. Satisfaits de me retrouver chez eux, ils ne font aucun commentaire, reprennent nos relations là où nous les avions laissées.

Totalement désemparée, au régime et à l'eau, peu optimiste sur mon avenir, je cherche à trouver une motivation à aller de l'avant, une fois de plus. Elle m'est proposée par Fanny, une amie d'Angelin. Elle me connaît depuis mes quinze ans. L'ayant informée que ma dernière chance pour entrer à l'école de journalisme est de travailler dans un organisme de presse, dans le cadre de la formation continue, elle place délibérément dans la conversation qu'un grand hebdomadaire recrute des télévendeurs à mi-temps. Lors de l'entretien sélectif, la responsable du service des abonnements, considérant que ce serait un gâchis de ne pas exploiter mon parcours, oriente ma candidature vers le service publicité.

– Mais, madame, je n'ai jamais fait cela… Je n'ai pas de diplômes…

– Je suis certaine que vous en savez autant sur la vente ou la communication qu'en sortant d'HEC. Essayez… Vous n'avez rien à perdre !

Il est vrai que je n'ai en poche que mon diplôme de Hautes Études Communales…

Ainsi, à la fin de l'entretien préalable d'embauche, j'accepte de changer mon identité. L'idée vient de la directrice de la régie publicitaire du journal :

– Preljocaj, c'est beaucoup trop compliqué à prononcer. Il faudrait vous trouver un nom plus simple, plus commercial, plus élégant, pourquoi pas Catherine Prel ?

– Non, je ne veux pas, il y a déjà Micheline…

Puisqu'elle vient de me confier la rubrique décoration et celle des galeries d'art, je préfère utiliser le pseudonyme de Catherine Delacroix. Cette nouvelle appellation me donnera une entrée en matière amusante avec mes clients : « Oui, Delacroix comme le peintre, bien que je n'aie pas son talent… » Il s'agit également d'un clin d'œil à l'intention de mon frère. Adolescentes, Gina et moi avions intercepté une enveloppe adressée à Angelin Delacroix par une jolie demoiselle. Nous ne nous étions pas gênées pour le taquiner.

J'habite toujours chez mes parents. Avec Fanny, célibataire comme moi, nous allons souvent dîner dans un restaurant américain, situé au beau milieu des Halles, devenu notre cantine. La fréquentation du lieu est due à un quiproquo. Nous l'ayant recommandé en ces termes : « Là-bas, tous les gens se parlent sans se connaître ! » nous avions, dès notre premier repas, discuté avec tous nos voisins de table, des gens fascinants, pour la plupart des Américains vivant à Paris.

De ces rencontres naît mon projet de m'exiler aux USA. D'autant plus qu'Hélena refait surface dans ma vie. Décrochant elle aussi du « tap-tap », elle s'est installée à Paris tout en préparant son départ pour New York. Née en Russie de parents français en mission à Moscou, ayant vécu les trois quarts de son existence aux États-Unis, Hélena, nostalgique de l'ambiance et de la mentalité américaine, m'incite à la suivre.

Mes relations avec mes parents ne s'arrangent pas : ils préparent le mariage de Christine. Il m'apparaît aussi choquant que celui de Gina. Refusant de cautionner une fois encore ce rapt, je décide – à plus de vingt-cinq ans – de quitter définitivement la maison familiale avant les derniers préparatifs de la noce. Conduites par son père, Hélena et moi déménageons mes affaires à une allure folle. Sylvie a rassemblé et mis dans de grands sacs poubelles mes vêtements, livres et bibelots. Alors que je sors de leur salon, mes parents, debout, n'ont toujours pas prononcé un mot. Moi non plus.

Hélena partie aux États-Unis – je ne veux pas quitter mon emploi ni manquer ma formation – je partage le deux-pièces de la rue Edouard-Jacques avec Igor, jeune couturier et ami d'Hélena. Il n'y a qu'un canapé-lit mais comme il travaille la nuit dans une discothèque à la mode, il rentre de son travail peu avant que ne sonne mon réveil. La cohabitation est très agréable en semaine. Igor arrive avec les croissants, prépare le café et, prenant le petit-déjeuner avec moi, me raconte les potins de la nuit. Le soir, il s'occupe du dîner, ce qui m'arrange bien, et souvent je le retrouve assis par terre, retouchant la tenue qu'il se confectionne pour une soirée privée. Elle l'est moins les week-ends. Soit je fais la fête sur son lieu de travail et dors à ses côtés toute la journée, soit je passe la plus grande partie de mes samedis et dimanches silencieuse dans notre grande cuisine à attendre qu'il se lève. J'ai également la possibilité d'aller chez Odile et Carolin. Mes voisins du dessus m'accueillent à chaque fois avec plaisir. Au fil des mois, ce couple âgé a fini par me considérer comme sa fille.

Il n'y a pas de confusion possible avec Igor. Nous n'avons aucun désir l'un pour l'autre. Il a seulement en tête de vouloir « faire émerger la femme en moi », me répète-t-il, et se comporte souvent comme mon Pygmalion. Dans cette optique, il m'a confectionné de beaux ensembles, une magnifique robe et un élégant manteau. C'est lui qui m'a encouragée à teindre mes cheveux en blond platine et à les couper encore plus courts qu'ils ne l'étaient. À son contact, je deviens sophistiquée, au début, un peu trop à mon goût, puis je m'y fais très vite, Mes efforts ne s'arrêtent pas là, un 5 janvier, j'entame un régime draconien. Igor, lui-même en surcharge pondérale importante, se moque de mes rations journalières au volume ridicule, puis, me voyant fondre comme neige au soleil, tout en restant en pleine forme, court consulter mon nutritionniste. Nous vivons alors une période très joyeuse. Au fur à mesure que nous décollons, dix-sept kilos en six mois, plus légers, plus rayonnants et bien plus à l'aise dans notre peau, nos projets se dessinent à l'horizon. Igor décide de partir faire fortune ou la fête à Ibiza, moi en situation de désaccord financier avec ma direction, de démissionner.

Si peu sûre de moi à l'embauche, j'avais accepté les conditions de mon salaire sans sourciller, j'appris rapidement qu'elles étaient les plus basses de l'équipe. Je demandai alors un entretien à ma directrice qui, au vu de mes résultats, accepta de revoir mes pourcentages et mes objectifs, certaine que je ne les atteindrais pas. Pour les dépasser, l'idée me vint de lui proposer deux numéros exceptionnels. Je les bouclai, gagnai mon pari et les félicitations du grand patron du groupe de presse. C'est ce moment qu'a choisi ma directrice pour me rappeler avec une certaine bonne humeur que notre accord n'était que verbal... Je m'en mordrai les doigts... *Basta cosi!*

Le moment semble propice pour réaliser mon projet américain. Un de mes oncles m'a promis, lorsque je le voudrais, de m'accueillir chez lui et de m'inscrire dans une école new-yorkaise. J'y perfectionnerais mon anglais avant de me diriger vers une autre formation. J'hésite entre le management, le marketing ou la communication. M'étant découverte des talents de communicante, je suis convaincue que, là-bas, tout est possible.

1987. États-Unis.

Mon oncle n'a effectué aucune démarche… et n'en a pas l'intention !

– Je ne sais pas si tu réalises vraiment que j'ai quitté mon boulot pour suivre ces études ici. Le visa de six mois, j'en fais quoi ? Tu aurais pu me prévenir ! Non, tu attends que je sois là pour m'annoncer que ce n'est pas possible ! Bon, j'y suis, j'y reste !

Je n'ai pas l'occasion de voir grand-chose de l'Amérique. Ayant cru les Albanais américains plus évolués, je comprends rapidement, à mes dépens, qu'il n'en est rien. Ma famille, de ce côté-ci de l'Atlantique, ne m'autorise pas à sortir seule simplement parce que, célibataire, ils m'ont rangée dans la catégorie des jeunes filles à marier et soumise à leurs obligations… Ignorant tout de ma vie, ils me demandent de jouer la comédie de l'oie blanche au cœur de Big Apple, un comble ! Durant les cinq mois où je vis à New York, mis à part la visite de Manhattan, de l'Empire State Building et d'un musée où l'un de mes oncles est gardien, je n'ai pas grand-chose à raconter. Je deviens dame de compagnie auprès d'une vieille dame d'origine hongroise et remplace une cousine à ce poste non pas pour les deux cents dollars par semaine mais plutôt pour l'intérêt à rencontrer un autre univers. J'imaginais que parler avec une Américaine me changerait les idées, mais cette femme de quatre-vingt-six ans est mutique.

Nous commençons sa journée à neuf heures le matin par sa toilette au gant, puis je passe un long moment à lisser ses longs cheveux gris qu'elle coiffe en un chignon à l'ancienne. Quand le temps s'y prête, nous allons faire une balade, en fait, c'est juste le tour d'un pâté de maisons. Ensuite, elle se repose dans sa chambre, mais garde sa porte ouverte. J'ai la charge, sous son regard sévère, du ménage, de la lessive et d'un peu de repassage. Juive très pratiquante, elle ne m'autorise pas à manger à sa table ni à partager son repas ni même à utiliser ses couverts. Après quatre semaines en sa compagnie, je me sens aussi déprimée qu'elle… Soulagement quand ma cousine reprend sa garde.

L'unique intérêt de ce séjour est d'améliorer mon anglais. Au bout des six mois, j'arrive à peu près à suivre les informations à la télévision. Mon apprentissage de l'américain s'effectue, exclusivement, grâce à cet outil de communication. Le poste cathodique est allumé en permanence dans tous les salons des maisons où je me rends, tantôt chez une tante, tantôt chez un de mes cousins. Ils sont si nombreux à New York que je peux dormir, si je le désire, presque chaque nuit dans un lit différent. Les inconvénients sont d'avoir à préparer mon sac en permanence, de décrire à chacun Paris, d'expliquer à tous mon job, d'avouer mon salaire, de donner des nouvelles de ma famille, des compatriotes en France mais également de mentir sur ma façon de vivre. Tout cela prend le temps du dîner et n'arrange pas ma ligne. Sur la balance, l'indicateur est gravement à la hausse ! Ils sont tous très gentils, mais personne ne prend en compte mes protestations… Et ce n'est pas léger ; si chez les Albanais, on mange à la cuillère – tous nos plats d'inspiration paysanne nécessitent ce couvert –, les Albano-Américains en rajoutent. Ils complètent leurs menus par une pizza par-ci ou un cheese-cake par là, le tout arrosé d'un demi-litre, au moins, de Coca-Cola, glacé !

Pour finir mon périple américain, je séjourne quatre semaines dans la banlieue de Détroit. Dans cette grande ville industrielle du Michigan, mon statut est identique à celui de New York. Là, les privilèges qui me sont accordés sont de naviguer entre le salon de coiffure de ma cousine, le salon de la maison de ma tante, en passant, deux fois par semaine, par le club de fitness où j'accompagne cette dernière à ses séances de musculation. J'ai la chance d'aller une fois au cinéma avec ma cousine, un dimanche, en fin de journée et de dîner dans un superbe restaurant à l'intérieur d'un hôtel prestigieux de Détroit. Cette soirée, je la dois à une mise au point avec mon cousin. Lors de leur passage à Paris, Peter et sa femme avaient profité de ma connaissance de la capitale. Nous avions descendu les Champs-Élysées jusqu'à Montparnasse, en passant par les boutiques de Saint-Germain-des-Prés, visité Pigalle, fait une halte au Sacré-Cœur sans oublier de prendre un verre à la Rhumerie, de dîner à la Coupole. Ils rêvaient d'une soirée au Moulin Rouge ? *Okay, bubble gum !*

Bref, ils se disaient reconnaissants envers leur guide :

– Merci Katrin de nous avoir consacré tout ce temps. Quand tu viendras chez nous, tu pourras compter sur nous.

Cinq ans plus tard, à quelques jours de mon retour en France, chez lui – du moins chez ses parents où il réside avec sa femme – je le regarde froidement dans les yeux, lui remémore tous ces bons souvenirs et sa promesse :

– Peter, qu'est-ce qui s'est passé ? Tu es devenu amnésique ou quoi ?

En français dans le texte, s'il vous plaît. Bien qu'il réside aux USA depuis dix-huit ans, à trente ans, Peter n'a rien oublié de notre langue, il la parle parfaitement. C'est même un véritable plaisir pour lui.

– Oui, je sais, Katrin, mais tu connais le point de vue de mes parents…

– Dis-moi, tu as quel âge, mon grand ? En réalité, ça m'est égal. Demain je suis à New York, dans une semaine à Paris, alors ton Amérique, tu peux te la garder. Elle ne m'intéresse pas… Pas comme ça !

– Ne t'énerve pas…

Ce n'est pas le truc à dire pour me calmer.

– Comment veux-tu que je sois calme ? Tu plaisantes, j'espère ? Jusqu'à quand allons-nous supporter le « qu'en dira-t-on », les petites cachotteries, les grands mensonges et l'hypocrisie des Albanais, comme si de rien n'était ? Je suis à Détroit depuis un mois, je ne suis pas sortie dans la ville une seule fois et il a fallu se mettre à genoux devant ton père pour quémander une sortie au cinéma, en plein après-midi, alors que ta sœur a vingt-trois ans et moi vingt-sept… *Wake up, man, we are in America !*

Je remonte comme une furie dans la chambre de ma cousine. Tina est allongée sur son lit. Comme à son habitude, elle dévore son énième Harlequin. J'en ai lu deux en un mois, pour voir ; c'est toujours la même trame. En général, la jeune femme est douce, lui, dans le genre plutôt goujat, l'est beaucoup moins… Au début. Elle a souvent un teint de porcelaine, lui boutonne sa chemise blanche de façon à dévoiler sa poitrine ultrabronzée… Elle l'aime déjà sans le savoir… Lui la rejette puis réalise qu'elle est la femme de sa vie, chabada, chabada… Ma cousine, quand elle ne travaille pas dans son salon de coiffure, ne lit que ces titres. Grâce à ces fleurettes qu'elle gobe, dès qu'elle a cinq minutes, elle occulte la tristesse de sa vie.

Tout en faisant ma valise, je la regarde en coin. Il m'est impossible de la comprendre. Obèse et peu coquette, elle attend sagement qu'un gentil Albanais la demande en mariage. Quel sera celui qui remarquera, derrière les apparences, sa générosité, sa grande gentillesse et son immense courage à supporter tout cela ? On frappe à la porte, Tina lance un « *Come in !* » sans même sortir de sa romance. Peter se tient droit, comme un *i*.

– Ce soir, on t'emmène dîner en ville. Mes parents sont d'accord…

Je lève la tête et marmonne merci, en albanais.

Sur la route qui relie Détroit à New York, nous sommes pris dans une superbe tempête de neige. C'est durant la traversée en voiture de l'Amérique, d'ouest en est, que je réalise à quel point j'ai de la chance de vivre à Paris. Mon visa expire dans quelques jours et, finalement, en regardant vivre les membres de ma famille ici, je n'ai aucun regret à rentrer en France. Tous vivent le rêve américain dans le sens le plus triste du terme : faire fortune.

La plupart ont deux emplois, si ce n'est trois, dans le but d'accumuler assez d'argent pour acheter des appartements ou même des buildings entiers dans le Bronx, leurs quartiers, tout en vivant leur quotidien plutôt chichement. Protégeant leurs meubles, en général des copies de style ancien, avec des housses en plastique, ils ne portent leurs beaux vêtements qu'aux mariages, aux enterrements et à l'église. Pour ces milliers de réfugiés albanais, l'église est un lieu de rassemblement idéal, où le plus important n'est pas la cérémonie. C'est souvent pendant le prêche que la sélection des jeunes filles à marier s'organise. Les jeunes hommes regardent tandis que leurs mères, elles, jaugent les filles, qui, elles, semblent s'appliquer à la prière. La sortie de la messe est ensuite consacrée à la diffusion des ragots. C'est là, devant la maison de Dieu, que les rumeurs se propagent à une vitesse folle.

La plupart des Albanos-Américains sont hermétiques au monde extérieur. Même ceux de la deuxième génération me paraissent être peu curieux, tous suivent la voie, aucun ne cherche de références intellectuelles hors du groupe. Tous adorent le cinéma, se défendent-ils, mais assis confortablement devant la chaîne câblée HBO. Ils ne se gênent pas pour émettre de nombreux commentaires sur le film, distraire mon attention sur d'autres sujets ou zapper sans demander mon avis. Aucun ne partage mon goût pour les salles obscures.

– Hein, Katrin, pourquoi payer une place de cinéma quand on est si bien, chez soi, devant la télé, en famille ?

Je ne parle pas de leurs opinions sur la littérature, le théâtre ou le jazz...

À propos, j'ai aperçu rapidement Woody Allen. Mon grand-oncle est superviseur du building dans lequel la star occupe le dernier étage. Nous l'avons croisé dans le hall, avant d'arriver à sa hauteur, Leck me prévient :

– Il est très timide... Il n'apprécie pas qu'on l'importune.

Je n'ai aucunement l'intention d'agresser mon réalisateur préféré. J'ai vu tous ses films... mais j'aurais beaucoup apprécié écouter Woody jouer de la clarinette dans une boîte de jazz new-yorkaise où, selon la presse française, une fois par semaine, il répète ou participe à un bœuf avec ses amis musiciens. J'ai déjà proposé à mes cousins de m'accompagner un soir dans ce club, mais pas intéressés par ce genre musical, ils ont refusé. Il est hors de question que j'y aille seule, évidemment…

Enfin, le décollage de mon avion pour Paris, de Kennedy Airport. Vol de nuit. Que cette ville illuminée est magnifique, vue d'en haut ! Mon rêve s'est effondré mais je m'envole vers une nouvelle vie. Aux écouteurs, à plein volume, j'en prends plein les oreilles avec l'ouverture de Carmen, un régal. Ce cadeau musical, perçu comme un petit signe du ciel, me réconforte ; le monde ne se résume pas à l'Amérique. J'ai vraiment préféré mes séjours en Espagne.

* * *

22 janvier 1991. Banlieue parisienne.

À mon retour des États-Unis, j'ai intégré l'agence de Martine, emménagé dans l'appartement de la rue Saint-Bernard, rencontré Anne, beaucoup travaillé, fait pas mal la fête les deux premières années et construit le nid de ma maladie. Résumer froidement ces trois années me fait constater que j'ai changé ou que l'on ne retient que l'essentiel.

J'avais la télévision pour me détendre… Ce n'est plus le cas depuis une semaine : « *Desert Storm* » sévit actuellement sur mon écran. Autrefois, l'idée d'une guerre de la communauté internationale contre l'Iraq m'aurait paniquée, aujourd'hui, je ne me sens plus concernée. Nous vivons dans une drôle d'époque ; on nous montre peu d'images de la « Tempête du désert » mais l'on nous sature de blabla… Heureusement, durant la nuit, ils diffusent leur quota d'émissions culturelles. Ainsi, hier soir, j'ai regardé un reportage sur les scarabées. Ces survivants du désert sont si fascinants que je me suis juré, si je m'en sors, d'utiliser un jour, d'une manière ou d'une autre, le symbole du scarabée. En Égypte, il représente la renaissance, la métamorphose et le bonheur.

*

Je n'en reviens pas encore ! Un couple d'amis me propose de m'associer avec eux. Nous en avions vaguement parlé avant ma maladie, mais ce matin, ils sont formels : une fois guérie, j'intégrerai leur agence de communication. Ils m'offrent le département dont je rêvais : créer des événements artistiques et trouver, à cette occasion, des sponsors, voire des mécènes. Dès mon rétablissement, ma place m'attend. Ce coup de fil m'a rassurée. Placer l'avenir et non plus le passé est le meilleur remède à mes angoisses. Réfléchir à ce projet va m'occuper pendant ces prochains mois.

*

Le directeur du service de gastro-entérologie m'envoie une copie de la lettre qu'il a expédiée à la direction générale de ma compagnie d'assurance, qui n'a pas encore donné suite à mes lettres recommandées. Je ne crois pas que l'intervention de ce professeur, même s'il est réputé, puisse modifier leur décision, mais son courrier a l'avantage de me déculpabiliser.

Mon cher confrère,

Je me permets de vous écrire au sujet d'une de nos patientes assurée dans votre compagnie et dont vous suivez le dossier. Je vous précise que cette lettre vous est adressée avec l'autorisation de l'intéressée.

Il retrace l'historique de la maladie puis conclut :

Comme vous le voyez, je ne pense pas que la bonne foi de cette jeune femme puisse être mise en cause. En effet, le premier examen pratiqué avait conclu au diagnostic de gastrite et l'avait totalement rassurée. L'absence de symptomatologie majeure est à retenir et on ne peut guère reprocher à quelqu'un de ne pas se plaindre de quelques épigastralgies ou brûlures qui sont des phénomènes très banals. Je suis surpris des termes de la lettre de madame… à mademoiselle… Accuser un patient d'inexactitude d'une façon sèche alors que sa bonne foi n'est pas en cause et qu'elle présente une affection maligne grave me semble un manquement grave à la déontologie, qu'elle soit médicale ou concerne les compagnies d'assurance. Je pense qu'il s'agit d'un malentendu et j'espère que vous pourrez rétablir la vérité sans trop de difficultés.

Veuillez croire, cher confrère, etc.

Février 1991.

Pour son anniversaire, ma mère reçoit l'un des plus beaux cadeaux de sa vie : la naissance d'Agathe, le premier enfant de son fils chéri. Elle n'est pas la seule à avoir été gâtée… J'ai déchiré l'enveloppe à l'en-tête de ma mutuelle par le côté. Et à l'intérieur… Le récapitulatif de l'arriéré de mes indemnités plus un chèque ! C'était devenu une question de principe. Soulagée, j'adresse intérieurement mille mercis à mes deux médecins. Il n'y a aucune lettre officielle ni même un petit mot griffonné de la part de la personne chargée de mon compte…

Bien qu'encore malade, allongée sur mon lit, le chèque en mains – le montant est important – je me promets de fêter ma guérison prochaine dans un endroit exceptionnel. Je ne sais pas encore où exactement, mais, c'est sûr, ailleurs, loin de Paris, forcément au bord de la mer... aux Antilles ! Je rêve de soleil, de nager dans une mer chaude, de siestes sous les cocotiers, de soirées à danser le zook… À cette époque de l'année, la température est proche des trente degrés… Je me vois déjà dans l'avion qui décolle et dans ma tête je m'envole…

Tout va mieux ; le litige avec la mutuelle est réglé, j'ai, en perspective, un nouvel emploi dans une autre agence et avec des copains. J'entrevois le bout du tunnel et retrouve un peu d'ardeur !

Le paquet des plantes himalayennes prescrites par le médecin du dalaï-lama est arrivé ce matin. Elles sont accompagnées d'une feuille rédigée en… tibétain. C'est certainement une erreur, mais n'ayant pas de traducteur sous la main, je ne sais pas comment utiliser ce traitement. Mais le problème n'est pas là, je n'en vois plus la nécessité. J'ai pris la décision de subir le protocole de chimio jusqu'au bout et, je le reconnais, ma croyance en la puissance de ces remèdes naturels s'est atténuée depuis leur ordonnance.

*

Les bonnes nouvelles, la remontée de mon moral ne suffisent pas à masquer les effets de la chimio. On pourrait supposer qu'à force, on s'y habitue ; il n'en est rien. À la Pitié, au service des scanners, pendant l'examen, couchée, je suis prise de grands vertiges et de violentes nausées. Persuadée qu'il se passe quelque chose d'anormal, je suggère qu'on appelle le service d'hématologie. J'ai tous les signes d'une aplasie. Le bâtiment se trouve à cinq minutes. Il suffirait d'un coup de brancard roulant, et hop, sauvée. C'est triste à dire : l'hôpital est devenu mon lieu de « rassurance ».

La surveillante de mon service est désolée, il n'y a plus un lit disponible dans le service. Elle me prie de rentrer chez moi, au plus vite. Je lui explique que c'est impossible : le personnel de la RATP est en grève, pas moyen d'attraper un taxi ou même une ambulance. Elles sont toutes prises d'assaut. Après trois heures d'attente, le service des scanners fermant ses portes, l'on demande à un jeune interne de me déposer avec une voiture de service à la station de taxis de la gare d'Austerlitz, bien que ce soit interdit.

La file d'attente n'en finit pas. Les gens nous regardent descendre du véhicule portant le sigle du grand hôpital parisien. L'homme en blouse blanche me soutient par la taille, s'excuse de ne pouvoir m'aider plus, tout en souhaitant que l'attente ne soit pas trop longue. Je prends mon courage à deux mains, me dirige vers la première personne de la queue, la femme est élégante, elle devrait comprendre. Elle évite déjà mon regard.

– Pardon madame, je suis malade, je ne me sens pas bien. Puis-je me permettre de vous demander de me céder votre tour ?

– Je suis navrée, j'ai un train à prendre à l'autre bout de Paris. Je ne peux pas prendre le risque de le rater…

Dans un accès de timidité exacerbée, je n'ose réitérer ma demande au monsieur placé derrière elle, il a entendu ma requête mais ne me propose pas sa place. Je longe la marée humaine totalement indifférente en fixant avec attention mes pieds et ceux des dizaines de personnes qui la composent. Je m'assieds sur le petit rebord en béton, effectue des sauts de puce en attendant la voiture qui sera la mienne.

J'arrive enfin chez Françoise. Elle est inquiète. La prise de sang de ce matin annonce le pire : le laboratoire a prévenu mes parents qui l'ont alertée ainsi que Chantal. Mon médecin est alarmiste dans ses propos.

– Catherine, ne bouge pas de là, ne prends surtout pas froid. Tu n'as plus de défenses immunitaires… Sois raisonnable. Un petit virus et c'est la catastrophe !

– Chantal, c'est gentil de me prévenir, mais je viens de passer plus d'une heure à me geler les fesses dehors !

Cette nuit, dans un demi-sommeil, une image plus vraie que nature a soudainement surgi. Tel un énorme hologramme, elle envahit la pièce et m'épouvante. Dans un immense pré, un arbre centenaire, une vieille petite église, d'antiques immeubles lugubres me font face. Le tout demeure immobile mais tous les éléments me chuchotent en chœur d'une voix caverneuse : « Toi, tu partiras, nous, immortels, nous serons toujours là, après toi, pour l'éternité... »

Le réveil est aussi brutal que le cauchemar. Dans cette chambre d'amis, où je n'ai pas mes repères, j'essaie de trouver à tâtons l'interrupteur mais rien ne me donne accès à la lumière... Suis-je déjà passée de l'autre côté, dans le vide ? L'angoisse serre ma gorge jusqu'à l'étranglement. Je cherche l'air dans ma cage thoracique... Mon appel strident réveille les occupants de l'appartement, ils me trouvent dans le sens inverse de celui dans lequel je me suis endormie !

La scène de la gare, cette histoire de virus et ce cauchemar m'ont déstabilisée. J'ai franchi une nouvelle étape, celle d'avoir flirté dangereusement avec la sensation morbide de l'impermanence de la vie. Dorénavant, je le sens, le pire peut m'arriver et ma notion du temps s'est réduite à l'instantané. Paradoxalement, c'est fou, mes proches me perçoivent sereine et confiante. Il semblerait que j'aie l'air zen. En réalité, plus je suis épuisée, plus je déprime, plus l'idée de la mort, la mienne, me hante. C'est pourquoi je demande à ma mère d'écouter mes dernières volontés.

– Tu sais, Maïco, tout d'abord, il faut que tu saches : j'aimerais être incinérée.

Qu'on me brûle, ça m'est égal, je ne sentirai plus rien. Elle ne sait pas ce que ce terme veut dire. Je le lui explique. Elle réalise, horrifiée. Son non est violemment catégorique.

– Mais, c'est de moi qu'il s'agit ! Au moins, laisse-moi offrir mon corps à la médecine...

Oui, que ma vie et ma mort servent à quelque chose ou à quelqu'un Son regard noir me fait comprendre qu'elle ne peut accepter cette nouvelle proposition.

– Maïco, dans tous les cas, je ne veux ni d'une tombe ni d'un cercueil !

Je refuse le pèlerinage de mes proches au cimetière, encore moins leurs confidences ou pleurs que je ne pourrai plus entendre ; et l'idée que l'on me rende visite sur ma dalle, à la Toussaint, me dérange profondément. Comme un fait exprès, ce jour-là est l'un des plus pluvieux de l'automne et précède l'arrivée du froid... Je hais cette saison !

– Maman, si tu veux bien m'écouter, je souhaiterais que vous placiez dans ma chambre, avant la cérémonie, des iris et qu'à l'église, on me joue de la musique classique ou un morceau de jazz, sinon du gospel. J'adore le gospel…

Elle ne connaît ni la grande musique ni le jazz, encore moins le gospel.

– Mais si, tu sais, le gospel, ces chants que les Noirs américains chantent à l'église…

Elle m'interrompt sèchement :

– Non, Katrin, tu feras comme tout le monde !

Que répondre à cela ? Tout d'abord, je n'ai jamais été comme les autres, ensuite en parlant de ce monde, je risque de le quitter, là est mon angoisse. Or, si dans un accord tacite, mes proches attendent de ma part un courage exemplaire, il me semble aujourd'hui que j'en serai indigne parce qu'incapable. Oui, je le regrette, on ne m'a pas enseigné les bases pratiques de l'art de vivre, encore moins celles de mourir. Qu'est-ce qui m'attend de l'autre côté ? Au secours !

Je refoule cette pensée, ravale ma trouille et compose à l'intention de ma mère une attitude calme, la plus dégagée possible. Assise à côté de moi, sur le lit posé à terre, elle n'a jamais été aussi proche physiquement et en même temps si éloignée de mes préoccupations. Ce serait si simple si je pouvais m'épancher sans retenue au creux des épaules de celle qui m'a donné la vie. Si seulement je pouvais me permettre de lui exprimer toutes ces sensations douloureuses qui m'assaillent. Malheureusement, ma mère ne me tend pas les bras. Reprenant le cours de mon testament oral, je choisis de lui faire entendre l'Agnus Dei du *Requiem* de Fauré.

– Maïco, s'il te plaît, écoute cette musique, surtout ce morceau. C'est mon préféré.

Au fur et à mesure, je lui lis la traduction du texte chanté en latin : « Agneau de Dieu qui enlèves les péchés du monde, donne-leur le repos. Agneau de Dieu qui enlèves les péchés du monde, donne-leur le repos, le repos éternel […] et fais luire pour eux la lumière sans déclin. »

Elle n'apprécie pas du tout. Cela se voit, elle dodeline de la tête durant tout le morceau. Elle doit penser que je suis folle. Je connais le registre de chacune de ses moues. Évidemment, je n'insiste pas avec la prière poignante du « Libera me ». Il n'est pas question d'être impudique ou de la heurter, mais j'ai besoin de faire le point avec elle, c'est capital. De son côté, ma mère a déjà réglé les moindres détails de mon départ jusqu'à, probablement, la dentelle du tissu de mon lit d'éternité, plus importants à ses yeux que l'issue de la maladie. C'est simple, ma mère tient à gérer les éléments de ma mort comme ceux de ma vie. J'aurai droit, que je le veuille ou non, à un enterrement traditionnel.

J'imagine précisément le déroulement de la cérémonie. Autant ceux de la veillée au funérarium que ceux de la visite des membres de notre communauté. Tous défileront dans une attitude lugubre devant ma dépouille – j'ai en mémoire le faciès de chacun – encadrée par ma famille et les deux ou trois pleureuses. Après avoir pris connaissance des grands drames de ma vie, sélectionnés par mes parents, celles-ci, bénévoles, en dévoileront les points forts à la foule. Et, au fur et à mesure de l'entrée de chacun, elles veilleront à hausser le ton, à accélérer la cadence des pleurs et la puissance de leurs cris. En poursuivant le récit de mon existence, elles inviteront chaque arrivant à participer à cette débauche émotionnelle. Les invités, tragiques au moment de la mise en bière, calmes durant le sermon à l'église, seront plus détendus au cimetière. Cependant, avant de se séparer, certains, je ne citerai pas de noms, marqueront mon départ d'un commentaire sur l'art de pleurer nos morts. Ont-ils bien pleuré Katrin ?

Non merci. Sans façons. Je ne tiens pas à tirer ma révérence de cette manière indécente. Il est quand même incroyable que je ne puisse pas, de mon vivant, parler de la réalité vers laquelle j'avance et être entendue dans mes souhaits à franchir cette étape si importante. Je décide, par précaution, en cas d'urgence, d'écrire une lettre et de la confier soit à Gina soit à Angelin. Quoi qu'il en soit, j'ai longuement réfléchi où disperser mes cendres.

Même si j'adore l'océan, ma peur de l'eau, dès que je n'ai plus pied, m'a fait éliminer de ma liste, avec regrets, les plus grands cimetières marins. Mais, j'ai trouvé bien mieux : je demanderai simplement à ce qu'on les jette dans « mon » île, à cent mètres d'ici, au bout de ma rue. Au dernier carrefour, après le virage, celle-ci descend et mène au lac. Lac est un bien grand mot pour désigner ce tout petit étang avec une cascade sur la gauche et, à droite, sur l'une des rives, une minuscule petite passerelle en bois. Enfant, puis adolescente, je la traversais en deux secondes et me retrouvais sur cet îlot de terre. C'est là, adossée à l'arbre solitaire, en compagnie de mon chien, couché à mes pieds, que j'ai composé mes plus beaux poèmes et médité des heures durant. Ma vie fantasque aura tant été nourrie sur cette berge où, naguère, j'appelais de tout mon être l'immensité de l'existence, que j'aimerais qu'elle s'achève au même endroit. Sous la vase, mes cendres embrasseront mes illusions perdues. Seules mes prières se rassembleront et, en un mouvement solidaire, accompagneront mon âme de l'autre côté, vers l'éternel.

Mi-février 1991. Saint-Vincent-de-Tyrosse.

Malgré mon état et la saison, Fanny m'emmène quelques jours dans les Landes. J'ai pu négocier l'escapade auprès de mon médecin. Afin de le rassurer, j'ai bien noté les coordonnées de l'hôpital le plus proche, celui de Dax.

Dans la voiture, Fanny me rappelle nos plus beaux souvenirs, ceux de tant d'années d'amitié. En riant, elle évoque le dernier, un fameux jour de juillet dernier où en groupe, nous étions partis pour une grande randonnée dans les Pyrénées. L'idée m'avait enthousiasmée. Or, sans entraînement, souffrant de douleurs à l'estomac et de la chaleur particulièrement humide, plus nous montions, plus je peinais. À la pause déjeuner, j'annonçai au groupe la nécessité de faire demi-tour. Ce fut l'occasion pour tous ces as de la grimpette – aguerris par les rochers de Fontainebleau – de s'extasier sur mes compétences de grande sportive. Nous avions plaisanté de bon cœur, moi la première, sur le ton de : « Ce n'est pas grave. Abandonnez-moi là, j'attendrai la prochaine caravane... »

Aujourd'hui, dès notre arrivée, nous nous rendons sur la plage de nos dernières vacances, huit mois se sont écoulés depuis, mes jambes refusent de me porter plus de dix mètres sur le sable qui court à perte de vue, sur des kilomètres. À genoux, face à la force de l'océan, le roulement perpétuel de ses vagues et la beauté limpide de l'horizon, je doute de retrouver un jour mes forces physiques. Je crains pour ma tête, va-t-elle suivre ? Elle fonctionne bien grâce à la trilogie de Pennac. Mis à part cette sortie au grand air, alitée, bien au chaud, je retrouve le plaisir de la lecture. Mon amie se réjouit de me surprendre à rire en de nombreuses occasions. Elle me bichonne toute la semaine en m'offrant mille petites attentions de cœur qui remplacent les gestes purement techniques de ma mère et j'avoue aimer ça. Les journées filent en compagnie de tisanes sucrées, de tranches de rires et d'émotions partagées.

Fin février. Hôpital.

Le repos n'a rien changé. Encore très faible, je me rends à l'hôpital pour « la der des der ». Effectivement, pas de changement au protocole de chimio, le professeur B. confirme la fin du traitement lourd. Les prochaines fois, j'irai en hôpital de jour, et ce, uniquement pour la matinée. C'est le moment troublant des adieux à l'équipe du service. Avec le temps, on s'attache forcément à eux. Chacun, à sa manière, a jalonné ce parcours du combattant et la plupart sont devenus aussi importants que mes proches.

De retour à la maison, c'est à nouveau la chute. Elle est diablement précoce. Je n'ai plus besoin d'attendre les résultats des analyses. Mon corps sature. C'est indéfinissable, mais depuis la veille déjà, je pressens la venue imminente de cet état d'immense vide douloureux où le Rien vous lamine. La directrice du laboratoire d'analyses médicales confirme ce que mon corps raconte. Elle exige de mes parents qu'ils réclament d'urgence une transfusion. Ma mère me répète ses propos mais n'ose pas appeler l'hôpital. À l'énoncé des derniers chiffres, la surveillante du pavillon d'hématologie est catégorique :

– Demandez une ambulance. On vous admet ce soir.

Je ne tiens plus debout. Ma mère me lave, le taxi m'attend en bas. Je me sens mieux assise qu'allongée.

Hôpital.

Pour une fois, avec franchise, les médecins avouent leurs hésitations à prendre le risque de me transfuser. On peut les comprendre, au vu de ce qui se passe au niveau du VIH. Ils préfèrent attendre une journée ou deux de plus. En fait, ils espèrent que les globules remontent d'eux-mêmes. Une chose est sûre ; mon corps ne supporte plus la chimio et à présent, le staff ne prévoit plus qu'une série de piqûres à domicile. On me transfuse, quelle sensation bizarre. On ne peut pas m'empêcher de me poser la question : à qui appartenait ce sang ? Non, je n'ai pas eu peur du Sida, j'ai eu confiance. Grâce à ce sang neuf, je sens un mieux au bout de quarante-huit heures. Paradoxalement, alors que j'étais si mal en point, les médecins m'ont parlé plus précisément d'une guérison future. Je leur parle de mon projet professionnel mais le chef de clinique me conseille, en évoquant mon prochain rétablissement, de m'accorder un mois ou deux de convalescence après la dernière piqûre. En revanche, les Antilles, il n'est pas pour.

– Pendant quelques mois, il vaudrait mieux rester en France.

– Docteur, je vous rappelle que les Antilles sont françaises !

On s'amuse de cette petite précision. Il se reprend.

– Ce n'est pas ce que je voulais dire. Je vous parle de distance. Il serait idéal de ne pas voyager trop loin, en tout cas, pas à huit mille kilomètres et, s'il vous plaît, n'abusez pas du soleil !

– Oui, docteur.

Déçue, je me promets de réaliser un jour ce rêve exotique. En attendant, je dresse sagement la liste des bouquins à lire et celle des films à voir, les jours de pluie. Fin mars, il peut faire beau. Ce sera le moment idéal pour profiter du jardin. Hum, que tout cela va être bon ! Confiante en l'optimisme des médecins, je me sens d'humeur joyeuse. Voilà, c'est fini, enfin presque, je m'apprête à passer un examen de contrôle dans quelques jours. Je suis sereine.

2 mars 1991. Banlieue parisienne.

Serge Gainsbourg est mort ce matin.

Tout le monde en parle, chacun rend hommage à l'homme à la tête de chou. La radio et la télé diffusent ses interviews. Quelques vers de la chanson qu'il a composée pour Jane Birkin, *Fuir le bonheur de peur qu'il ne se sauve*, émergent de ma mémoire. N'était-ce pas là mon erreur ?

4 mars 1991. Clinique du Louvre. Paris.

– Voulez-vous que je transmette les résultats au professeur B. ? J'ai rendez-vous avec lui demain.

– Oui, pourquoi pas ?

Le spécialiste me remet l'enveloppe sans émettre de commentaire sur l'examen qu'il vient de pratiquer sur moi. Sa seule préoccupation est de s'assurer que je suis bien réveillée. Ainsi, il me propose de me réserver un taxi. Je le remercie mais ça ira, je vais me rendre chez Françoise à pied. Elle habite tout près. Le regardant s'éloigner de la clinique à travers la vitre, encore un peu dans les derniers nuages de l'anesthésie, j'ouvre l'enveloppe et commence à parcourir le début de la conclusion. Le document m'en glisse des doigts…

« C'est pas vrai, ça recommence ! »

Je ramasse la feuille de papier à deux mains. Elles tremblent.

« Conclusion : Épaississement de la muqueuse du moignon gastrique faisant évoquer en premier lieu une récidive intramuqueuse du lymphome, sans éliminer de façon formelle de simples phénomènes inflammatoires liés à une gastrite par reflux. »

J'ai besoin d'air. Hélas, une fois parvenue dehors, le vertige ne m'accorde que quelques secondes : je m'effondre sur un banc. Je me concentre pour respirer doucement. Peu à peu, le voile noir devant mes yeux s'estompe et ma respiration s'apaise. Le grondement dans mes oreilles se tait à l'instant où je relève la tête. J'ai froid. Le soleil a chauffé ce banc posé face à l'imposant musée du Louvre, mais l'air reste frais. Que va-t-il se passer maintenant ?

La cabine téléphonique est là, à deux mètres.

– Françoise ? Le traitement n'a pas marché… Ils annoncent la récidive… J'en ai marre !

Je lui lis la conclusion. Les sanglots encombrent ma voix. Ses propos m'arrivent du fond d'un brouillard et mes réponses sont mécaniques. Elle quittera son bureau plus tôt, me propose de l'attendre chez elle, me suggère de dormir ou pourquoi ne pas regarder un bon film, cela me changerait les idées… et de vérifier si j'ai bien ses clefs.

J'ai un deuxième coup de fil à passer. Ma mère décroche. Mon père répond rarement, il déteste l'usage du téléphone.

– Maïco, je reste chez Françoise pour la nuit. Oui, cela s'est bien passé. Non, j'aurai les résultats demain, à l'hôpital.

Devant la télévision, je m'évertue à capter les images. J'y arrive deux ou trois fois, mais ne parviens pas à éteindre le volume furieusement sonore de mon discours intérieur : « Si, demain, le prof me confirme la récidive… Si le traitement n'a pas marché… C'est que… rien ni personne ne pourra me sauver… Je suis foutue… Dans ce cas, je me jetterai sous une rame de métro… Ou sous les roues d'un camion… Ils ne me charcuteront plus… »

Seule une présence amie peut calmer l'ouragan dans mon esprit. Françoise tente de maîtriser la situation et le flot de mes pensées. Grâce à son aide, j'évacue verbalement ma peur du passage de la mort qui contient celle du vide, du noir, du silence et du froid, celle également d'avoir à disparaître mais aussi de souffrir plus encore, autant physiquement que psychologiquement. Je les renie toutes, l'une après l'autre. Françoise m'écoute et me parle comme si sa vie en dépendait. Émue mais optimiste, elle veut, à chacun de mes arguments, redresser la hauteur de mon délire morbide. À tel point qu'après le dîner, elle me propose de prendre ce qu'elle pense être le meilleur des tranquillisants avant d'aller dormir.

Dans sa chambre, elle roule le joint à l'aide de sa petite machine. La vision de cette femme responsable et mature préparant son relaxant me fait sourire. Toutes deux assises en tailleur sur le lit, nous aspirons la fumée de l'herbe magique et au bout de quelques mégots, laissons voguer nos émotions pendant des heures. Françoise est amoureuse. Afin d'accompagner cet amour naissant, nous chantons, en riant de nos vocalises, l'intégralité de *Rêve orange*, l'album de Liane Foly, le tout en duo et assez synchro ! Plus tard, mon amie rêve à voix haute de nos prochaines années. Elle me décrit, en les imaginant, les scènes de son avenir, me détaille le décor de son futur appartement… Bercée par la mélodie de ses mots, je m'endors sur un matelas de sable chaud, guérie, au soleil…

5 mars. Hôpital.

Françoise est partie très tôt ce matin. Elle m'a préparé un petit-déjeuner royal et mis devant ma tasse le compte rendu de l'examen d'hier. Elle a souligné au stabilo rose fluo la phrase : « Sans éliminer de façon formelle de simples phénomènes inflammatoires liés à une gastrite par reflux » et posé dessous un Post-it jaune où il est écrit : N'oublie surtout pas ça !

Le professeur B. absent – parti en vacances ou à un congrès ? –, c'est un de ses assistants qui assure sa consultation. Faisant fi de sa mine grave, je tente le coup.

– C'est plutôt une grosse inflammation. N'est-ce pas, docteur ?

– Non, pas exactement.

– Comment ça, pas exactement ?

Il esquive la question et revient à la lecture du compte rendu de mon examen.

– Docteur, ce n'est pas forcément une récidive, parce que là – j'ai à la main une copie du document – il est précisé, ne l'oublions pas : « Sans éliminer etc. ».

– Au vu des clichés de l'écho-endoscopie, on penche plutôt pour une récidive…

Qui ça « on » ? Je ne supporte plus ces gens qui disent « on », alors qu'ils sont tout seuls avec leur cartable ! Comment cet homme peut-il déceler ou interpréter quoi que ce soit dans ce jeu d'ombres ? Sans vouloir tenir compte de mon exaspération, il continue :

– Dans votre cas, nous pouvons prévoir une opération de l'estomac. Mais bon, avec le peu qui vous reste… – Charmant ! Nous avons également la possibilité d'un autre protocole de chimiothérapie et en dernier recours, il nous reste la greffe de la moelle épinière…

Il ne s'arrête pas là. Le nez pointé sur mon dossier, il se met en charge de m'expliquer le protocole de la greffe, l'isolement qu'il imposera pendant des semaines, la liste des avantages et des risques à la pratiquer… Mais pourquoi insiste-t-il sur ce dernier recours ? Qu'on le fasse taire ! Je ne suis plus blême ou grise… Mon teint a viré d'un coup au rouge, rouge écarlate, rouge comme le sang qui bat à tout rompre dans la jugulaire, au point de croire que ma gorge peut exploser sous la pression extrême. Chauds, chauds, les marrons chauds, je me consume et me liquéfie dans ce bureau anonyme dans lequel ce médecin m'affirme sans émotion que le traitement, si puissant qu'il soit, n'a pas enrayé ce putain de cancer ! Ce n'est plus vers les Antilles et la guérison que je m'envole, mais vers une nouvelle épreuve… et la mort ! Je ne veux pas sombrer et m'accroche comme une malade – c'est le cas de le dire ! – au fol espoir qui me reste.

– Monsieur, il se pourrait que ce ne soit qu'une importante inflammation… Pourquoi ne pas envisager de refaire une fibro ou d'autres prélèvements ?

Sa réponse est sans appel ; pour lui, c'est la récidive. Il réfute l'idée d'un contre-examen et me prie, pour le moment, de poursuivre la série des piqûres. Pour finir, il me fixe un rendez-vous avec le professeur B. C'est lui qui décidera. Dans quinze jours ! Que faire de ce temps, partir en voyage ou rédiger mon testament ?

Le chauffeur du taxi me regarde avec insistance dans son rétroviseur. J'ai donné mon adresse et l'itinéraire comme un ordre. Consciente de ses coups d'œil rapides vers l'arrière du véhicule, je m'enferme dans un silence obtus et tourne la tête, côté vitre. Méfiance. En général, les chauffeurs ont souvent le chic pour vous parler d'un décès dans leur famille lorsqu'ils vous chargent à l'hôpital. Aujourd'hui, ce monsieur n'a pas intérêt à le faire, sinon… Durant le trajet, je pense à la façon dont je vais m'y prendre pour l'annoncer à mes parents.

Assis au salon, devant la télévision, ils ne se lèvent pas à mon « Bonjour », lâché de loin. Chez nous, on ne s'embrasse pas et pour une fois, cela m'arrange bien. Je file à la cuisine, mets de l'eau à bouillir pour une petite Ricorée lorsque ma mère m'interpelle à travers le couloir qui sépare les deux pièces :

– Katriiinn, tu as eu les résultats de l'examen ? Ça va ?

– Oui, oui, ça va.

Je ne peux plus parler, ma gorge me fait trop mal… Je remarque, posée sur la table, la grande enveloppe adressée à mes parents par la Ligue nationale contre le cancer. J'examine le bulletin de souscription et pense, par déformation professionnelle, qu'ils figurent sur les listings donnés par l'hôpital à cette association. Qui est le mieux placé pour faire un don à cet organisme que les familles confrontées à cette maladie ? Je commence à lire l'édito du magazine, la tasse à la main. J'arrête, c'est trop dur…

Le téléphone sonne. C'est Chantal. Elle sait.

Lors d'une de nos consultations, le professeur B. m'a longuement parlé d'elle. Pour clore la liste de ses qualités, il m'avait dit :

– Vous avez vraiment de la chance d'avoir une amie comme elle.

– Monsieur, ce n'est pas mon amie, c'est ma gastro.

– Peut-être. Cependant, je dois vous avouer que je n'ai pas rencontré beaucoup de toubibs comme elle. Saviez-vous que, le jour où elle a demandé à ce que vous veniez me consulter la première fois, elle ne m'a pas lâché jusqu'à ce que j'accepte de vous recevoir, alors que j'étais débordé ? Je partais en vacances quelques jours après votre admission.

– Oui, c'est sur mon insistance qu'elle vous a importuné. Je refusais d'être soignée à Villejuif.

– Je comprends. Je me souviens également qu'elle a téléphoné plus d'une dizaine de fois au service de réanimation afin d'obtenir le compte rendu de votre intervention, le jour même. C'est vraiment une femme très bien.

Je ne savais pas pour le jour de l'opération. Cela m'a touchée de l'apprendre. Cependant, j'ai d'autres attentions en mémoire, notamment celle du jour de ma sortie de l'hôpital et, depuis, Chantal suit mon dossier en permanence. Il n'y a pas une semaine où elle n'ait pas pris de mes nouvelles. Il est vrai que, dès notre première rencontre, hormis le fait que j'aie été recommandée par l'une de ses amies, une relation peut-être inhabituelle s'est nouée avec Chantal. Nous nous sommes tutoyées au deuxième rendez-vous et une véritable complicité s'est installée entre nous. Pauvre Chantal ! Cela ne doit pas lui être facile. Elle sent ma panique mais m'assure qu'un autre protocole de chimio pourrait très bien faire l'affaire.

– La seule chose à faire est d'attendre le retour du professeur B., me dit-elle, pour conclure.

C'est cela, patientons quinze petites journées, restons zen… Et lui, tel Zorro sur son cheval, m'apportera la potion magique ? Je n'y crois pas une seconde. Chantal me ment. Certainement par amitié. Alors qu'elle tente de la masquer avec des mots positifs et des phrases encourageantes, j'entends l'angoisse qui sourd en elle : à travers le combiné, le son de sa voix est aujourd'hui bien trop aigu. Pour la première fois, je la sens extrêmement émue… Ce n'est pas bon signe !

Je monte dans ma chambre, me couche habillée, anéantie. Une fois sous les draps, je me laisse aller à pleurer. Je pleure de devoir me préparer à mourir. Je pleure en pensant à mon oncle, parti au petit matin, seul. La plupart des gens s'en vont à l'aube. Pourquoi ? Je ferai certainement comme lui et tous les autres.

Je n'ai jamais apprécié les adieux sur les quais de gare et j'imagine aisément la difficulté à prononcer le dernier salut du passage qui mène à l'inconnu universel. On doit sûrement avoir horriblement peur. Il se pourrait même que je finisse par hurler et refuser d'affronter l'effroyable. Oui, franchement, je préférerais être seule. Qu'on ne m'entende pas crier et surtout qu'on ne me voie pas ! Promis, je ne réclamerai plus de requiem, ni de gospel et encore moins d'iris…

Ma mère ouvre ma porte, me regarde et s'exclame :

– Katrriiiinn ! Il ne faut pas pleurer !

– Maïco, ce serait anormal de ne pas pleurer !

– Pourquoi tu dis ça ?

– Parce que c'est une récidive… La chimio n'a pas marché…

– Je le sais, j'ai parlé avec Chantal tout à l'heure. Ils vont trouver un autre traitement. Il ne faut pas abandonner…

Elle ne me comprendra donc jamais ? J'en ai assez des « Il faut » ! Et de quoi me parle-t-elle ? D'une opération supplémentaire – cette fois, ce sera l'ablation totale de l'estomac – ou d'une autre chimio, plus puissante et dévastatrice que celle que je viens de subir ? N'a-t-elle pas remarqué que je suis déjà déglinguée par la précédente ? Quel autre produit pourra stopper la débandade de mes cellules ? Plus question pour moi de chimio ni d'opération et certainement pas de greffe… Mon corps est si léger mais si meurtri que je n'ai plus la force d'espérer qu'il existe au monde *le* remède.

Ma mère, toujours accoudée au chambranle de la porte, n'avance pas d'un pas. Se rend-t-elle réellement compte de la gravité du verdict ? Réalise-t-elle vraiment qu'elle peut me perdre ? Plus je la regarde, tout entière crispée, debout, dans ses vêtements noirs – en quelque sorte déjà prête pour mon deuil puisque l'étant déjà de son beau-frère – plus cela m'attriste. Je n'arrive pas à maîtriser l'expression sonore de mon chagrin. Et pourquoi s'obstine-t-elle à vouloir porter le deuil de Rock pendant un an ?

Je baisse la tête. Je ne supporte plus de la voir comme cela… Pourquoi ne s'approche-t-elle pas ? J'aimerais tant qu'elle me prenne dans ses bras. Malheureusement, ma mère ne bouge toujours pas. Pourtant, à mon enterrement, elle sera bien collée à mon côté. Stoïque, elle laissera enfin jaillir ses larmes parce qu'elle en aura le droit, que dis-je, le devoir ! Les pleureuses l'y aideront avec leurs chants poignants. Mais c'est maintenant, à cet instant où mon cœur souffre, que j'ai besoin de sentir son amour et sa peine ! Je ressens une urgence à ce qu'elle me touche, m'enlace et me protège. Mon Dieu, faites qu'elle abandonne son orgueil, exprime son chagrin et accompagne le mien !

La peur, l'incapacité à révéler son amour sont-elles si puissantes chez ma mère pour qu'elle persiste encore à se taire ? Et moi, pourquoi ne suis-je pas plus entreprenante, puisque je n'ai plus rien à perdre ? Qu'est-ce qui me retient de dire ?

– Maman, ne m'abandonne pas, prends-moi dans tes bras, j'ai si peur… Je t'aime et j'ai besoin que toi aussi, tu me le dises. Ton amour m'est indispensable pour guérir.

Incapables d'une communication affective orale, aucune de nous deux ne peut esquisser le moindre geste tendre ou signifier quelque signe d'abandon. Nous sommes femmes de tête, de mère en fille, et la force du self-control a vaincu la fragilité du sentiment ! À croire que ces simples manifestations, pourtant si naturelles, pourraient pour chacune causer l'irréparable, sur-le-champ.

Ma maladie n'aura donc servi à rien, pas même à dépasser nos conflits ? Ma mort, peut-être imminente, nous privera-t-elle à jamais de cette réconciliation… Faudra-t-il l'atteindre pour que nos cœurs se parlent enfin ? Cela se passera-t-il, avant mon départ ? C'est effroyable… j'en doute encore ! Jusqu'à présent, dans notre famille, aucun des drames, ils furent pourtant nombreux, n'a permis cette ouverture, bien au contraire. L'habitude du malheur et la résistance à la souffrance ont emmuré nos cœurs.

Un silence oppressant, chargé de pensées, de mots muets, bousculés à vive allure dans nos têtes mais retenus à jamais, plane lentement au-dessus de la grande pièce blanche. Il est rompu par l'arrivée inopinée de mon frère. Son entrée me détourne du constat triste et révoltant de notre souffrance réciproque à ne pas savoir s'aimer. Angelin porte sa fille dans ses bras. C'est ma première rencontre avec ma nièce, elle a trois semaines. Ma mère s'éloigne dans le couloir. Je le sais, à peine le pied posé sur la première marche de l'escalier, ses yeux seront pleins de ces larmes qui m'auraient lavée de toutes mes peines. Sa pudeur est une offense de plus.

Angelin, certainement autant incapable que nous de gérer l'émotion ambiante, adopte, lui, l'attitude de l'approche directe.

– Tika, qu'est-ce que tu vas faire ?

– Je n'en sais rien…

Je soupçonne ma mère de l'avoir appelé d'urgence à mon chevet. Cela ne fait qu'augmenter le flot de mes larmes.

– Est-ce que tu serais prête à consulter un guérisseur… Tu y crois, toi ?

– Oui. Pourquoi ?

– Je travaille actuellement le chant avec un copain dont la femme est thérapeute énergéticienne. J'ai cru comprendre qu'elle soulage par imposition des mains. Elle pratique depuis des années. Je lui ai parlé de toi aujourd'hui. Elle dit qu'elle pourrait peut-être t'aider. Si tu veux, je l'appelle demain. Qu'en penses-tu ?

– Oui, je veux bien…

Ma mère crie d'en bas : « Angeliiinn, le dîner est prêt ! »

Agathe dort. Il la dépose à côté de moi, sur le lit.

– Je te la confie. On remonte avec Valérie dès qu'on a fini.

C'est fou de considérer que, sur cet espace réduit, se trouvent réunies une vie qui va s'envoler et une autre qui vient d'atterrir. Je repense à la proposition d'Angelin. Je ne sais plus s'il a eu vent de l'histoire avec le guérisseur yougoslave. Les coups d'œil sur la plante – toutes ses feuilles sont devenues noir d'ébène – et sur le paquet en provenance d'Inde – il est au pied de mon lit – me font regretter de n'avoir pas suivi une autre voie. Celle, par exemple, du médecin tibétain. Il avait peut-être raison. C'est ma faute, j'aurais mieux fait d'ingérer ces plantes médicinales, j'aurais dû réclamer qu'on décale les séances de chimio, et même qu'on arrête carrément le protocole. Pour être franche, j'en voulais à cet homme qui m'a prescrit la joie en toutes circonstances. Je culpabilise d'être totalement incapable d'intégrer ce processus apparemment si simple pour lui. Oui, je le sais, emprisonné et torturé, sur le thème de la souffrance, il sait évidemment de quoi il parle. Néanmoins, sa culture a dû probablement le soutenir, voire le sauver, puisqu'elle repose sur les qualités élevées de la voie de la sagesse… Tandis que la mienne est bâtie sur les habitudes profondément ancrées du *drama* balkanique. Ce terrible mode de pensées et cette étouffante attitude m'ont obligée à considérer les événements avec le prisme le plus obscur, en toutes occasions, et ce, depuis ma petite enfance.

La preuve se joue là, à l'instant précis de ma réflexion.

Alors que le soutien des miens m'est essentiel, ma nièce, innocente, dort, la tête posée sur mon bras gauche, mes parents, mon frère et sa femme dînent un étage plus bas, ma petite sœur, paniquée par l'annonce de la récidive, s'est enfuie chez une amie, quant aux deux autres, elles sont absentes au rendez-vous… Résultat : je me sens perdue, seule au monde, une fois de plus coupée de tout et reliée à rien. Je ne peux plus refuser de voir la vérité : c'est d'un désespoir profond que je meurs. Il me ronge depuis si longtemps, et depuis bien avant la maladie. Et cette désespérance, j'attends de mes proches qu'ils l'entendent rugir. Ce n'est pas la joie qui me sauvera, non, à présent, j'en suis persuadée… Seul l'amour, s'exprimant enfin de toutes parts, de la leur, de la mienne… Seul l'amour m'apportera la guérison.

6 mars. Banlieue parisienne.

Endormie sur ce rêve, un cauchemar m'a réveillée. Plus précisément, une sensation pénible des soirs de mon enfance m'est revenue. Entre veille et sommeil, je me trouve au pied d'une surface blanche infinie et… je la vois : au centre de la scène qui se déroule à une vitesse si lente qu'elle me désespère, l'affreuse araignée géante tisse consciencieusement sa toile. Elle gagne, à chaque fois, sans bruit, du terrain sur l'espace vierge…

Agathe n'était plus dans mes bras.

Le coup de fil d'Angelin me sort du sommeil.

– Tika, j'ai une bonne nouvelle, Fatya va te recevoir. J'ai voulu en savoir plus sur sa manière de travailler. En plus de ses dons, figure-toi qu'elle a suivi des séminaires avec un guérisseur américain. Lui aussi a eu un cancer ! Il s'en est sorti. Dans ses séminaires, il livre la synthèse de ce qu'il a compris lorsqu'il était malade et de ce qu'il a appris par la suite. Tika, il sera à Paris dans un mois ! Et tu sais de quoi il parle aux malades ? D'amour ! Il prétend que c'est l'amour qui guérit ! Si tu veux en savoir plus, appelle-la.

J'ai l'impression de me trouver en un songe surréaliste dans lequel mon frère m'apporte la réponse aux questions de la veille !

Fatya est distante au téléphone. Elle doit être énormément sollicitée pour mener une conversation si rapide et sur ce ton. Après avoir fixé notre rendez-vous au samedi suivant, proposé que son mari passe me prendre à Paris – ils vivent en province – elle me quitte sans m'avoir posé une seule question.

Comme je n'ai jamais rencontré de guérisseur ou de rebouteux, je me fais tout un film : j'imagine une vieille bâtisse, en mauvais état, une immense pièce, basse et sombre dans laquelle la femme, certainement âgée, courbée sous le poids des années, entourée de plusieurs chaudrons, de fioles d'eau bénite, un pendule à la main, me présente une coupe pleine d'un étrange breuvage au goût probablement amer, tout en récitant des prières inaudibles ou de grandes invocations…

En parallèle, Catherine, une amie passionnée d'astrologie, me conseille de consulter. Je doute tant de mon avenir que je joins son professeur par téléphone. La femme prend note des éléments pour établir mon thème, promet de me rappeler dans les meilleurs délais et m'assure qu'elle étudiera également ma révolution solaire. – Késaco ?

– Cela nous apportera un éclairage sur ce qui vous arrive.

Mon amie m'a déjà monté mon thème, il y a de cela à peine trois ans, dans lequel la maladie n'a pas été évoquée. Les quelques pages dactylographiées qui le résument doivent être dans une grande enveloppe se trouvant dans l'un de mes cartons, entassés les uns sur les autres et stockés au fond de la pièce. Je n'ai pas la force de chercher son texte ni le courage de fouiller plus mon passé.

J'ai confié le philodendron à Gina. Je ne supporte plus de le voir. Peut-être pourra-t-elle le sauver ? Gina est revenue en 1987. Après avoir vécu neuf ans en Yougoslavie, un jour, elle a craqué. Même si ce n'était pas trop son genre. C'était cependant assez grave pour que son mari comprenne qu'il devenait urgent de rapatrier sa petite famille en France. Depuis, Gina, Tom et leurs deux enfants sont installés en région parisienne. Gina va très bien, elle est consultante pour une grande entreprise. Son retour en France m'a comblée de joie. J'ai retrouvé ma sœur, mon amie d'enfance.

9 mars. Province.

Jean-Louis, l'ami d'Angelin, est ponctuel. Nous faisons connaissance dans sa voiture, sur la route. Mon frère est un grand cachottier : Angelin et Fatya se sont rencontrés, il y a plus de dix ans, dans une école de danse où ils ont suivi les mêmes cours. Ils se sont perdus de vue mais retrouvés grâce à Jean-Louis, artiste lyrique. Cela m'explique le privilège d'être invitée à passer tout un week-end chez ce couple. Au fil des kilomètres, j'apprends les détails du parcours de cette femme dont j'attends tout.

Au cours de ses années de perfectionnement professionnel, Fatya a remarqué en elle une énergie très particulière. On le lui a d'ailleurs signalé à plusieurs reprises. Dès qu'elle touchait le point douloureux d'une personne blessée, ce qui arrive fréquemment dans le milieu de la danse, elle provoquait systématiquement chez l'autre une libération émotionnelle suivie d'une amélioration. Sans savoir d'où lui venait ce don, elle fit néanmoins confiance à ses capacités tout en s'intéressant davantage à tout ce qui concerne la mécanique humaine. Elle développa ses connaissances tout autant sur la psychologie que l'anatomie, la biologie, l'énergie et plus particulièrement sur la mémoire cellulaire. Jean-Louis m'explique ce dernier point. À l'entendre, le corps emmagasinerait nos sensations comme nos émotions et nos cellules se souviendraient de tout ce qui nous arrive. Par exemple, dans le cas d'une brûlure, quand bien même la cicatrice aurait disparu, les cellules, elles, garderaient le souvenir de l'incident !... Mon chauffeur comprend ma résistance à accepter que cela soit possible. Encore sceptique, je l'interroge sur la raison qui a convaincu sa femme d'abandonner la danse pour la thérapie. Il sourit et me raconte qu'à la suite d'un très grave accident, dont elle est sortie miraculeusement indemne, elle a accepté de suivre son destin. L'artiste est passée de l'art de danser à celui de guérir.

*

La voiture entre à vitesse réduite dans la rue principale du village et se gare le long d'un mur de vieilles pierres. L'appréhension s'évanouit quand la jeune femme à l'allure moderne vient à ma rencontre, vêtue d'une chemise blanche en lin, d'un pantalon satiné orange, chaussée de tennis de toile blanche, Fatya, à peine trente-cinq ans, n'a rien à voir avec ma sorcière ou mon alchimiste ! Le corps travaillé, la silhouette aiguisée des danseurs, mince, un peu cambrée, elle se tient dans la posture classique : jambes un peu croisées et genoux en dehors, une vieille habitude.

J'aime l'atmosphère de leur maison et la beauté de leur jardin. Le temps est clair, il fait beau, presque chaud, en tout cas, assez pour s'offrir le plaisir de déjeuner dehors. Mon regard couve tendrement la campagne. Cela se sent, la nature a quitté depuis peu son air renfrogné d'hiver et l'on devine la force du printemps qui pointe à l'extrémité des branches des arbres. Gonflées de bourgeons, elles semblent relever la tête vers le ciel, prêtes à assumer une nouvelle saison. Le contact s'établit avec mes hôtes sur ce sujet pendant le repas. La dualité mort-renaissance est traitée tout d'abord de façon légère et poétique puis les points de vue philosophique, psychologique et même cosmogonique nous entraînent finalement du côté de la beauté de la vie. Je me sens à l'aise avec eux.

Le café bu, Jean-Louis s'isole dans la grande pièce du bas afin de répéter l'extrait d'un opéra de Mozart. Fatya et moi sommes au grenier, dans une petite pièce, son espace de soins. Elle se déplace, féline, dans une attitude concentrée mais sereine. Pas très grande, pas vraiment belle, ses longs cheveux et ses immenses yeux noirs lui donnent un visage et un regard impénétrables. Sa façon de fixer l'autre contient une force inhabituelle. Sans aucun doute, ses yeux lasers m'ont passée au crible pendant le déjeuner. Elle sait à qui elle a affaire. Elle s'assied en face de moi et commence par m'expliquer mon cas. En fait, sans m'avoir touchée, elle sait, d'ores et déjà, que mon corps crie un profond désespoir intérieur. Révélateur silencieux d'émotions réprimées, le cancer n'est que la métaphore de mon mal de vivre. Il résume mon sentiment d'être une « handicapée de la vie ». Le malin ne serait qu'un lent suicide réclamé par ma conscience… Alors que ses mots confirment mes questionnements, ses phrases, articulées lentement, l'une après l'autre, m'effraient totalement. Elle, imperturbable, poursuit son raisonnement. Le plus délicat est de trouver l'endroit où s'est lové sournoisement ce scénario de mort. Et une fois le scénario repéré, elle se propose de le remplacer par un autre. Logique, me dis-je, la nature a horreur du vide…

Le repérer signifie pour elle le sentir d'une manière subtile dans mon champ énergétique. Là, quelque part, s'est nichée la pelote de nœuds de la maladie. Le but de la séance sera donc d'en libérer les fils ténus. Ce sont eux qui empêchent l'énergie de circuler librement. Le corps représentant une carte précise de la conscience, elle me prévient qu'en passant ses mains sur des points précis de mon corps, elle pourrait modifier mon état de conscience. Je m'exclame :

– Mais, c'est magique !

Elle me répond, très sérieusement, qu'en quelque sorte, oui, mais me précise que tout cela repose sur les corrélations entre la conscience, le mental, le corps physique et énergétique, en tenant compte également des lois de la causalité et de celles de la physique. Ses propos font écho à ceux du médecin tibétain. J'ai le sentiment de comprendre enfin ce dont il me parlait. Cette femme croit-elle au karma ? Par peur du ridicule, ma question reste muette. Le son de sa voix me tire hors de mes pensées. Son ton est grave.

– Catherine, si tu veux t'en sortir, je peux t'aider. Je vais d'ailleurs m'y appliquer maintenant. Cependant, il faut que tu comprennes que toi seule peux le décider…

Est-ce une interrogation ou un ordre ?

J'ai l'impression que sa phrase est restée en suspens. Dans mon cerveau, cela s'affole : oui bien sûr, je le veux, et comment ! Je suis là, morte de trouille, face à cette inconnue qui titille mon désespoir à m'en faire pleurer. Mais comment m'y prendre pour y parvenir ? Ignorant mon désarroi, elle poursuit d'une voix ferme.

– Il y a une chose très importante à accomplir avant ce travail énergétique. Comme je te l'ai expliqué pendant le déjeuner, chacun crée sa réalité. Une des façons que nous avons de la créer, c'est avec des pensées et des mots. C'est pourquoi, partant de ce principe, je te demande d'exprimer ta demande très clairement. C'est-à-dire, qu'attends-tu exactement de cette séance ?

– Je ne veux plus être malade…

– Non ! Ce n'est pas ce que tu veux !

Si ! Qu'est-ce qui lui prend ?

– Catherine, tu ne souhaites pas ne plus être malade ! Tu veux être guérie ! Tu comprends la nuance ?

Silence. N'est-ce pas la même chose ?

– Tu dois aller à l'essentiel de ta demande. Il est important de présenter les choses de la manière la plus positive qui soit. Lorsque tu la formuleras, considère sincèrement que cela peut se produire ! Lorsque tu y penseras plus tard, continue à imaginer que le processus est déjà en marche. Si les mots créent la réalité, la tienne se construit avec des mots nouveaux, ceux du côté de la vie. Là est ta guérison. Catherine, ce qui se conçoit clairement s'énonce aisément. Et si tu as envie de guérir, j'aimerais te l'entendre dire !

– Je veux guérir…

– Voilà. Allonge-toi sur la table de massage. On y va.

Pourtant chaudement habillé, mon corps frissonne légèrement. Est-ce la peur ? Fatya pose sur moi une couverture, allume une bougie et un bâtonnet d'encens. Il répand rapidement mais subtilement son parfum dans la pièce. Elle m'invite à fermer les yeux, à me détendre. À l'instant où elle pose ses mains sur mes chevilles, je ressens une sensation de chaleur. Au bout de quelques minutes – je n'ai plus conscience du temps qui s'écoule –, elle place ses mains sur mes genoux, puis sur mes cuisses.

Elles sont par moments froides ou chaudes, en fonction de ce qu'elles touchent ou effleurent. Demeurées un long moment sur mon pubis puis sur mon bas ventre, à peine posées sur la zone de l'estomac, elles me glacent puis me brûlent très vite. Juste après s'être placées sur mon cœur, alors qu'elles entourent délicatement mon cou et ma gorge, je vois, les yeux fermés, une lumière ronde indigo qui s'avance en spirale sur moi. La couleur et la forme sont lumineuses. Elles m'aspirent vers le haut de la tête. Mes paupières tressautent…

Fatya me secoue le bras : « C'est fini ».

J'ai dû m'assoupir un moment et perdre le cours de la séance. Fatya s'étire et baille à plusieurs reprises. L'ai-je fatiguée à ce point ? Pas du tout, elle m'assure qu'elle se détend. Assise sur la table, glacée jusqu'aux os, mes dents s'entrechoquent. Est-ce normal ?

– Oui. Repose-toi, me dit-elle, sans pour autant m'en expliquer la raison. Elle ajoute une couverture avant de quitter la pièce. Dans l'obscurité, l'ombre de la flamme danse sur le mur, m'hypnotise et m'endort jusqu'au soir !

Nous dînons face à la cheminée. Bien que je me sente un peu bizarre, encore assez flottante, je réponds aux questions de mes hôtes. Je suis curieuse d'en apprendre plus sur ce qui s'est passé cet après-midi, mais elle ne répond, à présent, que par énigmes. Elle ne m'en dira pas plus. En me couchant, je me sens pour la première fois physiquement entière, touchée et entendue, à tous les niveaux.

10 mars. Province.

C'est ma première nuit complète de sommeil depuis des mois et, détail intéressant, j'ai dormi sur le ventre, ce qui m'était impossible ces deux dernières années. Néanmoins, malgré ce repos réparateur, j'ai l'impression d'avoir couru le marathon de New York ! Travaillé par des courbatures en de multiples points, mon corps semble tout à la fois étiré au maximum et totalement détendu.

Ce matin, deuxième phase. Afin de maintenir dans mon esprit la perception du processus d'une amélioration possible, Fatya me travaille aujourd'hui au corps avec des mots ! Elle développe tous les détails qui tournent autour de guérisons remarquables dont elle a entendu parler ou qu'elle a vues se réaliser. Médusée par tout ce que j'entends – les termes et situations sont nouveaux pour moi – j'ai cependant l'impression de les assimiler plus facilement. Elle me relate l'histoire de ce guérisseur américain avec qui elle a étudié les relations entre les chakras – sorte de vortex d'énergie répartis le long du corps humain – et la conscience. Il avait mon âge lorsqu'il s'est guéri d'un cancer. Il paraît que les médecins, parce qu'il n'existait pas de traitement ni chimio ou radiothérapie pour ce patient qu'ils considéraient comme étant en phase terminale, lui avaient annoncé qu'il ne lui restait qu'un ou deux mois à vivre ! Selon Fatya, il s'était préparé à mourir à sa manière.

– Tu comprends, pourtant cartésien, il décida alors de vivre chaque jour comme si c'était le dernier, avec plaisir. Il raconte dans ses stages que, devenu sincère avec lui-même et ses proches, la plus importante de ses activités fut d'accepter de vivre le moment présent. Le passé n'ayant plus prise sur lui, le futur n'existant pas encore, il s'obligea à être intensément présent à tout ce qu'il vivait et à se sentir simplement heureux. Ainsi, en phase avec lui-même, six mois plus tard, afin de célébrer ce répit, il s'octroya des vacances aux Antilles où il rencontra un moine zen, lequel lui offrit la clé dont il avait besoin. L'homme lui apprit que le noyau déclencheur de la maladie se trouvait dans son esprit. C'est ce point qu'il avait donc particulièrement travaillé pour guérir.

11 mars. Banlieue parisienne.

J'ai quitté la maison provinciale avec une question supplémentaire : si le cancer est né de mon esprit… qu'il s'y cache à l'intérieur, alors, où se place-t-il donc ? Qu'est-ce qui le définit, le situe et le différencie de la pensée ? Il en est de même pour l'âme. S'il y a bien une chose que je regrette aujourd'hui, c'est de n'avoir pas suivi de cours de philosophie ! Ce matin, réveillée avec l'idée que si « l'Américain » a pu guérir, je le peux également, j'ai demandé à l'un des responsables du service que l'on effectue un contre-examen, au minimum une fibro et des prélèvements. Il a accepté ma requête et planifié mon admission en gastro pour demain. Le premier verdict tombera dans vingt-quatre heures.

Nuit du 11 au 12 mars.

Je ne pense plus qu'à cela : l'expression « handicapée de la vie » me hante… Et cherchant le moyen d'annuler ou d'inverser le processus que j'ai enclenché, l'autodestruction, cela parasite toutes mes pensées. La peur de ne pas parvenir à faire marche arrière, d'en mourir, n'a pas pris congé. Tout à coup, à l'heure douce et matinale où les oiseaux piaillent joyeusement sur les arbres – leurs gazouillis me parviennent à présent amplifiés – je réalise…

« Mon Dieu ! Que la vie est belle ! »

La révélation est de taille… Si, depuis le début de ma maladie, je n'ai cessé de me dire, de me répéter « je ne veux pas mourir », à aucun moment, pas une seule fois, je n'ai pensé ni exprimé clairement le désir de vivre ! Quelque chose d'inattendu se produit. L'état de choc psychologique génère une sorte de réponse biologique instantanée à cette prise de conscience. Une onde électrique me traverse par vagues successives, si puissantes que tout mon corps en vibre… Qu'est-ce qui se passe ? Ma colonne vertébrale est secouée par une autre lame, plus violente encore. J'ai peur à nouveau ; ma respiration s'accélère dangereusement… Clac ! Puis plus rien ! En quelques secondes, l'angoisse laisse place à l'état de grâce. Rien n'a bougé ni changé autour de mon lit ou dans ma chambre, la maison est calme, ses occupants sont endormis, inconscients du passage de mon cyclone. Il ne reste aucune trace visible de sa visite, si ce n'est le souvenir d'un puissant déclic sourd. Comme si l'on avait tourné, d'un coup sec, la clé de contact d'une gigantesque pulsion tapie au tréfonds de mon corps, comme si elle avait réactivé soudainement la machine et déposé en moi une étrange sensation de douceur mêlée à une perception nouvelle de force.

Ce sentiment inconnu me projette vers l'évidence ; oui, j'ai violemment, furieusement, envie de vivre ! C'est fou, je le perçois : tout ce qui constitue mon être s'est regroupé en un millième de seconde. Unifiée, j'ai parfaitement entendu cet appel intérieur et clairement la réponse. En écho, la vie s'ébranle en moi. Je les sens, mes cellules dansent la valse et leurs particules sautillent comme des gamins immatures, provoquent, au rythme de l'énergique cadence, mon corps, qui résiste et tremble. Plus d'inquiétude, sans aucun doute, la vie s'est à nouveau emparée de moi. À présent, elle m'embrasse. Ses baisers, par milliers, courent sous ma peau, se posent, comme de petits becs d'amour, de ma tête à mes pieds et laissent derrière eux, insouciants, de légers picotements électriques qui me chatouillent tant que j'en ris ! Mon Dieu, faites que cette folie douce de pur bonheur ne me quitte plus ! Être vivante, du moins ressentir à ce point les manifestations exaltées, si secrètes de mon être, quelle joie ! Est-ce cela qui m'a tant fait défaut ? La vie revendique ses droits et son sens, sacré.

Un plaisir bienfaisant m'enveloppe, me réchauffe, m'apaise et m'incite à fermer les yeux. Sous mes paupières closes, j'ai pu les voir. En un flash de clairvoyance, les images juxtaposées du processus qui m'a détruite se laissent découvrir et reconnaître à une incroyable vitesse. Face à des situations et des perceptions comme le manque d'amour, la solitude, la culpabilité – la mienne et celle des autres – mes fausses croyances, le manque de confiance en moi, les limites que je me suis imposées, la colère, les peurs successives, la honte, les regrets, les remords trop remâchés mais pas digérés… J'ai fini par me sentir déstabilisée, désemparée. Je ne me croyais plus capable d'être à la hauteur, m'imaginais inapte au bonheur. Confrontée à la cruauté de mon existence, la maudissant, dans un désinvestissement délétère, baissant les bras un peu plus chaque jour, j'ai donné l'ordre inconscient de me supprimer ! La vie va mal si l'on ose se battre contre elle… Je pleure ma joie.

13 mars. Hôpital La Pitié.

C'est scandaleux ! Je suis à jeun depuis deux jours, en prévision de l'examen et – c'est difficile à croire –, mais l'équipe m'a tout bonnement oubliée ! Ce n'est pas la faim qui m'a poussée à réagir auprès du staff, mais l'insupportable attente de l'examen et de ses résultats. Les responsables ont vérifié ; l'examen apparaît bien sur les plannings. Ils s'excusent : « C'est idiot ! N'est-ce pas ? »

Vexée, je fais un scandale, quitte l'hôpital, après avoir eu Chantal au téléphone. C'est elle qui pratiquera l'examen, après-demain.

15 mars. Hôpital des Gardiens de la paix.

Depuis la lecture de la trilogie de Pennac, le nom de cet hôpital me fait désormais sourire. Ce n'est pas monsieur Malaussène, un des personnages clés de ses romans que je rencontre aujourd'hui dans les couloirs… mais madame M. ! L'infirmière de mon enfance, la première femme importante de ma vie – j'ai souhaité cent fois qu'elle me remarque, à mille reprises qu'elle remplace ma mère dans mon cœur – se prépare à assister Chantal sur ma fibro ! C'est bien elle, mon nom lui rappelle vaguement quelque chose, me dit-elle, souriante, inconsciente de mon trouble, tout en me présentant le narcotique à avaler. Le produit fait son effet ; je glisse dans les bras de Morphée.

Au réveil, Chantal est près de moi.

– Il y a effectivement une grosse inflammation dans l'estomac mais pas d'ulcération. Je ne peux pas t'en dire plus. Attendons les résultats des biopsies. Courage Catherine, encore quelques jours de patience.

Je rentre chez mes parents à la fois confiante et terrifiée. De mon lit, avant de replonger dans le sommeil qui me taraude, j'appelle les organisateurs des séminaires de « l'Américain » et m'inscris au prochain. Il aura lieu dans quinze jours, à Pâques. J'attendrai, le désir de vivre me conduirait jusqu'au bout du monde, s'il le fallait.

16 mars. Banlieue parisienne.

Fatya rit ouvertement de ma mésaventure hospitalière. Le fait qu'on m'ait oubliée la rend hilare. Énigmatique, comme à son habitude, elle ajoute :

– Il n'y a pas de hasard ! Il paraît que hasard signifie, en arabe, « la main de Dieu » et que monsieur Einstein, lui-même, s'est amusé à dire que « hasard » est le nom que Dieu prend afin de passer incognito !

Je ne comprends pas pourquoi elle rit alors que je ne suis pas en mesure de saisir le sens de ce contretemps. Cela ne m'amuse pas du tout. Je l'informe de mon inscription au stage de « l'Américain ». Elle me précise :

– Bob commencera par demander à chaque participant de se présenter au groupe. Chacun devra exprimer simplement ses souhaits, comme je t'ai demandé de le faire avant la séance. Rappelle-toi, de quoi veux-tu guérir ? Ah, j'allais oublier, dans cet exercice de style, tu peux tout demander, dans tous les domaines, il n'y a pas de limites… Prépare ta liste !

Si je me laisse aller à croire le Christ – « Demandez et vous aurez ! » – ma prière pourrait être intarissable… J'ai eu un rapport avec la religion catholique un peu étrange. Comme au catéchisme on nous offrait des dragées à la place de bons points, j'ai particulièrement étudié. Du coup, enfant, j'aurais aimé avoir un ami comme Jésus. Néanmoins, je reconnais qu'à l'adolescence, j'ai sacrifié mon idole à ma révolution ; je refusais d'accompagner mes parents à l'église le dimanche.

Le discours du prêtre était parsemé de notions politiques à l'intention de notre communauté. Ses membres avaient obtenu les services d'un curé albanais qui mélangeait allégrement religion, politique et système éducatif. Je prétendais à l'époque que je n'avais pas besoin d'un lieu de culte pour m'adresser à Jésus, son père ou sa mère. Cet argument mettait ma mère dans tous ses états mais ne l'empêchait pas de m'emmener de force à l'église, où j'observais le comportement de mes compatriotes. Tout cela ne réussissant pas à nourrir ma quête spirituelle, j'ai abandonné, dès que j'ai pu, la fréquentation des églises. Je me surprends à invoquer Notre Père, peut-être depuis le début de la maladie. Si j'ai refusé la visite du prêtre à l'hôpital, j'avoue que c'est uniquement à Dieu que je demande de l'aide…

Quant à la proposition de Fatya, je ne suis pas contre une dernière prière.

– Seigneur, je veux guérir ma relation avec mes parents. J'aimerais qu'elle se transforme en un sentiment d'amour réciproque. Je veux guérir le refus de mes origines. Je veux guérir de mes sentiments d'échec, effacer de ma mémoire les scènes pénibles de ma vie, ne conserver que les plus joyeuses. Vierge d'angoisse, de stress, de colère et de rancune, je veux réussir professionnellement, avoir d'excellentes relations avec mes associés et avoir mon permis de conduire ! Mais pour cela je veux guérir de ma peur en voiture, d'un accident et de conduire…

Le rêve se déroule avec lenteur et détours. « J'aimerais vivre au soleil, habiter une grande et belle maison en front de mer. J'aimerais marcher pieds nus dans le sable ou courir dans les vagues… J'aimerais m'offrir une Jaguar blanche, un vieux modèle, la décapotable. J'aimerais arrêter de fumer, reprendre des études, devenir journaliste. J'aimerais écrire un roman, pourquoi pas un polar ? J'aimerais changer de vie, j'aimerais rencontrer l'homme de ma vie, l'épouser… avoir un ou plusieurs enfants, les médecins m'ont assuré que c'est possible. J'aimerais pratiquer un sport, j'aimerais apprendre le golf, monter à cheval… et jouer du piano. J'aimerais également prendre des cours de chant…

J'aimerais... J'aimerais...

J'aimerais... sincèrement croire... que ce sera possible ! »

Sans nouvelles de l'astrologue, je laisse un message sur son répondeur. Ses meilleurs délais me paraissent bien longs ! Ma révolution solaire tournerait-elle à mon avantage ?...

22 mars 1991.

Hourra !

D'une voix joyeuse, Chantal crie dans le combiné :

– Catherine, les prélèvements confirment l'absence de prolifération tumorale maligne, en particulier lymphomateuse !

– Chantal... Tu en es sûre ?

– Oui ! Les analyses des biopsies écartent la récidive !

À force de pleurer, on va me surnommer Madeleine. Je craque nerveusement. Mon cœur se détend, se dilate, explose de gratitude. Dans ma chambre, à genoux, les mains croisées, je remercie Dieu, Chantal, Fatya et la Vie de me garder encore un peu.

Afin de ne pas tenter le sort, pas de champagne aujourd'hui mais nous célébrerons l'événement après le rendez-vous à l'hôpital avec le professeur B., la semaine prochaine.

C'est promis, j'organiserai une très grande fête !

29 mars. Hôpital. Paris.

Rendez-vous avec le professeur B.

Angelin et moi sommes assis face à celui qui m'a accompagnée de semaines en mois sur le chemin de la maladie. Le grand homme est dans ses petits souliers. Il nous confirme l'absence de récidive mais je remarque le tic qui l'anime lorsqu'il n'est pas à l'aise ; il baisse un peu les paupières, penche légèrement la tête sur le côté, ses yeux bougent vers le haut et ne laissent apparaître, durant quelques secondes, que la surface blanche de l'œil. Bref, tout semble aller pour le mieux. La prise de sang de ce matin est meilleure et même s'il me demande d'effectuer un examen similaire dans deux mois, désormais, il me considère en voie de rémission. Tandis qu'il nous montre sa satisfaction en nous disant tout cela, ma colère augmente, mon ton devient cassant. J'aborde le sujet de ma colère :

– Pourquoi votre assistant a-t-il choisi de suivre la piste d'une récidive si vite ? Pourquoi a-t-il écarté, de façon si péremptoire, un verdict plus serein, d'autant plus réaliste qu'il s'est confirmé il y a quelques jours ?

Le professeur prend aussitôt sa défense.

– Il faut le comprendre. Il a certainement eu peur, il a dû paniquer. Il a agi de la même manière qu'un pilote durant la guerre du Golfe : lorsqu'il localise un point noir sur son écran, eh bien, il lâche la bombe…

– Mais monsieur… On n'a pas le droit de laisser un malade dans un tel état de stress sans s'être assuré de ce qu'on lui envoie à la figure ! J'aurais pu me suicider plus de cent fois, en moins de quinze jours ! Je suis un être humain… Nous ne sommes pas dans le désert et la guerre est finie !

Angelin est silencieux. Il reste calme.

Le professeur nous regarde d'un air dépité puis nous raccompagne jusqu'à la porte. Tout en marchant à mes côtés, il m'entoure les épaules, s'excuse platement. Il est vraiment désolé, puis ajoute à mon intention, avec un demi-sourire :

– Allez ma belle, rentrez chez vous… On se revoit dans deux mois. Profitez de ce repos et, faites-moi plaisir… Oubliez tout ça…

D'humeur assassine, je me sens incapable de lui répondre. Si je me laissais aller… j'enrage. Comment ce professeur de médecine ose-t-il comparer ma situation à une guerre, son assistant à un pilote de F-117, l'annonce de la récidive à un missile Tomahawk?... Pour couronner le tout, Monsieur me prie d'oublier!

Je quitte mon frère cinq minutes, j'ai des papiers importants à récupérer au secrétariat. La chose faite, je m'apprête à le retrouver dans le hall. Poussant la porte, j'aperçois Angelin : il pleure bruyamment, à chaudes larmes, le dos appuyé au mur, à côté de l'ascenseur. Interloquée, j'arrive presque à sa hauteur quand une femme s'adresse à lui. Elle s'est approchée de lui plus promptement que moi. Elle lui parle d'un ton timide, mais sa voix porte.

– Monsieur, excusez-moi. Je peux vous aider... Vous venez d'apprendre que vous avez le Sida ?

Elle a l'air de le comprendre. Cela se voit, tout dans son attitude l'indique ; elle est déjà prête à le soutenir. J'assiste à la transformation de l'expression de son visage quand elle entend sa réponse.

– Non, pas du tout! Je viens d'apprendre une excellente nouvelle... Je suis si heureux!

Je n'ai jamais vu Angelin dans cet état. Cacher ses sentiments est de rigueur dans notre famille... Ses pleurs m'ont énormément émue.

Banlieue parisienne.

Curieusement, alors que tout le monde semble heureux autour de moi, je suis torturée par le doute. C'est simple, je n'ai plus aucune confiance en la médecine et encore moins en les résultats des deux derniers examens. Reprenons. D'abord on me parle d'une aggravation, d'une récidive, puis ensuite d'une rémission. Il y a donc eu vraisemblablement une erreur. Mais dans quel examen ? Le premier ou le second ? Et si les médecins me mentaient, Chantal également ? Serait-ce une stratégie pour gagner du temps et réfléchir ? Ils savent si bien y faire... Entre « c'est la fin » ou presque et « Ce n'est rien, oubliez ça », ma raison et mon moral jouent au yo-yo. Plus les heures passent, plus je m'embourbe. Qui, que croire ?

Pour en avoir le cœur net, je téléphone au professeur B.

Je lui demande à ce qu'on m'ôte rapidement le cathéter glissé sous ma peau au début du protocole de chimio. Je ne supporte plus de palper un jour de plus ce maudit corps étranger qui me rappelle le cancer et me maintient prisonnière de l'idée que je suis toujours malade. Le professeur ne comprend pas mon exigence, il refuse.

– Monsieur, si je suis guérie, je n'ai plus besoin de cet appareil ? J'aimerais que l'intervention se fasse au plus vite. Je vous en prie, ne me demandez pas d'attendre encore pour l'enlever…

– Écoutez, mademoiselle, ne précipitez pas les choses ! Je crois qu'il vaudrait mieux patienter et le garder pendant un an. Nous devons rester vigilants. On ne sait jamais !

Tiens, tiens… Monsieur le professeur ne m'honore plus de ses sempiternelles « ma belle » par-ci, « ma belle » par-là. Un an ! Qu'entend-t-il par « On ne sait jamais ? » Pourrions-nous en avoir besoin, à nouveau ?! Suis-je guérie ou non ?

C'est affreux ! La bête est dans ma tête…

30 mars. Banlieue parisienne.

C'est à n'y rien comprendre ; le changement doit être imperceptible à l'extérieur, cependant, c'est certain, mon corps réagit différemment. Il me semble qu'une nouvelle sensation m'habite depuis ce fameux matin lumineux. Elle est indescriptible… Je commence à croire qu'il s'agit de l'énergie puissante de ma « nuit magique ». Que s'est-il vraiment passé cette nuit-là ?

31 mars.

L'astrologue s'excuse de m'appeler un dimanche de Pâques, de n'avoir pas trouvé un moment pour explorer mon thème mais elle me propose aimablement de me tirer un tarot, là, maintenant. J'entends le bruit des cartes qu'elle pose sur sa table, après les avoir sélectionnées en fonction des chiffres que j'ai choisis. Elle me parle de manière rapide, hachée.

– Il n'apparaît rien de grave dans votre jeu pour la suite. On remarque la fin d'une période où vous avez été en danger, mais dans l'ensemble, question santé, c'est très protégé. Vous entrez dans un nouveau cycle qui sera faste.

Elle prend un instant puis reprend.

Au niveau professionnel, un projet d'association ? Il y a deux têtes, certainement un couple. La carte finale annonce un virage complet dans votre vie avec de nombreux changements. Vous allez voyager à l'étranger pour des séjours de courtes durées… La rencontre avec un homme, un étranger, sera marquante et bouleversera le sens de votre existence… Tous les axes seront nouveaux, autant en ce qui concerne les lieux – pas mal de déménagements – mais également avec vos relations amicales… Elle semble hésiter, prend une pause, puis :

– Vous êtes artiste ? Vous peignez ?

– Non, pourquoi ?

– Dans votre travail, vous utilisez les couleurs ?

– Non, c'est plutôt de théâtre et de musique que je m'occupe.

– Pourtant, je vous vois entourée de couleurs, c'est évident… Bon, ce n'est peut-être pas pour maintenant. L'avenir nous le dira.

Je suis soulagée d'entendre que ma vie va changer, cela signifie qu'elle a une suite !

– Catherine, voulez-vous poser une dernière question ?

Prise de court, elle a fusé :

– Oui. À l'avenir, qu'en sera-t-il de ma spiritualité ?

Elle tire les cartes sans commentaire. Le silence semble plus long que lors du précédent tirage. J'attends, expire la fumée de ma cigarette… Manque de m'étouffer à sa réponse.

– Bon, on recommence tout. Le projet d'association ne se concrétisera pas. Vous allez changer d'orientation professionnelle. Je vous vois utiliser vos mains… Oui, les mains, vous allez toucher les gens afin de les soulager. Vous êtes faite pour cela… D'ailleurs, vous allez en faire votre métier… Vous avez une superbe protection et une sacrée énergie. Cela va impulser une nouvelle orientation dans votre vie. Dites-moi, savez-vous masser ?

– Non, mais je pars demain suivre un séminaire sur l'énergie.

Elle m'avoue alors être médium, veut en savoir plus sur ce stage et comprend mieux le sens de ma dernière question. Je me justifie : je ne voudrais pas passer pour folle…

– Vous savez, il n'est pas nécessaire d'être mystique pour se poser une telle question, surtout après ce qui vous est arrivé. Ce genre d'expérience donne sérieusement à réfléchir ! Ceci dit, vous y allez fort, ce n'est pas rien de suivre un séminaire de ce genre à Pâques !

Les cartes, ces dernières années, ne m'ont jamais menti. La première fois, c'était en Yougoslavie, chez ma grand-mère. Par un après-midi particulièrement chaud, la tzigane, accompagnée de deux enfants en bas âge, était passée dans toutes les maisons du village. Mes cousines, ma sœur et moi, jouions aux osselets avec des cailloux de taille identique. Contre quelques dinars ainsi qu'un verre de limonade pour elle et ses bambins, elle avait laissé parler ses cartes. Ma cousine traduisait les grandes lignes de nos destinées à Gina, qui m'avait résumé la mienne.

Fâchée avec l'albanais, je ne savais bafouiller que quelques mots de serbo-croate. En pointant son index et son regard sur moi, elle a dit :

– Toi, la petite rousse – j'avais seize ans ! – tu vivras très vieille, tu te marieras sur le tard, avec un étranger qui sera plus âgé que toi et assez fortuné !

Nous avions attendu son départ pour nous moquer de la diseuse de bonne aventure. Il lui était facile, dans cette région peuplée essentiellement d'Albanais, de m'annoncer un mariage avec l'un d'eux ! Plus tard, à diverses occasions, j'ai toujours accepté d'entendre le message des cartes. La dernière fois, c'était il y a un an : une amie kabyle m'avait prédit un grave problème de santé avant qu'on ne me l'annonce. Elle n'avait pas vu le pire mais, le jour même, dans celles de mon père qui, en général, refuse de se prêter à ce jeu, elle avait lu une importante épreuve dans sa maison dont la fin serait favorable.

Lundi de Pâques. Région parisienne.

Me voici prête à partir, un lundi de Pâques, jour de la résurrection. Aujourd'hui, au calendrier, c'est également le 1er avril, mais ce n'est pas une blague, bien décidée à en finir avec la peur, le doute et la maladie, j'ai appuyé ce matin sur le bouton « Marche » de ma machine à laver intérieure et sélectionné le programme Grande lessive ! Fatya tient à me conduire sur le lieu du stage. Dans les embouteillages pour sortir de Paris, nous avons le temps de parler de ce que je veux voir changer dans ma vie ; ma liste est dans la poche arrière de mon jeans. Elle est longue, une page remplie recto-verso, d'une écriture serrée.

Nous arrivons à l'heure. Fatya me dépose à l'entrée et s'éloigne rapidement. J'ai une boule dans le ventre mais j'avance.

Dans la grande salle, nous sommes une soixantaine de personnes à avoir pris place sur les chaises alignées en quelques rangées. C'est étonnant, très peu de gens paraissent malades et, sur le nombre des participants, je n'ai compté que dix hommes dans l'assemblée. Je me réfugie au fond, au dernier rang. L'arrivée du tandem de choc sur l'ouverture musicale d'*Ainsi parlait Zarathustra* de Richard Strauss me rend dubitative. La musique cérémonieuse des « Dossiers de l'écran » laisse présager un show à l'américaine. Il ne manque plus qu'une estrade ! J'aurai dû m'en douter. Fatya m'a pourtant brossé le portrait du personnage :

– Bob doit avoir cinquante-cinq ans. Il est mince, un peu bedonnant, assez bel homme, l'air plutôt macho, il ne mesure pas plus d'un mètre soixante-quinze mais donne l'impression d'être plus grand. Sûr de lui, conscient de son pouvoir de séduction, il a une énergie puissante mais distante. Pendant le séminaire, il est assez autoritaire, n'apprécie pas qu'on bouleverse le timing qu'il s'est donné. Mais bon, tu verras, en dehors des sessions de travail, il est accessible au dialogue – si tu parles anglais – mais il demeure réservé la plupart du temps. Tout le séminaire sera traduit en simultané. Son traducteur est un type sympa.

Tandis que son regard balaie lentement l'assistance, je découvre l'enseignant. D'une voix chaude et posée, il commence :

– Bienvenue. Il va se passer beaucoup de choses pendant ce stage et pour vous qui allez traverser ces expériences, sachez que d'importants changements peuvent se produire. Je peux vous le dire, cette expérience a changé des vies. Il faut vous attendre à être différents ensuite. Vous êtes venus ici dans le but d'une transformation et, pendant ces quelques jours, nous allons créer ensemble une énergie très forte. Le cours commencera demain. Ce soir, j'aimerais simplement connaître votre prénom, votre signe astrologique et savoir de quoi vous voulez être guéri ou désirez voir changer. J'aimerais donc commencer les présentations.

Chaque participant se lance. Certains lisent leur texte, d'autres le récitent par cœur ou hésitent. Il y a également les habitués qu'on reconnaît aux mots précis employés. Ils appellent l'abondance, la prospérité, la créativité, d'autres désirent le bien-être, l'harmonie ou la confiance en soi. La plupart d'entre eux aimeraient trouver sur leur chemin le partenaire idéal. Une femme veut s'autoriser à vivre pleinement sa sexualité, une autre demande à se débarrasser de ses rides d'expression… Un jeune homme aimerait grandir de cinq centimètres, un autre, plus âgé, cherche le moyen d'avoir une Porsche, si possible rouge… La salle s'esclaffe. On se croirait au standard des Trois Suisses ou de Santa Claus ! Mais où suis-je ? Serait-ce une réunion contrôlée par une secte et Bob, un gourou ? Inquiète, déçue… Pourquoi Fatya m'a-t-elle laissée participer à ce stage ?

Je me demande ce que je fais là… Mais c'est déjà mon tour. Je me lève comme les autres.

– Catherine. Balance. J'ai un cancer et je veux vivre.

Ma voix est blanche. Le bref silence qui suit est assez long pour me gêner. Il me permet de réaliser que c'est effectivement mon seul désir. L'émotion s'empare de moi, une forte chaleur m'envahit ; je dois être écarlate. Bob me regarde, visiblement intéressé. J'entends la version bilingue de sa question et celle de ma réponse.

– C'est tout ?

– Oui, mais c'est beaucoup…

– Okay.

Ce court échange m'a assommée. Quelle différence entre penser ces mots et les dire, et publiquement ! Les regards sont encore sur moi… Zut, j'ai oublié la liste ! Tant pis pour la réussite, la Jaguar, la maison sur la plage… J'ai demandé l'essentiel ; si la bête à pinces est toujours dans ma tête, s'il reste le plus infinitésimal doute dans mon esprit ou le moindre miasme cellulaire de la maladie dans mon corps, je désire, que dis-je, j'exige aujourd'hui, et devant témoins, qu'ils disparaissent à jamais. Toutes mes aspirations, qu'elles soient d'ordre affectif ou matériel, dépendent de celle-ci.

Quatre femmes s'expriment après moi. La présentation se termine. Bob annonce le dîner et demande au groupe de le retrouver dans cette salle, après le repas. Il nous propose, après avoir travaillé toute la journée avec des énergies subtiles mais puissantes, de nous détendre.

– Danser est une façon de le faire. C'est pourquoi tous les soirs, il y aura discothèque. Cependant ma proposition n'est en rien une obligation.

Il se retourne, allume la chaîne hi-fi et je reconnais l'intro musicale de… *La Vie en rose*, version Grâce Jones. Est-ce un signe ?

*

Le séminaire se compose d'un mélange des bases de psychologie, de philosophie ajoutées à celles de l'énergie et de guérison, pratiquées en Inde ou au Tibet depuis des millénaires. La première étape est d'intégrer l'aspect psychologique. En découle toute une série d'exercices visant à reconnaître nos attitudes limitatives ou idées négatives afin – dit-il – de parvenir à la création de nouvelles réalités positives. Bob répète à l'assemblée ce que Fatya m'a déjà expliqué. Si nous acceptons l'idée que nous créons chacun notre réalité, une des façons serait de la matérialiser avec les mots que nous employons.

Il dresse ensuite la liste exhaustive des schémas de pensées ou idées limitatives classiques qui perturbent nos actions quotidiennes et aboutissent, la plupart du temps, aux mêmes résultats. Si nos croyances induisent nos comportements, négatives ou dévalorisantes, elles mènent inévitablement à des situations d'échec. Nous sommes pour la plupart inconscients de ce processus vicieux.

« Qui n'a jamais pensé : « Je suis trop... » ou « Je ne suis pas assez... » ? »

Il résume cette attitude au quotidien.

– Si vous n'arrêtez pas de dire « ça me gonfle », ne vous étonnez pas d'avoir de l'aérophagie. Il en est de même pour « j'en ai plein le dos » ou « ça me coupe le souffle » et pire : « ça me tue ! »

Il utilise toujours des exemples concrets ou des situations classiques. Le plus marquant, pour moi, est celui des limitations posées sur notre vue. Alors que les médias et les spécialistes nous matraquent d'informations sur le fait qu'elle baisse inexorablement chez tout le monde, et ce, dès la quarantaine, lui affirme que notre vision illustrerait la façon dont nous voyons notre vie. Il ne l'a pas inventé : le docteur Bates, en 1920, fut le premier à considérer que les problèmes de vue proviennent du stress. Tous deux, et ils ne sont pas les seuls, prétendent que si les yeux sont les reflets de l'âme, ils sont également ceux de notre esprit.

Bob nous entraîne à comprendre l'importance des perceptions. En réalité, ce n'est pas ce qui se passe lors d'un événement qui importe mais l'émotion qui l'accompagne comme la façon d'y réagir. À force d'exemples, de situations concrètes, puisés dans le vécu d'anciens stagiaires qu'il ne nomme jamais, il captive l'assistance une après-midi entière. Le lendemain, nous traitons les qualités de l'intuition et de l'imagination, à l'aide d'exercices pratiques pour accéder à la « visualisation créatrice ». Nous abordons ensuite le domaine des perceptions extra-sensorielles. Les différents points sont présentés comme une suite chronologique et logique.

À chaque étape franchie, il prépare la suivante, avec des phrases optimistes, voire directives comme : « Vous allez comprendre par la suite que… » Ou : « Vous verrez comment il est possible de… » et : « Vous pourrez alors changer ceci ou cela ». Conçus et prononcés pour chambouler notre langage habituel, ses mots créent, par anticipation, des résultats probants.

L'optimisme est une attitude typiquement américaine, ai-je pensé… J'apprends, le soir même, par une stagiaire férue de pensée positive que ces exercices sont le résultat des travaux d'un Français : Emile Coué !

Je me moque de sa phrase clé :

– Oui, c'est cela. Je n'ai qu'à me dire : « Je vais de mieux en mieux… »

– Je ne plaisante pas ! Souvent traités avec légèreté, les principes de sa méthode ont inspiré des techniques comme la sophrologie, utilisée par des sportifs de haut niveau ou par des étudiants, avant un examen ! Revenons à l'histoire d'Emile Coué. Nous sommes en 1880. Alors jeune pharmacien installé à Troyes, aux prises avec un malade qui lui réclame avec insistance un médicament qu'il n'a plus, il décide de lui remettre, à la place, un flacon d'eau distillée, tout en lui prescrivant de manière sérieuse une posologie autant complexe que stricte… Quelques jours plus tard, le malade lui apprend qu'il est guéri ! Tu vois, Emile Coué est l'un des précurseurs de la psycho-immunologie. Si à l'époque ce n'était pour lui que la révélation empirique du pouvoir de l'imagination sur l'organisme, on peut dire qu'il a expérimenté ce qu'on appelle aujourd'hui l'effet placebo. Coué, en développant ses connaissances sur le pouvoir de suggestion, a contribué à faire connaître la valeur de l'autosuggestion. Persuadé que la suggestion ne peut agir que si elle a été au préalable transformée en autosuggestion, ses travaux ont reçu un accueil triomphal en Europe et aux États-Unis.

La jeune stagiaire est intarissable sur le sujet.

– Il ne suffit pas de déclarer dix fois par jour devant un miroir « je vais de mieux en mieux » pour que tout s'améliore dans sa vie. Il faut tout d'abord savoir que c'est dans un état de relaxation que se trouve la force de ces phrases. L'imagination a plus de pouvoir que la volonté. Si l'on reprend l'exemple d'un sportif, le fait d'ajouter, en complément de ses entraînements physiques, des séances de visualisation créatrice, en relaxation, c'est-à-dire dans un état proche du sommeil, une scène où il se voit accomplir sa performance, on a remarqué qu'elle se concrétise plus aisément la fois suivante. Tu comprends ? C'est l'esprit qui commande le corps. Tu peux le concevoir ?

Sa question semble contenir un doute sur mes facultés intellectuelles. Ça m'agace.

– Oui, je le conçois parfaitement. Bob dit à peu près la même chose en prenant l'exemple du cerveau qui fonctionne comme un ordinateur. J'ai bien compris, si un mauvais programme est placé dans le disque dur, il suffit de l'éjecter et de le remplacer par un autre !

Je suis à cran. À force d'entendre toutes ces considérations énoncées comme des vérités, je réalise que j'ai tout faux dans ma vie. Le nouveau programme informatique de mon cerveau va demander des années de travail ! Tout cela me déprime. C'est simple, depuis le début du séminaire, je passe la plupart de mes pauses à pleurer ! L'autre matin, au moment même où Bob parlait des parallèles entre les troubles visuels et les dysfonctionnements émotionnels, mes larmes ont coulé sur mes joues, en silence. En pensant au strabisme divergent de mon œil gauche, « attrapé », comme dirait ma mère, à l'âge de six mois – date à laquelle mes parents m'ont envoyée en Bretagne – j'ai été submergée par une émotion inconnue.

Plus tard, l'explication émotionnelle de cet événement, même si elle donne l'impression de sortir d'un manuel de psychologie de comptoir ou pourrait prêter à sourire, m'a touchée profondément. Le stress de l'abandon m'aurait empêchée de regarder droit devant moi... Si, jusqu'alors, je me contentais de reprocher à mes parents de m'avoir envoyée à Roscoff, je n'avais jamais considéré l'émotion que cela avait générée en moi. Certes, j'avais analysé froidement les conséquences de mon séjour, mais pas repéré le désordre émotionnel, à ce moment-là de mon enfance. Dépositaire d'un schéma d'abandon systématique, l'événement avait influencé mes décisions et mes actes, tout au long de mon existence.

La deuxième partie du séminaire est consacrée à l'énergie. Bob commence par un long cours magistral sur tout ce qui la définit. Nous apprenons à entrer en contact avec elle, à la sentir et à la percevoir chez les autres stagiaires, avant de s'attaquer à l'énergie extérieure à nous. Les scientifiques l'appellent bioénergie, les médecins et philosophes asiatiques, le *chi*, les Hindous la nomment le *prana* et les chrétiens, la *lumière* ; Bob, lui, en parle sous le nom de *lumière blanche*. Il nous explique l'univers des *chakras* : plexus ou vortex d'énergie répartis le long du corps humain ; chaque chakra porte une couleur, du rouge au violet, et résonne avec un son de la gamme musicale ; le blanc est la couleur qui réunit toutes celles du spectre humain.

Après avoir passé en revue l'endroit précis et la fonction principale de chaque chakra, il pose des ponts qui expliqueraient les causes énergétiques des maladies, place les liens entre symptômes et déséquilibres, entre déséquilibre spirituel et maladie. D'après ses études et ses expériences, il a instauré une grille de lecture qui résume et éclaire le processus qui se joue entre l'organe atteint et l'histoire que la maladie peut raconter. Ou, comment ce qui ne fonctionne pas dans notre corps ne serait que le révélateur, en quelque sorte un miroir, de ce qui ne fonctionne pas dans notre vie. L'idée me plaît ; enfin, l'être humain est considéré comme étant multidimensionnel. Ici, l'on ne dissocie pas le corps de l'âme ni de l'esprit. Enthousiasmée par cette nouvelle technologie de tradition ancienne, bonne élève, me sentant dans l'urgence, je n'ai aucune résistance à entendre, comprendre et croire cette idée : l'énergie est dirigée par la conscience.

La mise en pratique d'un rééquilibrage des chakras est un grand moment pour tous. Même s'il semble magique, je ne conçois plus le pouvoir de l'énergie comme un don surnaturel. Grâce à mon passé avec les guérisseurs de ma mère, à la rencontre avec Fatya, l'idée que nous avons tous la capacité de maîtriser l'énergie ne fait plus aucun doute. J'apprends à appeler l'énergie. Me sentant comme une antenne qui prend un courant par le haut, j'ai la sensation d'être le canal de celui-ci et de le redistribuer. Comme Fatya, j'impose mes mains, perçois à différents endroits les nuances subtiles d'un chaud, d'un froid, d'un brûlant ou d'un glacé, entends des sons incongrus ou des rythmes imperceptibles, vois des couleurs et même des images. Venues de je ne sais où, elles se présentent clairement à moi.

Bob a tant voulu, à force de détails, nous faire entendre que nous avons tous des perceptions extra-sensorielles, que j'ai tout simplement accepté de croire que c'était vrai : il suffirait simplement d'accepter le principe que les scénarios de notre conscience se laissent regarder lors d'un exercice comme celui-ci. J'y ai tant adhéré que, lors du rééquilibrage énergétique suivant, j'ai vu, les yeux fermés, une scène très surréaliste.

Avant de la décrire, je tiens à préciser un point : je ne connaissais rien de la vie de ma partenaire pour cet exercice. Depuis le début, assise sur une chaise, elle se tient droite, les yeux fermés. Les miens le sont également. À l'aveuglette, mes mains se sont déjà posées sur ses épaules, lieu privilégié de réception de l'énergie, puis sur le bas de son dos et sur ses genoux. Jusque-là, rien de particulier mais à l'instant précis où, agenouillée à terre, mes mains touchent ses pieds, posés à plat sur le sol, une vision m'apparaît. Devant moi, une terre aride s'étend à l'infini. Me référant à l'idée de la visualisation créatrice et consciente selon laquelle, dans l'imaginaire, tout est possible, j'attrape donc naturellement un gigantesque arrosoir fictif et ordonne l'image d'un arrosage rapide mais minutieux de la terre. J'attends la suite. Une minute plus tard, la terre s'écarte, et en sort un petit cercueil, celui d'un enfant ! Ouh là là ! que faire ? Si très vite me vient à l'esprit l'idée de dématérialiser le cercueil, en revanche, je suis paniquée en évoquant l'âme qui pourrait s'y trouver. Toujours agenouillée, les yeux clos, je sens un balancement, ma propre chaîne en or au bout de laquelle pend un petit Christ sur sa croix, bouge de gauche à droite… J'ai les mains qui tremblent, j'ai peur de ce qui peut suivre. J'attends. Cela peut paraître fou, mais je peux le jurer, j'ai soudain vu descendre, sur ma droite, deux charmants angelots ; je les ai vus prendre le cercueil et repartir vers le haut… Dois-je également préciser que je n'ai pas bu une seule goutte d'alcool, absorbé aucune drogue douce et encore moins dure, que j'ai parfaitement déjeuné ce midi, dormi la nuit dernière et que je considérais mon esprit comme étant à peu près sain jusqu'à présent ?

Je poursuis l'exercice, le termine et sors ma partenaire de sa relaxation. L'air serein, elle me remercie et attend le résumé de ce que j'ai pu voir ou ressentir. Gênée, peu sûre de moi, j'ose pourtant lui raconter la scène, en émettant beaucoup de réserves sur mes capacités de débutante et… quelle n'est pas ma stupeur lorsqu'elle se met à pleurer au tout début du récit, de plus en plus fort au cours des détails et s'effondre dans mes bras au final, en évoquant les circonstances dramatiques du décès de son enfant, emporté à l'âge de six semaines, il y a à peine six mois. Là, c'est moi qui suis dans tous mes états. Je pleure à l'unisson avec elle, m'excuse vingt fois… et m'en remets plus difficilement qu'elle.

J'ai du mal à comprendre ce qui vient de se passer. Même si l'exercice me semble « extra-ordinaire », je sens qu'il vient d'ouvrir mon horizon sur un monde inconnu. Et s'il m'effraie, j'ai profondément envie d'en savoir plus. Je réalise également qu'aujourd'hui, je n'ai pas pensé une seule fois à la raison qui m'a conduite ici…

5 avril 1991.

Raconter en détail ou évoquer chaque heure du déroulement de ce séminaire n'aurait pas de sens. Tout d'abord parce l'expérience tirée du stage reste très intime pour chacun des participants, ensuite, pour ma part, je pourrais la résumer en une seule phrase : elle fut intensément douloureuse, superbement lumineuse et sacrément bénéfique. Mais la dernière soirée ne peut rester sous silence.

4 avril 1991.

Cela fait quatre jours que nous sommes réunis et, ce soir, tous les stagiaires se parlent comme des amis de longue date, rient ou dansent. La plupart ont l'air heureux et nous célébrons la fin du stage, au champagne.

Depuis le dernier exercice énergétique de la journée, je me sens très mal. Je savais que la somme des prises de conscience et les résultats des rééquilibrages des chakras étaient réputés comme importants, mais non qu'ils allaient me basculer dans cet état. Comment dire ? Dans la salle, debout, d'un coup, mon corps n'a plus ses repères dans l'espace. Je marche en titubant, je n'ai rien bu, j'essaye de m'accrocher aux murs : ils me semblent être de travers, tous ! Je parviens avec quelques difficultés jusqu'au couloir et j'éprouve soudain le sentiment d'être en dehors, plus précisément, d'être à côté de mon corps !

La sensation dure un long moment. J'ai peur mais ne dis rien. Comment pourrais-je expliquer ce qui m'arrive ? Ma tête s'est transformée en une boule de coton, les sons me parviennent comme amortis, je vois trouble et la nausée monte…

À genoux, au-dessus de la lunette des toilettes, je me vomis. J'expulse par giclées ma vie, ses erreurs et ma colère. Celle-ci, je l'ai sentie monter au fur et à mesure des jours. À son paroxysme, toute entière tournée contre moi, elle m'assassine. Comprenant que l'on m'avait donné des clés, des outils pour changer ma vie, j'étais entrée dans le jeu, j'ai osé regarder ma vie avec un autre état d'esprit. J'ai cherché, yeux grand ouverts, la réalité intrinsèque derrière les apparences, également accepté d'écouter mon corps malade et décidé de reprendre mon existence en mains. Au cours des exercices pratiqués, alors que je croyais avoir géré les choses, les faits ou les émotions… j'ai construit, petit à petit, millimètre par millimètre, la rampe de lancement du saut. Son bond m'a laissée sur le carreau.

Selon le principe que nous sommes « co-créateurs » des événements de notre vie, je réalise que j'ai refusé la part systématique des cinquante pour cent du partage. Enfermée par deux scénarios rigides ; soit les autres étaient les seuls coupables de la construction de mon malheur, soit orgueilleuse ou naïve, j'ai pris sur moi l'entière responsabilité de ma situation. J'ai préféré souffrir pour ne pas faire de mal, remplacé par le mutisme mes cris de révolte, ravalés mes larmes, nié ma douleur, entretenu ma rancœur et occulté mon désespoir. Consciente d'avoir joué avec brio le rôle de victime, je me maudis. Quel gâchis !

En relevant la tête, je vois la tache de sang dans le fond de la cuvette… Tout cela m'est devenu égal ! Connectée avec la vérité, la mienne, n'acceptant pas mes fautes ni mes paradoxes, j'ai touché du doigt le noyau explosif du processus mortifère. Je saisis clairement les cheminements tortueux de ma vie, comprends l'évolution de ma pensée et le sens du combat de ces derniers mois. De la peur de mourir pour ne pas cesser de vivre, à vouloir vivre par refus de mourir, j'en suis à désirer ardemment la mort plutôt que d'être confrontée à l'angoisse initiale : vouloir mourir par peur de vivre !

On frappe à la porte des toilettes à plusieurs reprises. Toujours avec la sensation de n'avoir pas de corps, de ne pouvoir répondre ni même ouvrir la porte, j'entends distinctement les voix de ceux qui me parlent. Au moment où je reconnais le phrasé de l'assistante de Bob, je trouve la force de tirer le verrou. Bernie a bien vu qu'il se passait quelque chose d'étrange, mais elle a mis un temps fou à me trouver. Je m'effondre dans ses bras et lui relate en larmes le choc de la tache de sang.

– Il faut le faire ! Je suis venue pour guérir et me voilà malade à en crever !

Tout en me soutenant physiquement jusqu'à ma chambre, Bernie m'apprend que cracher un peu de sang après un rituel chamanique chez les Indiens d'Amérique du Nord peut être considéré comme une forme de guérison : cela déclenche un effet paroxystique qui annonce, contrairement aux apparences, la fin d'un mal. Il se pourrait aussi, tout bêtement, qu'en vomissant, je me sois écorché un peu l'intérieur de la gorge. Une fois installée sur mon lit, je lui fais part de mon effroyable découverte :

– Bernie, c'est intolérable de s'avouer qu'on désire mourir parce qu'on a la frousse et le dégoût de vivre. Mon Dieu, je suis si malheureuse… ! Tu veux que je te dise ? Le plus dur pour moi n'est pas de concevoir de guérir physiquement. Le stage m'a fait comprendre que j'ai créé mon malheur ! Ma maladie était un suicide masqué. Aujourd'hui, elle n'est plus coup du sort, malchance inévitable, mais langage, signe, cri de tout mon corps et de mon âme qui appellent à une révolution de mon existence… En revanche, guérir la vision que j'ai de mon passé ou celle de mon avenir me paraît insurmontable. Retrouver le quotidien où rien n'aura changé, mes problèmes qui resteront insolubles, en fait, guérir ma vie, je ne m'en sens pas capable ! Je n'ai jamais su éliminer les émotions et les chocs de mon existence. Ma vie ressemble à un terrain miné ! Et tu veux que je te dise ? La femme qui m'a fait venir à ce stage avait raison : je suis une handicapée de la vie ! Mon handicap, c'est la peur… Qu'est-ce que je fais avec ça ? Et vous prétendez Bob et toi que c'est l'amour qui guérit ! Cela voudrait dire que c'est le manque d'amour qui m'a tuée à petit feu, depuis ma naissance… Or, si je dresse le bilan, je dois être maudite : je ne connais pas ce sentiment. Ni pour les autres et surtout pas pour moi. C'est affreux à dire, je n'ai jamais ressenti l'amour de ma mère, je n'ai pas eu confiance en l'avenir, pas une seule fois en mon père et j'ai l'impression que Dieu reste sourd à mes prières…

Bernie me regarde, silencieuse. Je le sais, elle cherche et pèse le poids de ses mots.

– Écoute, c'est simple. Tu n'es pas uniquement un corps véhiculant un mental suractivé ! Tu es également constituée d'un esprit et d'une âme. Le but de l'âme est d'évoluer de vie en vie, si tu peux croire à la réincarnation. Chacun décide, de manière inconsciente de la nourrir ou pas. Certains préfèrent avoir pour être, cherchent la satisfaction de posséder des biens matériels, d'autres choisissent d'être avant d'avoir et partent en quête de valeurs spirituelles. La question n'est pas de savoir qui a raison, mais plutôt d'être en accord avec ses désirs. Je crois que nous sommes tous des êtres spirituels, reliés en permanence à une source d'énergie… Comment la nommer ? Dieu, Force cosmique, Univers ? Je ne sais pas. Mais cette énergie est porteuse d'amour universel. Inconditionnel, il ne juge pas, peu lui importe qui nous sommes, quels ont été nos actes. Chaque être humain est unique, multidimensionnel et apte à évoluer. À ce titre, le but de l'existence de chacun est d'abord de respecter le cadeau de la vie, de se respecter soi et de s'ouvrir aux autres.

Lorsque nous parlons d'amour inconditionnel, nous évoquons en fait une énergie bien précise. Ce qui la caractérise, c'est qu'elle est puissante et subtile à la fois… Catherine, tu n'as pas vécu tout ce parcours pour rien ! N'oublie jamais que toute chose a un sens. Les expériences de chacun sont tournées vers un but…

– Quel est le mien ? Tu peux me dire à quoi je sers, à qui ? La volonté, le combat, la souffrance, la rigidité sont mes béquilles. La vie n'a pas de sens si l'on n'est pas soi-même, si l'on est hermétique à l'amour, à la joie, à la confiance. À travers votre discours, la vie et le monde semblent magnifiques, mais m'apparaissent inaccessibles… !

– Le but de ta vie, par la confrontation avec la maladie, est peut-être de te montrer que tu es une âme sensible. Je crois que le plus important pour toi est d'ouvrir ton cœur et d'aimer. Toi, pour commencer, puis les autres, d'accepter de recevoir leur amour ou leur amitié. Rien n'est plus fort que l'amour, rien n'est plus riche que l'amitié et rien n'est plus doux que la tendresse. Si rien n'est plus impalpable et fragile que ces sentiments, nous demeurons tous profondément les mendiants de ces émotions, puisqu'elles ont la qualité de nous rappeler, à chaque fois, que nous sommes vivants… Nous voulons tous être aimés tels que nous sommes, être acceptés sans jugement, sans attente. Pourtant, la plupart d'entre nous avons tendance à nous changer, nous gommer, à créer une autre image de nous afin d'être aimés. Alors Catherine, dans ton cas, qui était aimée ? Était-ce ton être authentique ou bien l'image que tu as fabriquée pour être aimée des autres ? Si c'était cette image, je comprends que tu n'aies pas pu être satisfaite ni épanouie. Peut-être est-ce là ta prise de conscience. La seule façon d'être aimée t'obligera à être vraiment toi-même. Sois authentique, suis ton propre chemin, ne te laisse pas influencer par le point de vue de quiconque, fais confiance à ta propre voix intérieure et travaille ton intuition, elle te guidera. Prétendre être ce que tu n'es pas t'a demandé beaucoup trop d'énergie. Cela t'a même rendue malade ! Accepte de vivre l'expérience intérieure du sentiment d'amour, et la guérison pourra avoir lieu. Mais je ne peux pas t'aider : le changement ne pourra venir que de toi et seulement si tu en as le profond désir. Tu es capable de changer ton état d'esprit et de guérir tes blessures affectives. Chasse le pessimisme, regarde les autres et la vie avec confiance. Abandonne ta carapace, lâche le contrôle sur ton existence, il t'empêche de vivre. Ose, laisse-toi être ! Tu en es capable puisque tu en es là. Tu le sais bien, il faut juste suivre ton désir et oser… Sais-tu ce qu'affirmait

Sénèque, le philosophe ? Eh bien il pensait que : « Ce n'est pas parce que c'est difficile que nous n'osons pas, c'est parce que nous n'osons pas que c'est difficile ». Catherine, ose affronter tes peurs, ose cerner tes souffrances afin de t'en libérer, ose débusquer tes rancœurs pour faire de la place dans ton cœur, ose également montrer tes qualités, ose atteindre tes rêves, afin d'en rêver d'autres, plus fous encore. Catherine, ose prendre la décision de vivre. Tu peux t'octroyer l'autorisation d'être heureuse, là, ici, maintenant ! Tu en as le droit, le devoir. Et tu le mérites !

L'échange se poursuit durant des heures, jusqu'au bout de la nuit. À l'aube, la chamane, ma petite sœur des étoiles, me donne le courage d'accomplir l'acte le plus essentiel de ma vie.

Celui de mourir à moi-même.

5 avril 1998. Paris.

Je suis née ce matin-là.

Durant cette nuit inoubliable, l'appel de la vie déchira le voile de mes chimères et, d'un bond magique, me propulsa depuis la rive anesthésiée de l'inconscience sur la berge consciente des possibles. Naître les yeux ouverts à presque trente-deux ans n'est ni fréquent ni simple. On me considère comme une adulte alors, qu'en réalité, aujourd'hui, c'est mon anniversaire… J'ai sept ans, l'âge de raison.

En 1991, peu après mon entrée en rémission, Frédéric, l'ami de maladie, est mort au cours d'une greffe de la moelle épinière. Triste, je ressentis un sentiment de culpabilité : Pourquoi lui et pas moi ?! Il fit écho à celui éprouvé pour mon oncle et résonna pendant des années envers la plupart des malades que j'ai rencontrés par la suite.

Tout de suite, les circonstances insolites de ma guérison ont fait surgir des questions fondamentales. Par exemple, se pouvait-il que cette récidive n'ait été en fait qu'une erreur de diagnostic ? Je persiste à croire que c'est l'intervention de Fatya qui a inversé le processus. Ses mots comme son énergie ont touché un point de mon intégrité qui ne demandait qu'à être contacté. Les lois de l'énergie ont des pouvoirs qui nous dépassent. À mon retour du séminaire, je constatai que le philodendron vivait, lui aussi, sa guérison. En quelques jours, l'arbre ami – du grec *philos*, « ami » et *dendron*, « arbre » – avait reverdi ! Mais un an plus tard, ayant probablement tout donné, il se dessécha et mourut.

Si l'on n'accepte pas le sens de cette incroyable expérience et la vérité de ses manifestations, se pose une deuxième question : que me serait-il arrivé sans ce rappel à l'ordre, la récidive ? Sans cette épée de Damoclès, j'aurais certainement commis la maladresse de prétendre retourner à ma vie d'antan, sans rien changer à mon quotidien. J'aurais ainsi obéi au professeur B. et à mon entourage qui tous, pourtant bienveillants, me conseillaient d'oublier… Mais, les mêmes causes engendrant les mêmes effets, n'aurais-je pas alors été confrontée plus tard à une autre récidive, mortelle cette fois ?

Comment oublier cette épreuve alors qu'une multitude de détails pratiques tentent de m'y enfermer aujourd'hui encore ? Par exemple, sans désir de réintégrer l'univers de la publicité et de la communication, fallait-il que je glisse dans mon *curriculum vitae*, comme on me l'a souvent suggéré, une longue mission à l'étranger pour cacher à un employeur éventuel la maladie qu'il considérera à voix haute comme la crainte d'une rentabilité amoindrie, et peut-être, en son for intérieur, l'idée d'une possible rechute ?

De son côté, la Caisse primaire d'assurance maladie m'a classée d'emblée dans la catégorie Invalidité, et les mutuelles ont fait de moi un « cas à risque » pour m'appliquer encore aujourd'hui une majoration des tarifs… Quant aux compagnies d'assurances, elles refusent purement et simplement de me suivre sur un prêt bancaire, même si le professeur B., qui avait exigé un délai de sept ans pour avaliser la guérison vient de le faire…

Comment peut-on vivre pleinement sa guérison alors que tout, ou presque, sous-entend un risque latent ?

Comment en vouloir à ces gens, poussés par la force de l'inconscient collectif, de penser encore aujourd'hui que cancer est synonyme de mort inéluctable ? Aurais-je pu balayer d'un revers de main comme on chasse une mouche inoffensive, un tel bouleversement ? Non, sensible au cri cellulaire du « mal a dit », profitant de l'effet starter du stage de Bob, avec, malgré tout, la peur que « la chose » ne revienne, j'ai compris que pour ne pas récidiver, je n'avais d'autre alternative que de mettre ma vie à plat, de poser mon jeu de cartes sur la table et d'apprendre à le lire. **Le bonheur pour une orange n'est pas d'être un abricot** ! Je n'appartiendrai plus jamais au club des gentils petits poussins persécutés par l'existence !

Maintenant rassemblée, j'ai pu refaire des projets. La recherche de la compréhension du sens de la maladie et de la guérison m'a amenée à apprendre et à maîtriser des techniques qui prennent en compte l'être. Je suis devenue à mon tour thérapeute énergéticienne. Puis, fidèle à la promesse faite au plus fort de la maladie, je me suis lancée. Scarabée, symbole de renaissance et de bonheur, devint l'emblème d'une association dont la vocation était de présenter, par le biais de conférences et de séminaires, différents outils de développement personnel. Si l'on regarde la santé et la maladie sous l'angle de l'état d'esprit qui les accompagne, point n'est besoin d'attendre d'être malade pour se guérir d'une dépression nerveuse, d'un deuil, d'un échec scolaire, professionnel ou amoureux.

L'association n'avait pas de miracles à offrir mais elle abordait des thèmes variés comme l'alimentation, la sophrologie, la pensée positive, le yoga, la relaxation, l'astrologie, l'énergie, le massage ou la psychothérapie. Scarabée proposa même une réflexion sur l'approche de la mort et sur la sexualité, sans oublier de mettre en avant le rire, le chant et la danse, véritables panacées pour un mieux-être. Cette association fonctionna pendant quatre ans, le temps pour moi de réaliser que de thérapeute, j'étais redevenue gestionnaire et qu'au lieu de témoigner et de me consacrer à ce qui me passionnait le plus, je croulais sous les responsabilités administratives...

Je partis alors à la recherche de mon territoire. Une fois trouvé le jardin intérieur, il fallut y faucher les mauvaises herbes émotionnelles : jalousie, colère, rancune, goût du pouvoir, soif de reconnaissance, jugement, etc. À leur repousse, les arracher encore et encore, inlassablement. Ensuite, biner la terre aride afin d'y semer les graines de la joie, de l'espérance et de la confiance... Puis les arroser régulièrement de patience. C'est ainsi que j'ai commencé à écrire, ce qui m'a obligée, seule face à l'ordinateur, à faire la lumière sur chaque souffrance traversée.

Un incident majeur me propulsa à l'étape suivante : afin de comprendre la vision que j'avais eue durant le stage, elle revenait constamment dans mes rêves, je rendis visite à une psychanalyste jungienne. Très occupée, ce n'est que par amitié pour l'un de mes proches qu'elle a accepté de me recevoir. Durant l'entretien, je m'attardais à relater chaque détail de l'exercice énergétique. À mon étonnement, elle me posa diverses questions :

« N'y voyez-vous aucun point commun avec votre histoire ? Y aurait-il eu dans votre famille un enfant mort-né ou mort très jeune ? La terre, ne serait-ce pas l'image de ce pays où vous n'êtes jamais allée, qui vous semble... aride ? »

Après avoir abordé la synchronicité et la puissance des rêves, elle termina la séance de la manière la plus rassurante qui soit : elle m'invita à commencer le travail sur mes racines !

J'entrai en contact avec la petite diaspora albanaise de Paris. Dans le cadre du projet de création d'un centre culturel albanais, moi, la rebelle, j'ai servi ceux que j'avais tant reniés ! Côtoyer ses membres m'a permis de récupérer une partie de mon identité, de naître au sentiment sécurisant « d'appartenir » et plus encore, d'être riche d'une double culture. Chacun de mes compatriotes m'a offert une pièce du puzzle qui m'a aidée à revendiquer enfin mon héritage albanais.

Mais la blessure importante à guérir – elle nécessitait une authentique réconciliation avec mes parents – me montrait qu'il fallait surmonter ma perception de leur manque d'amour. Le plus délicat restait donc à accomplir.

Or l'intervention quasi chirurgicale sur ce sentiment n'étant possible qu'avec l'instrument du pardon… Il devenait essentiel que cesse la plainte narcissique et que… je marche sur leurs traces. C'est ainsi que je découvris l'histoire de ma famille, si indissociable de celle de l'Albanie, le pays des aigles…

Liza

Mai 1943. Monténégro. Ex-Yougoslavie.

Liza est assise sur les marches du perron depuis le début de l'après-midi, coudes sur les genoux, joues dans ses mains. Cela fait des heures qu'elle surveille la route. Le ronflement du camion stoppe l'attente. Elle l'a entendu avant même de l'entrevoir au loin. Elle se lève, réajuste ses vêtements et s'engage sur le chemin qui mène de la propriété à la route. Vite essoufflée, seule la joie de l'instant lui offre le courage et la volonté de poursuivre sa course. À bout de souffle, elle trouve la force d'appeler : « Papa ! papa ! »

Au loin, des hommes vêtus de polos noirs suivent le véhicule en silence, têtes baissées. À mesure qu'ils se rapprochent, on peut voir qu'ils ont retroussé leur manche gauche, côté cœur et portent un brassard noir sur leur avant-bras nu. Liza les regarde sans les voir. Sans prêter attention à leurs mines sombres, elle parvient à se faufiler jusqu'au camion ; elle veut être la première à l'accueillir. Le camion s'immobilise enfin à l'entrée de la propriété. Liza est déjà collée à l'arrière, elle ne peut plus attendre ! Elle se hisse à l'aide de ses petits bras, écarte ceux qui essaient de s'interposer : « Liza, non, descends… »

Elle l'aperçoit enfin, furtivement, à travers les pans de la bâche, allongé, il semble dormir. On relève la bâche. Liza essaie de grimper à l'intérieur, mais deux hommes l'empoignent fermement et l'écartent du véhicule. Elle crie, se débat, ordonne qu'on la lâche mais personne ne lui répond. Elle pleure, elle ne comprend pas : pourquoi ne la laisse-t-on pas l'embrasser ? Un de ses oncles arrive, la prend par la taille, la soulève et, sans un mot, la dépose près de celui qu'elle attend depuis si longtemps. Dans la pénombre de cet étrange corbillard, son regard s'arrête sur la plaie béante du ventre de son père… Elle ne peut plus détourner ses yeux ; la grande tache de sang séchée tranche sur la chemise blanche laissée entrouverte et sur la peau lisse, mate, qu'entoure la blessure, boursouflée et noire. Liza comprend instantanément. À neuf ans, elle connaît le sens précis de la position des bras et mains posés croisés sur une poitrine.

Elle ouvre la bouche, ne peut amorcer ce qui pourrait être un cri, tombe à la renverse et s'évanouit. Quatre hommes la soulèvent avec précaution et la transportent, inerte.

Plongée dans une sorte de coma, veillée par sa mère, sa grande cousine et, le jour de l'enterrement, par une amie de la famille, Liza émerge au bout de quatre jours. Son réveil n'est en réalité qu'une brève tentative pour sortir du cauchemar. Elle ouvre enfin les yeux, rencontre le regard inquiet de sa mère… et les ferme à nouveau. Non, Liza ne dort plus. Elle voudrait simplement annuler dans son esprit et dans son cœur ce que la tenue de deuil de sa mère lui confirme. Brusquement, elle s'arrache les cheveux, se griffe le visage en hurlant avant de replonger dans cet état léthargique où l'absence au monde et le désespoir vont se relayer pendant plus d'une semaine. Le médecin, appelé à son chevet à plusieurs reprises, essaie à chaque fois de rassurer sa mère.

À son âge, nous ne savons pas combien de mois il lui faudra pour admettre ce drame. Ou combien d'années, dans l'immédiat, elle est sous le choc.

Liza en veut à la terre entière, particulièrement à sa mère et à ses oncles ; ils lui ont menti. La veille du drame, alors qu'ils allaient passer à table pour le déjeuner, un homme s'était présenté. Liza se souvient qu'il avait refusé d'entrer. Du fond de la pièce où elle se trouvait, elle avait juste saisi quelques bribes de leur dialogue :

« Ded… embuscade… nous le ramènerons… Oui, c'est regrettable… Bien, dans l'après-midi… Nous sommes désolés. Que Dieu vous protège… »

Accoudée à la fenêtre, elle l'avait regardé s'éloigner, puis elle était allée rejoindre sa mère et l'avait interrogée sur cette étrange visite. Avait-elle bien compris, son père reviendrait bientôt ? Sa mère avait répondu d'un « Oui, demain » laconique et tranchant. Satisfaite, Liza n'avait pas compris la gravité des visages durant le repas ni le silence inhabituel. La petite fille avait interpellé la tablée en riant, heureuse du retour de son papa, mais sa bonne humeur s'était vite envolée. Sa mère, après lui avoir reproché ses rires, lui avait appris sèchement qu'il avait été blessé à la jambe. Liza s'était vite ressaisie. Elle avait adressé à tous son plus beau sourire : elle se moquait bien de la blessure ! Ce qu'elle avait retenu, c'est qu'il serait à nouveau près d'elle.

*

Le Monténégro, dans cette partie des Balkans, totalement sous influence des fascistes italiens, tente de résister à l'ennemi communiste. Les milices fascistes, « les chemises noires », répondant à l'appel de Mussolini, affrontent les partisans « rouges » qui composent l'armée communiste conduite par le jeune général Tito, chef du parti. Ainsi, trois ans plus tôt, le père de Liza avait été enrôlé d'office par les troupes fascistes. Leurs dirigeants réquisitionnaient un homme d'âge mûr par famille et, bien que ses frères soient plus jeunes, bien plus vaillants et célibataires, Ded, marié et déjà père de quatre enfants, avait dû rejoindre la milice.

La communauté monténégrine raconte, à travers les poèmes épiques de l'époque, que c'est sur le chemin du retour, à l'occasion d'une permission, à seulement sept kilomètres de chez lui, qu'il était tombé dans l'embuscade d'un petit groupe de communistes. Un refrain précise les faits : un 18 mai 1943, l'unique balle meurtrière de la fusillade s'était nichée dans son ventre. Ses camarades, après avoir chargé un messager de prévenir sa famille, s'étaient mis en route vers l'hôpital le plus proche, celui de Skodra. La ville albanaise étant située à trente-cinq kilomètres et les routes fort mauvaises, Ded était mort durant le trajet. Il avait vingt-neuf ans.

Le lendemain, les membres de sa troupe l'avaient reconduit chez lui. L'un deux, après lui avoir ôté sa tenue de combat et l'avoir revêtu d'une chemise blanche, avait trouvé dans le portefeuille de Ded une lettre dans laquelle il demandait officiellement quelques jours plus tôt à être libéré de son poste. L'émissaire l'avait confirmé à la famille : profondément catholique, Ded ne supportait plus de se trouver en situation de tuer. En relatant l'embuscade à ses frères, l'homme avait également précisé que son compagnon d'armes avait tiré sur le communiste dans le but de le blesser, mais qu'en revanche, celui-ci l'avait visé froidement et abattu.

Bien des décennies plus tard, les anciens saluent la grandeur d'âme de la famille de Ded mais s'interrogent encore. Comment a-t-elle pu pardonner à cet homme d'avoir tué leur frère alors que le code d'honneur en vigueur dans la région exigeait la réparation immédiate de cette dette de sang, apparentée, de leur point de vue, à un meurtre ? Selon eux, cette mort devait être vengée. De fait, Ded et son meurtrier étant tous deux Monténégrins, Albanais – et de plus des Malsores. Aucun d'eux n'avait le droit de tuer l'autre.

Il faut savoir en effet que les Malsores appartiennent à un clan constitué de cinq tribus d'Albanais vivant en Male i zï (la « montagne noire », le Monténégro). Séparée de la ville albanaise de Skoder par le lac de Skodra, la montagne noire est régie par les patriarches des cinq plus grandes dynasties de la région. Chacune protégeant son district, il y a, par rang d'autorité : les Hot, les Grud puis les Kelmen, les Kastrat et ensuite les Shkrel.

Au XVe siècle, lors de l'invasion de l'Albanie par les Ottomans, ces grandes familles, toutes originaires du nord du pays, avaient combattu les Turcs sous l'autorité d'un grand résistant : Skenderbeg. Le héros national leur avait permis de résister avec courage et succès à l'ennemi turc. Grâce à sa persévérance communicative, la rébellion dura vingt-cinq ans. La Male i zï, surnommée la « forteresse catholique », avait conservé sa foi et refusé l'islamisation de l'envahisseur. Placés sous la protection de Leke Dukagjin, le principal lieutenant de Skenderbeg, les Malsores avaient adhéré au *kanun*, le code coutumier qu'il avait rédigé. Ce nouvel ordre moral avait, à l'époque, en 1448, la vocation de redonner dignité et autonomie à qui le souhaitait. Et, quoique les Turcs aient gouverné l'Albanie durant cinq siècles, jusqu'à la proclamation de son indépendance en 1912, cela n'avait nullement empêché les Malsores de suivre le *kanun*. Le passé, même s'il pouvait paraître lointain, était demeuré profondément vivace en eux. Et depuis presque quatre siècles, les Malsores, de génération en génération, avaient assuré la transmission littérale du *kanun*. Ce code d'honneur avait permis jusqu'à récemment, par des règles très strictes, de maintenir une paix fragile entre les Albanais des deux parties, yougoslave et albanaise, du Monténégro.

*

Dilé est la seule parmi la foule à dévisager le défunt. Si tous, les yeux au ciel, implorent la grâce de Dieu, elle demeure obligée de ne rien laisser paraître pour celui qui l'avait épousée dix ans auparavant. Mariée sans amour à cet homme qu'on lui avait désigné, elle s'était laissée gagner par le sentiment rassurant d'une tendre amitié. Dilé, si elle en avait eu le droit, aurait pu pleurer l'ami disparu trop tôt et le père de ses enfants, se lamenter sur son propre sort, faire le travail du deuil autant de son époux que de son bonheur perdu. Elle sait que ce jour sombre lui annonce des années noires. L'épouse jadis encensée n'est plus pour la communauté qu'une veuve, une personne sans statut. Ded définitivement absent, l'éducation et la réputation de ses filles lui incomberont entièrement. Il n'est pas question pour elle de se remarier, l'idée ne lui en serait même pas venue, l'absence d'un fils lui a fait perdre sa place. C'est une règle et tous en joueront. Si Dieu avait bien voulu lui offrir la naissance d'un garçon, son destin aurait été tout autre. Le fils aurait été à la fois un relais du père dans sa belle-famille, un gage vivant de leur respect à son égard en tant que mère, et un guide pour ses petites sœurs. Au lieu de cela, les filles de Ded seront désormais considérées comme une charge.

*

Le dépit et la colère qui habitent Liza depuis son réveil ont rassuré son entourage. Elle a l'air d'aller mieux, même si ce n'est qu'une apparence, car en elle les questions se bousculent et les réponses se font attendre. Pourquoi ceux qui prétendent l'aimer n'ont-ils pas eu le courage de lui dire la vérité, pourquoi aucun d'eux n'a-t-il pris le temps de lui parler ni la peine de lui éviter d'aller à la rencontre de son père adoré, pourquoi aucun ne l'a-t-il préservée de l'épouvantable vision ?

Pendant plus d'un an, si la scène tragique reste figée dans sa mémoire et la hante sans répit, Liza semble avoir gommé chaque seconde qui l'a suivie, y compris ses délires accompagnés de fortes poussées de fièvre, les visites répétées du médecin et même les pleurs de ses proches. Avec l'égoïsme de son âge, elle cultive sa souffrance et ignore celle des autres. Elle ne veut rien savoir de leurs sentiments. Têtue, rancunière, l'enfant demeure aveugle à la douleur de sa mère. Refusant de la regarder, elle reste insensible au chagrin de cette femme qui, comme l'exige la tradition, a enterré son mari publiquement sans une larme ni un cri, tandis que, par leurs complaintes traditionnelles, les pleureuses de la région sont censées avoir déchargé de leur tristesse ceux qui accompagnent Ded dans sa dernière demeure.

*

1944 : les fascistes du Monténégro ont perdu leur guerre. Vainqueurs, les partisans communistes d'Ulcinj enrôlent de force leurs adversaires et confisquent les terres de nombreux propriétaires de la côte. Ils réquisitionnent la grande maison des Rudaj pendant des semaines afin d'y loger leurs chefs, la pillent de ses biens, puis s'emparent du bétail avant de repartir. Ded n'est pas la seule victime, ses cousins Nikol et Marash, partis plus tard, sont morts au combat, eux aussi. Il ne reste que ses frères Martin et Djerdj pour s'occuper de l'exploitation. Le coup est dur pour cette dynastie jadis prospère. Jusque-là, les cinq hommes de la famille Rudaj géraient la grande exploitation agricole. Riches propriétaires terriens à Stoj, un grand village étalé sur plusieurs kilomètres et jouxtant la frontière albanaise par la mer Adriatique, tous s'activaient soit à la production des cinq cents pieds d'oliviers, soit à l'élevage du bétail, un troupeau composé de trois cents moutons, d'une quarantaine de vaches et d'autant de chevaux, soit encore à la récolte des pastèques ou à la vente du fromage de la ferme.

Le climat jadis serein devient tendu pour tous les habitants de la région. On interdit à ces fervents catholiques de pratiquer leur religion ; on ferme leurs églises et on éloigne leurs prêtres. Il leur faut non seulement faire le deuil de leurs morts, mais aussi accepter cette défaite politique, digérer ce revers économique et s'atteler à reconstruire leur patrimoine.

Dilé n'a d'autre choix que d'aider ses beaux-frères. À vingt-neuf ans, consciente qu'elle est rivée à cette famille pour le restant de ses jours, la jeune femme naguère douce et joyeuse s'enferme dans son drame personnel, devient de plus en plus rigide et austère, de moins en moins affectueuse envers son entourage. Elle s'oblige à payer sa dette par son travail et celle de ses quatre filles. Le plus souvent muette, considérant ne plus avoir le droit de participer aux questions importantes de la maison, elle se soumet aux décisions de ses beaux-frères et se sent leur obligée. Dans le but d'éviter à tout prix des conflits auxquels elle ou ses filles pourraient être mêlées, elle les incite sans répit à suivre son exemple. Afin de conserver son honneur, elle s'évertue à leur inculquer le culte du sacrifice, les préceptes de la tradition malsore et les obligations des jeunes filles de leur rang.

À dix ans, considérée par sa mère comme soutien de famille, Liza prend en charge ses trois petites sœurs. À la mort de leur père, Toné avait sept ans et demi, Mary à peine quatre et Katrin, la petite dernière, tout juste six mois. Ses oncles en ayant fait la bergère de la famille, Liza n'ira pas à l'école. Accompagnée par ses cousines puis plus tard par ses sœurs, elle mène les troupeaux au pâturage et en assure la garde. Un peu jalouse de ses amies qui suivent les cours de l'école communale, Liza apprend néanmoins d'elles les rudiments de lecture et d'écriture cyrillique. Même si elle obéit aveuglément à sa mère et à ses deux oncles, notamment à l'aîné, Djerdj, qu'elle respecte comme un père, elle leur gardera longtemps rancune à ce sujet. De même, elle regrettera de ne pas avoir appris à nager. L'immense plage n'est pas loin de la maison, elle longe les cinquante hectares de la famille Rudaj, mais on lui interdit de s'en approcher.

Réputée sérieuse, elle accepte sans rechigner l'éducation qu'on lui offre à coups d'ordres et de remontrances. Admirant sa mère tout en la redoutant, elle a du mal à comprendre pourquoi, pour elle comme pour ses sœurs, la moindre tentative joyeuse d'être comme les autres filles du village se conclut toujours par de sévères réprimandes. Très tôt, chacune d'elles percevra subtilement, dans le regard et le discours de leur entourage, qu'étant orphelines de père et sans frère, elles doivent se contenter de leur lot.

La mort de son père et ses conséquences hantent toute l'enfance de Liza. Elle en gardera à jamais la certitude amère d'avoir à vivre une existence vouée à la souffrance, définitivement gâchée par cette guerre. Le conflit lui a arraché son père, l'ennemi lui a volé sa fortune et l'a privée d'une existence insouciante à laquelle, innocente, elle s'était habituée.

Le matin de son seizième anniversaire, Liza a droit à un conseil de famille sur son prochain mariage. Les prétendants sont déjà nombreux à se présenter devant l'oncle Djerdj mais il la trouve encore un peu trop jeune. À dix-huit ans, elle est devenue une grande et belle jeune femme aux formes généreuses. Désormais, les hommes se retournent sur elle. Consciente de ses charmes, Liza n'en demeure pas moins sage. Au nom de l'honneur et par respect pour les siens, elle acceptera, le moment venu, de prendre pour époux celui que son oncle choisira.

C'est ainsi qu'un dimanche, on frappe à la porte de la famille Rudaj. Habillés du costume traditionnel des Malsores – chemise blanche, gilet brodé et petite calotte de feutre blanc qu'on appelle *quelesh* –, deux hommes de la famille Preljocaj procèdent solennellement au rituel de la demande en mariage. L'aîné, Nikol, présente son frère Novo à la famille de Liza puisque c'est de son fils Pjeter dont il s'agit. Ensuite, le père et l'oncle s'adressent à Djerdj ou Martin, avec, de temps à autre, un coup d'œil négligent à Dilé.

*

Évadée d'Albanie en 1948, la fratrie des Preljocaj s'est installée dans le village de Bérane, non loin de Podgorica. Depuis quatre ans, les trois frères y construisent en famille des maisons. Pour ces Malsores du clan des Kelmen tout comme pour les Rudaj, ce projet d'unir leurs deux familles est tout à fait séduisant. Certes, ils l'avouent, jadis propriétaires terriens à Vërmosh dans le district de Skoder, ils sont à présent pauvres mais ils rassurent la famille de Liza : leur intention est de retourner vivre dans leur village. Ils sont confiants, l'Albanie ne subira plus très longtemps l'influence néfaste d'Enver Hoxha. Si l'oncle de Liza prend la peine d'écouter leur demande en mariage, c'est que les trois frères ont une excellente réputation tant dans leur pays que dans le sien. Sachant de source sûre que Nikol et Novo, soutenus par l'État yougoslave, combattent activement le nouveau régime albanais, Djerdj en tient assez compte pour ne pas s'attarder sur leur revers de fortune. Persuadé qu'ils récupéreront leurs terres, c'est sans regret qu'il accorde la main de sa nièce au fils de Novo. Dilé n'est pas enthousiaste, elle aurait préféré voir sa fille épouser un Malsore des environs, mais Djerdj en a décidé autrement. Le jour de son mariage, Liza ira vivre à cent quatre-vingts kilomètres et ce, jusqu'à ce que l'Albanie ouvre ses frontières.

Les fiançailles vont durer deux ans, durant lesquels Liza rencontrera plusieurs fois Nikol et Novo. Ils se montrent chaleureux et bienveillants à son égard. Ainsi Liza pense avoir trouvé sa place dans une très bonne famille. Un peu inquiète d'aller bientôt vivre loin des siens, elle se prépare néanmoins à aimer cet homme qu'elle ne connaît pas encore.

Elle est fière de son nouveau statut et les préparatifs de son mariage vont l'occuper tout le temps de ses fiançailles. Confectionner le trousseau de la jeune épouse exige de longs mois de travail. À elles seules, les cinq *djoublétas* représentent une année de préparation acharnée. En effet, ces costumes traditionnels malsores exigent l'application sur jupes et boléros de laine de centaines de perles et autant de broderies. Liza s'applique particulièrement à celui qu'elle portera à son arrivée chez son mari. À sa grande surprise, lors du dernier essayage, il pèse dix kilos !

Mai 1954, Liza est prête. Au petit matin, ses sœurs l'ont aidée à revêtir son costume et l'ont parée de ses bijoux. Les Rudaj s'apprêtent à recevoir les *dasmohres* des Preljocaj. Le car de la délégation des meilleurs amis de la famille du marié se gare devant le perron. Liza, derrière la grande porte de la maison, les observe à la dérobée. Elle surveille du coin de l'œil les vingt-six hommes qui sont venus la chercher, aperçoit la *dasmoresh*. La demoiselle d'honneur du marié l'accompagnera jusqu'à lui et lui enseignera tous les rites de la noce.

Les émissaires ont participé, sans Liza, au déjeuner donné en l'honneur de son mariage. Tandis qu'ils font la sieste en prévision d'une longue route, entourée de ses sœurs et cousines, elle ne cesse de pleurer. Comme elle n'a pas de frère, c'est Djerdj, le maître de maison, qui lui enfile le pied droit de sa chaussure, juste avant sa sortie. Elle se lève, sort de la pièce, émue et tremblante, soutenue par ses deux oncles. Martin lui murmure à l'oreille quelques précisions sur les gestes à exécuter au moment où ils se présenteront tous trois devant les cent cinquante personnes qui se sont déplacées pour la circonstance. Une fois passé le couloir, il reste le grand escalier de la maison à descendre. L'émotion la submerge au premier pas qui l'emporte vers la foule. Le visage baissé, guidée par les hommes de sa maison, elle apparaît sur le perron et commence à sangloter.

L'un derrière l'autre, ils forment une file indienne qui commence à la hauteur de la première marche et se termine à un mètre de la porte du bus où les hommes du marié et la *dasmoresh* ont déjà pris place. Liza s'avance lentement vers le premier groupe, celui de ses voisins. Venus des alentours, hommes et femmes posent une main sur son épaule gauche et l'embrassent rapidement. Elle, selon la tradition, gémit à chaque accolade. Très vite, elle ne voit plus les visages ni ne reconnaît les joues qu'elle embrasse. Les cris de ses proches se mêlent maintenant aux siens. Amies d'enfance, cousins, cousines, la voici face à ses trois sœurs. Liza s'accroche à elles, l'espace d'un instant. Derrière Toné, Maria et Katrin, en bout de cortège, se trouve sa mère, arrivée à sa hauteur, au comble de l'émotion, Liza l'étreint longuement puis, comme le veut la coutume, marque un temps d'arrêt. Les hommes sortent alors leurs revolvers. Les coups de feu tirés vers le ciel qui éclatent à présent de toutes parts font comprendre à ses oncles qu'il est temps de l'abandonner à son sort. Liza s'agrippe encore quelques secondes à Djerdj avant de s'arracher au cercle de ses proches.

Seule, dos à la foule, à trois reprises, elle s'applique à faire quelques pas en avant, à pivoter ensuite son buste et son visage vers l'arrière, à se figer un instant puis à lever les bras très haut vers le ciel en poussant le hurlement de l'adieu aux siens :

– *Hoye ! Hoyyeee ! Hoooyyyeeee... !*

Le dernier râle annonce publiquement sa métamorphose. La jeune fille est morte.

La *dasmoresh* peut maintenant «*prendre*» la femme qu'elle est venue chercher. Elle l'aide à monter à l'intérieur du véhicule qui démarre aussitôt. Liza ne peut ni ne doit se retourner. Le passé n'existe plus et son présent lui impose de tenir son rôle avec sérieux. Elle se cale bien droite sur son siège, les yeux baissés, et se prépare à ces deux journées de silence. Sur sa gauche, côté fenêtre, la femme se lève, se tourne vers les hommes et chante émue les premiers vers de la chanson *Marshalla, Marshalla*

Marshalla, Marshalla
E bukur na ka dal nusja
Marshalla Marshalla
E bukur për bukuri
Merveille, ô merveille
Si belle voit-on paraître notre bru
Merveille, ô merveille
Belle entre les belles

Depuis leur départ de la côte, ils n'ont pas arrêté de chanter. Liza, elle, a gardé la même position figée. Évidemment, elle a du chagrin et appréhende le futur, mais étrangement, au fil des cols de montagnes qui se succèdent, Liza ne pense plus à sa famille. Ses réflexions se tournent à présent vers son mari. Dans une heure, elle va rencontrer Pjeter pour la première fois.

Pjeter

Albanie. 7 avril 1939.

En ce jour saint surnommé depuis par sa diaspora « le vendredi noir », Pjeter est âgé de sept ans. Les armées fascistes de Mussolini envahissent Tirana, le roi Zog 1er abandonne son trône mais l'enfant ne mesure pas la portée du drame qui se joue dans son pays. Il vit à plus de cent kilomètres de la capitale. L'univers de ce petit montagnard de la région de Skoder est rythmé par l'école le matin, quelques activités consacrées à l'exploitation agricole de sa famille l'après-midi et les fêtes de son village, Vërmosh.

Un de ses plus grands plaisirs est de passer ses soirées en compagnie de ses oncles et de son père à écouter les chants traditionnels guègues. Les vocalises des habitants du nord sont parfois si synchronisées qu'il n'entend plus qu'une mélodie de trois notes par trois voix qui, modulées à l'extrême, viennent à se fondre l'une dans l'autre pour ne plus en faire qu'une.

Les cinq années suivantes sont fertiles en événements, même si Pjeter n'y prête guère attention. Il y a la capitulation des Italiens, la brève invasion des Allemands, les bruits avant-coureurs de la prise de pouvoir des communistes. Sa seule préoccupation, au moment de l'annonce de la constitution du gouvernement d'Enver Hoxha et de son entrée à Tirana, est d'apprendre à jouer de l'accordéon. La veille, son père Novo, commerçant itinérant à ses heures, lui a offert l'instrument et, durant les mois chauds de 1944, le jeune berger reste concentré sur la découverte des possibilités de son cadeau tout en menant les moutons aux hauts pâturages. Son oreille musicale s'affine et il accompagne souvent son père aux mariages. Novo, lui, joue de la *qyteli*, une petite mandoline à deux cordes. Tous deux enchantent les convives des fêtes des alentours.

Et pourtant…

Le nouveau maître d'école leur rebat sans répit les oreilles, à lui et à ses camarades, des joies du prolétariat et des bienfaits d'une conception matérialiste et scientifique du monde… mais comment prendre au sérieux un instituteur qui dénonce les religions et qui va même jusqu'à leur dire sur le ton d'une vérité incontournable :

– Mes enfants, vous ne devez rien à vos parents ! Rien… Si ce n'est à votre mère, vous pouvez éventuellement la remercier pour les litres de lait qu'elle vous a donné en vous allaitant…

Pjeter croise souvent les troupes communistes non seulement sur son chemin mais également à sa table puisque sa propre famille est régulièrement contrainte de les nourrir. Mais les événements viennent finalement forcer son attention le jour où ces mêmes soldats rassemblent tous les enfants dans la cour de récréation pour assister à l'exécution d'un traître. Cet homme, l'un des plus riches et des plus respectés de la région, ayant osé défier verbalement un groupe de communistes, avait été arrêté sur-le-champ et conduit à l'école pour y être exécuté devant toutes les classes et servir d'exemple.

Spectateur de la scène, Pjeter prie le ciel en silence. Il prie pour que la folie de ces hommes ne touche aucun membre de sa famille. Ce qui ne l'empêchera pas, trois ans plus tard, d'être emmené dans un camp de travail au sud du pays. À quinze ans, l'adolescent est l'homme de la famille Tinaj réquisitionné par le parti. Désigné par les siens à cause de son jeune âge, il part pour Rrokagjin, au sud de Tirana. Comme tous les autres « volontaires », il est employé à creuser des tranchées sur l'axe ferroviaire Durrès-Elbasan pendant quelques mois.

Les soirées sont longues, généralement consacrées à célébrer les dirigeants du parti. De temps en temps, à la grande joie de ses camarades, il peut enfiler son accordéon, le déplier et s'évader dans la musique. Bientôt, l'équipe est transférée sur un autre chantier. Cette fois les hommes du Nord se rapprochent de chez eux en attaquant le tronçon albano-yougoslave de Skoder-Podgorica. Mais, peu après leur arrivée, leur parvient la nouvelle officielle de la rupture historique entre Enver Hoxha et Tito. En rentrant de leur journée de labeur, Pjeter et ses camarades en saisissent d'emblée la gravité. Sur l'affiche placée au centre du campement, la silhouette de Tito, qui trônait entre celle de Staline et celle d'Enver, a été barbouillée de peinture noire… Et, dans la nuit silencieuse de la tente endormie, un vieux philosophe chuchote à l'oreille de Pjeter une triste prédiction : « L'Albanie, en faisant le choix d'un dictateur, risque de s'engouffrer dans la machine infernale stalinienne, cela sera fatal à son peuple ».

Les événements ne tardent pas à se précipiter. Un jour, l'oncle de Pjeter vient le trouver au camp, lui ordonne de le suivre immédiatement sans poser de questions et prétextant une balade autorisée à Skoder, une fois hors de vue du camp de travail, ils cravachent leurs chevaux et prennent la fuite. Une fois seuls sur la route de Vërmosh, Fran lui fournit des explications. Depuis le départ de Pjeter, la situation est devenue intolérable. L'armée d'Enver a quadrillé la région, réputée hostile à son régime. Elle a tout d'abord orchestré la fermeture des lieux de culte, puis fait fusiller une centaine de prêtres et quelques cardinaux sur les places publiques. Puis, le régiment d'un officier d'Hoxha ayant réquisitionné leur maison, les Tinaj comme bien d'autres familles avaient trouvé refuge chez un voisin à qui l'on n'avait laissé que l'étable. Bien que l'immense mezzanine ait pu accueillir tous les lits de fortune, alignés les uns après les autres, la colère avait grondé chez ces villageois. Une fois de plus. Vërmosh a beau n'être qu'un misérable point sur la carte de la Male i zï, mais ses habitants sont des résistants notoires. Aguerris par de nombreuses batailles contre les Turcs, les Italiens et pour finir les Allemands, ils décident de combattre ce nouvel ennemi. Récemment, ils ont activement soutenu la révolution organisée par les Albanais du Nord. Suite à l'échec de cette tentative, il y a eu une grande vague d'arrestations, dont celle de Novo, et beaucoup d'exécutions arbitraires. Heureusement, le père de Pjeter a pu être libéré grâce à l'un de ses amis bien placé dans la hiérarchie du commissariat local.

En parallèle, la Sécurité yougoslave, pour annexer ce qui pourrait devenir la « septième république » de Tito, a infiltré le pays et mené sa propagande contre le régime albanais. En réponse, Hoxha a fait savoir qu'il ferait abattre tous les « Tcheknics » albanais.

Le policier qui a déjà sauvé Novo une fois est venu l'alerter. Ses supérieurs ayant projeté et fixé la date d'une grande rafle à Vermosh, il suggère à Novo d'agir sans plus tarder. Lui-même et un de ses collègues participeront à l'évasion…

*

Après une journée et demie à cheval, ils rejoignent les candidats au départ d'Albanie. Leur réunion a déjà commencé. Tous sont d'accord pour ne pas s'évader avant d'avoir célébré la fête de *Schnioni*. Saint Augustin, le « docteur de la grâce », les protégera d'autant plus et cela leur donnera l'occasion, comme chaque année, d'offrir quelques moutons aux amis. Jour de fête. Les bêtes ont tourné sur les broches toute la journée. Pendant que les femmes préparent les plats de gratin de pommes de terre ou leur dessert préféré, le riz au lait, les hommes organisent leur fuite en désignant des responsables pour chaque opération. Les deux policiers accompagnés de Fran et de Novo voleront les armes au dépôt du commissariat. Nikol, un officier de l'armée d'Enver et son neveu Pasko partiront en éclaireurs. Nikol, ayant marié sa fille Léna juste de l'autre côté de la frontière, a négocié leur passage à la frontière avec les Yougoslaves lors de son dernier voyage. Sûrs d'être vite de retour, les Tinaj décident d'épargner la longue route à leur vieille mère, leurs jeunes épouses et leurs enfants en bas âge.

Schnioni fêté, les armes volées, les embrassades sont brèves. Pjeter et Rock, âgés de seize et douze ans, embrassent leur mère et s'éloignent en se retournant souvent le long du chemin. Chacun, à sa façon, tente de graver dans sa mémoire les détails qui l'aideront à supporter la séparation.

Le 3 septembre 1948, par une nuit sans lune, les soixante-dix personnes se sont regroupées. Conscientes du risque, vêtues de vêtements sombres, elles se meuvent avec précaution dans le silence le plus complet. La rafle annoncée étant prévue pour le lendemain, les troupes d'Enver sont déployées dans la région et certainement déjà sur le qui-vive. La frontière légale se trouve à seulement quatre kilomètres du village mais ils viennent d'en parcourir douze de plus. Escalader la montagne, contourner les hameaux, redescendre de l'autre côté de la vallée et enfin atteindre le poste frontière côté Yougoslave de Gerçar… De grands détours, mais la liberté les vaut bien.

Au petit matin, devant le poste frontière, ce ne sont pas leurs contacts qui les attendent mais des soldats yougoslaves hargneux qui les somment de retourner d'où ils viennent… Les deux policiers albanais ont beau faire état de la teneur des accords passés avec le gouvernement de Tito, citer les noms de leurs intermédiaires, les gardes restent menaçants : chaque jour, des centaines d'Albanais préférant l'exode à la dictature essaient de passer la frontière, c'est devenu l'invasion ! Ils obéissent aux ordres : seuls ceux dont la coopération est garantie peuvent passer.

Nikol, jouant de son statut d'officier, leur enjoint d'un ton sévère de vérifier ses dires auprès de leurs supérieurs :

– Messieurs, je vous ordonne de vous renseigner avant de commettre une erreur. Faites vite, le jour se lève, une patrouille albanaise pourrait arriver… Et vous auriez à le regretter !

Un soldat parti pour le poste de commandement revient quelques minutes plus tard avec les hommes de l'UDB, la Sécurité yougoslave. Ceux-ci appuient la version de Nikol et font avancer le groupe. En Yougoslavie.

Les Tinaj, sans prendre de repos, se mettent en route vers le village de Léna où, deux mois plus tard, ils apprendront le prix de leur évasion : les femmes et les enfants laissés à Vërmosh ont été arrêtés et déportés à Lushnjé, l'un des camps de travaux forcés pour prisonniers politiques.

Désormais, ces hommes désemparés, qu'ils soient maris, pères, frères ou fils, s'accrocheront à l'espoir d'un miracle. Un jour, la situation en Albanie explosera... Ils apprendront la mort d'Enver Hoxha et du communisme... Et la démocratie réclamera ses droits...

*

Malheureusement, l'histoire allait suivre un autre cours...

Dilé, la mère de Pjeter, restera neuf ans prisonnière, son mari ayant été condamné par contumace pour trahison et espionnage au profit de la Yougoslavie. Quant à la femme de Nikol, épouse d'un officier déserteur, c'est à quatorze années de détention qu'elle sera condamnée. Dilé et ses deux enfants Plum et Derdj – ce dernier fils est âgé de quatre semaines au moment de l'arrestation – vont vivre toutes ces années dans des conditions épouvantables. Torturée avec régularité, Dilé pansera ses plaies seule dans une pièce sombre et froide. Mère aimante, elle lavera à l'eau glacée pendant de longs mois d'hiver l'unique couche de rechange de son bébé, qu'elle fera lentement sécher contre sa poitrine... Pendant des années, bien que souffrant de malnutrition, elle trimera aux différents travaux forcés. Malgré sa conduite exemplaire, Dilé et ses fils serviront d'exemple à ceux qui penseraient à s'évader.

Quelques mois après leur libération tardive, Djerdj mourra soudain un jour de Pâques. Restée seule avec Plum, durant des années, Dilé continuera inlassablement à espérer le retour des siens.

Mais à l'âge de soixante et un ans, épuisée par tant de souffrance, de solitude et d'une maladie pulmonaire, elle meurt sans avoir revu son mari ni ses fils Pjeter et Rock. On retrouvera sous son oreiller quelques lettres et une petite photo jaunie de son fils Pjeter avec sa jeune femme Liza.

« Un rapport de décembre 1955 présenté devant le Conseil économique et social des Nations Unies intitulé *Preuves de l'existence des travaux forcés en Albanie*, confirme l'existence, entre 1944 et 1954, d'une quarantaine de camps d'internement et de prisons, où auraient péri dix mille prisonniers politiques dont nombre d'enfants. »

Extrait de *Passions albanaises*, de Pierre et Bruno Cabanes, Éditions Odile Jacob.

Ex-Yougoslavie. 1948.

Malgré le drame, la vie continue de l'autre côté de la frontière. Les autorités yougoslaves demandent aux Tinaj de se choisir un autre patronyme. Les trois frères n'étant pas disposés à perdre le symbole de leurs identités, proposent de prendre le prénom de leur grand-père paternel, Preloci. Les fonctionnaires tentent d'y ajouter le « Vic » yougoslave... Bien que très coopératifs, Nikol, Fran et Novo, refusent en chœur d'être des Prelocevic et suggèrent de devenir des Prelocaj. Ainsi, imprononçables en serbo-croate, les Tinaj deviennent phonétiquement à dater de ce jour les Prélioçaï.

Logés dans une grande maison de Bérane, à quelques kilomètres de la ville, en échange du gîte et du couvert, ils participent aux activités des coopératives étatisées de la région, le temps qu'ils apprennent le serbo-croate et trouvent un emploi. En cette période de fin de guerre, les trois frères aident à la construction de maisons et deux d'entre eux consacrent leur temps libre à différentes missions auprès de l'UDB. Les services secrets yougoslaves utilisent sans état d'âme la bonne volonté de ces réfugiés politiques, déterminés à déstabiliser la politique d'Enver Hoxha. Durant des mois, Novo et Nikol vont franchir la frontière clandestinement pour de courtes missions et servir de contacts avec les rebelles albanais.

Pjeter, tout en étant résolument contre le régime albanais, refuse de coopérer avec l'UDB. Il a développé une aversion farouche pour la politique. Autant pour celle en vigueur dans sa terre natale que celle de son pays d'exil. Il deviendra contestataire au point de fausser compagnie à deux policiers qui l'escortent vers une « brigade de travail pour l'État ». Les policiers le traquent pendant un mois puis abandonnent leurs recherches, finalement persuadés qu'ils courent après un gamin inoffensif. Pjeter quitte alors sa cachette, devient serveur dans un grand café à l'autre bout de la ville, où il y mènera « la belle vie ».

Malgré son petit mètre-soixante-huit, sa croissance s'étant arrêtée peu après son évasion, l'adolescent plaît beaucoup aux femmes qui vont l'aider rapidement à devenir un homme. Il ne tarde pas à se découvrir une grande passion : le cinéma. Si la plupart des rares films américains qu'il peut voir nourrissent ses rêves de vivre un jour hors des Balkans, c'est le cinéma italien – plus présent parce que plus proche géographiquement – qui va former son caractère et son goût de l'intrigue psychologique. C'est peut-être pour cette raison qu'il décide, deux ans plus tard, de partir au Kosovo, à Pec. Le Kosovo abrite en effet les seules écoles et universités albanaises du pays, et à dix-neuf ans, il veut reprendre ses études. Il commence par se remettre à niveau et obtient en une année studieuse l'équivalent du brevet d'études du premier cycle.

Ces projets d'études seront anéantis au cours de sa deuxième année scolaire. Pendant ses vacances d'hiver, lors d'un bref séjour chez son père à Bérane, son père et ses oncles lui annoncent en effet qu'ils lui ont trouvé sa fiancée. Il s'agit de la fille aînée d'une grande famille de la côte Adriatique, les Rudaj. Ce sont des Kelmen et Pjeter ne peut décemment pas refuser la proposition de l'autorité paternelle, d'autant plus que la date fixée pour le mariage est proche. Déçu, il reconnaît cependant sa chance : à Vërmosh, sa famille l'aurait fiancé à l'âge de treize ans, sans lui demander son avis, avec une jeune fille de son village. Marié à seize ans. Inculte et puceau, il serait certainement passé à côté de sa passion pour le cinéma, il n'aurait jamais découvert son goût de l'autonomie et de l'aventure. Alors, malgré tout et bien que ne sachant pas grand-chose de sa future femme, il accepte de laisser tomber ses études.

En cette soirée chaude d'un joli mois de mai, Pjeter fébrile, un peu inquiet, fait les cent pas devant sa porte. C'est aujourd'hui qu'il se marie. Il attend les membres de sa famille et ses amis partis hier sur la côte chercher sa future femme. Ils ne devraient pas tarder. Enfin, le bus s'avance et se gare…

Pjeter regarde à peine les hommes en descendre, il vient d'apercevoir Liza.

Liza, Pjeter et les autres…

L'administration retarde les formalités du mariage des jeunes émigrés albanais… Les deux familles pratiquantes exigent une union sacrée peu compatible avec le régime athée de l'époque… Bref, Liza et Pjeter feront chambre à part pendant six semaines avant de sceller leurs destins devant Dieu.

Le jour venu, les Preljocaj organisent un dîner chez eux, auquel ils convient, entre autres invités, un prêtre albanais en civil. La cérémonie a lieu dans la chambre du premier étage. Après s'être assuré que les rideaux tirés ne laisseront passer aucun regard indiscret et surtout pas celui de la milice locale, on fait monter le représentant de l'église. Il ouvre sa petite valise, en extrait sa soutane et, une fois trouvée la position de l'Est, célèbre rapidement leur union.

Liza, Pjeter et les siens vivent ensemble dans une maison un peu en retrait de la rue, à deux pas du centre-ville. Liza apprend à mieux connaître Rock, son beau-frère, Novo son beau-père, Nikol et Fran, ses oncles par alliance et Pasko, le fils de Fran. Celui-ci épousera six mois plus tard Noja, une jeune yougoslave rencontrée dans un village voisin.

À la grande joie de Pjeter, Liza est bientôt enceinte. Mais elle se trouve confrontée au choc de la pauvreté ; issue de la campagne, où l'on ne connaît pas vraiment la faim, elle ose à peine demander à son jeune mari ce dont elle a besoin pour elle et pour l'enfant à naître. En semaine, les six hommes travaillent à une cinquantaine de kilomètres et c'est à Liza et Noja de gérer leur maigre budget jusqu'au dimanche suivant. Le dimanche, c'est la fête, il y a de la viande au déjeuner et le soir, accompagnées de leurs maris, elles participent au corso local. Il arrive même souvent à Liza, au bras de Pjeter, de croiser les regards coquins de certaines jeunes femmes à l'adresse de son époux. Parfois, réunies à deux ou trois, elles n'hésitent pas à le héler, Péro ! D'un air entendu…

Bien qu'elle n'ait pas pris beaucoup de poids pendant sa grossesse, Liza donne vie à Valentin, un beau bébé joufflu de près de quatre kilos. Mais l'enfant, qu'elle a fait baptiser en secret, dépérit de semaine en semaine. Affaiblie par l'accouchement, elle n'a pu allaiter son fils. La situation s'aggrave à tel point qu'ils sont tous deux hospitalisés. Dès leur arrivée au service maternité, de jeunes accouchées, informées par une infirmière que préoccupe l'état de Valentin, offrent spontanément leur lait à l'enfant.

Pjeter reste à leur chevet, et passe ses nuits assis sur une chaise. Ne pouvant que somnoler par épisodes, il a tout le temps de regarder avec tendresse sa petite famille. Étonné, ému, il repense souvent à la première impression qu'il avait eue de Liza… Étrangement à l'aise dans son rôle de jeune marié, il n'avait pas hésité à la taquiner… Certes respectueux de la tradition qui oblige sa promise à adopter une attitude figée durant toute la noce mais un brin rebelle, il lui avait offert ses plus belles grimaces pour la voir esquisser un sourire, ne serait-ce qu'une fois. Ses mimiques avaient d'ordinaire beaucoup de succès auprès des demoiselles… Mais rien n'y avait fait. Liza l'avait ignoré, tout comme les autres convives de la noce. Il s'était alors mis à l'écart pour l'observer. Très vite, il lui avait trouvé un petit air de ressemblance avec Elisabeth Taylor… même longue chevelure brune, même peau claire et bouche pulpeuse… mais à une différence près : il avait entraperçu les grands yeux noirs de Liza.

Liza et Valentin semblent dormir à poings fermés. Soudain, le doute… Valentin ne semble plus respirer… Pjeter se précipite vers le petit berceau en bois… Aucun souffle ne soulève la poitrine du bébé dont le corps est devenu bleuâtre par endroits… Pjeter est horrifié. Sans un mot ni une larme, il le soulève, le porte maladroitement dans le creux de son bras et, de l'autre main, secoue et réveille brutalement Liza… Encore incrédule, il la regarde sortir de son rêve… à peine soulagé de ne plus être seul à affronter ce cauchemar.

On interdit à Liza, dont ce nouveau drame n'a pas arrangé l'état de santé, de quitter l'hôpital et c'est Noja, installée à l'arrière de la voiture, qui serre contre elle le petit Valentin jusqu'au cimetière. Peu avant la mise en bière, les hommes dépouillent le bébé de ses vêtements et ne lui laissent qu'un maillot de corps avant de refermer le cercueil. Noja sanglote. Elle a à peine dix-sept ans… Et sur le chemin du retour, ce détail reste insoutenable à ses yeux.

Elle ne cesse de répéter, sur tous les tons : « Pauvre petit… Pauvre petit… Pauvre petit… »

D'un ton glacial, son beau-père la rappelle à l'ordre :

– Arrête de pleurnicher ! Chez nous, on ne pleure pas, jamais !

Pauvre Noja ! Alors qu'elle a épousé par amour cet Albanais de sept ans son aîné, elle comprend que la réponse à chaque événement de sa vie, heureux ou malheureux, sera dictée non par son mari mais par un clan familial dont les réactions et les coutumes lui sont totalement étrangères.

Quant à Liza, elle sera absente de l'enterrement. À nouveau, la fatalité du deuil la heurte de plein fouet. Cette fois, elle veut en finir. Responsable à ses yeux de la mort de Valentin, coupable de lui avoir survécu, elle se reproche de ne pas avoir trouvé le moyen de s'alimenter assez pendant sa grossesse, de n'avoir pas pu nourrir son fils. Elle ne se pardonnera jamais de n'avoir pas réclamé assez d'argent à Novo ou à Pjeter. Ses fautes lui paraissant inavouables, Liza souffre en silence.

Mue par la nécessité d'expier sa faute et de trouver la paix auprès de son fils, elle signe une décharge, contre l'avis des médecins, quitte l'hôpital, mais parvenue au domicile conjugal, elle n'est pas au bout de ses peines : sa belle-famille et son mari lui refusent l'accès au cimetière. Durant des mois, elle les supplie… Insensibles à sa requête, ils maintiennent leur interdiction. Dorénavant, il est préférable qu'elle songe au prochain fils. Durant des années, ils ne cesseront de justifier leur décision : rien ne sert de remuer le passé. Et pourtant… Liza ne perdra jamais l'espoir d'aller un jour se recueillir sur la tombe de Valentin.

Des mois plus tard, à peine remise de l'anémie postnatale, elle commence à rager contre les hommes de sa maison et son mari en particulier, même si elle n'ose pas les accuser ouvertement.

Incapable de réagir, Pjeter a simplement suivi les mots d'ordre de ses pairs. Mais la mort de son fils le marque tant qu'il songe mille fois à fuir. S'il le pouvait, il abandonnerait son père, son frère et ses oncles… Prenant Liza par la main, il déserterait volontiers cette ville et ce pays. Mais ce n'est qu'un rêve : il sait parfaitement que toute tentative d'évasion se solde soit par une fusillade soit par l'emprisonnement à vie. Le régime politique de Tito ne tolère ni la fuite ni les compromis. Après avoir longtemps espéré que Tito les reconduirait un jour dans une Albanie libre, Pjeter, démoralisé, en veut à sa famille. Comment les siens ont-ils pu croire que Tito, parce qu'il tenait tête aux Russes, renoncerait aux vertus du communisme pour celles du capitalisme et s'appliquerait à instaurer la démocratie ? Certes fâché avec Staline, le maréchal – c'est son nouveau titre – n'en demeure pas moins communiste. Mais Pjeter reste le seul à en être convaincu.

*

Les voies du destin étant mystérieuses et les méandres politiques souvent bizarres, un beau matin de 1956, Pjeter est stupéfait en lisant le journal : le gouvernement autoriserait officiellement tous les réfugiés politiques des pays de l'Est résidant en Yougoslavie à passer à l'Ouest… et les aiderait à s'acquitter des formalités administratives ! Si inattendue qu'elle soit, voilà une occasion à saisir ! Ne perdant pas une minute, l'apprenti menuisier va trouver les fonctionnaires du service concerné durant sa pause déjeuner. À son grand étonnement, aucun n'est en mesure de lui indiquer la marche à suivre mais, devant son insistance, on finit par lui dire qu'il doit se rendre au Ministère des affaires étrangères de la République du Monténégro. Pjeter part donc pour Cetinje où il remplit dûment son dossier ainsi que ceux de Rock et de Pasko et rencontre un haut fonctionnaire. Ce dernier lui garantit le sérieux de la commission chargée d'étudier chaque candidature. Après avoir pris note de la destination choisie, les États-Unis, l'homme du ministère promet au jeune homme impatient de lui répondre très vite.

Six semaines plus tard, deux agents de l'UDB cognent enfin à sa porte. La visite est courte. L'un confirme d'une voix monocorde aux trois hommes présents l'acceptation de leurs candidatures, l'autre leur ordonne d'être prêts à partir sous trois jours sans toutefois leur préciser la destination. Personne n'exprime de sentiments. Pas une once de satisfaction chez les agents yougoslaves, et surtout pas la moindre expression de joie de la part des réfugiés albanais. Ils attendront la tombée de la nuit pour se réjouir autour d'un bon verre de konjak.

Pjeter, Liza, Pasko, Noya et Rock rassemblent leurs effets personnels sous les regards attristés de Novo, Fran et Nikol, qui tous trois demeureront en Yougoslavie. Le seul voyage dont ils rêvent est celui qui les ramènera officiellement en Albanie afin d'y rejoindre ceux qu'ils ont abandonnés.

À l'aube, les policiers monténégrins sont là. Comme convenu, ils escortent les deux couples et le célibataire jusqu'en Serbie. Là, leurs confrères serbes les prennent en charge jusqu'à la frontière avec la Croatie, avant de les confier à leurs homologues croates qui conduisent les réfugiés au camp militaire de Gérovo.

Rassemblée dans une enceinte clôturée de barbelés, la vingtaine de nouveaux arrivants découvrent le décor peu réjouissant du sas de leur passage à l'Ouest. En attendant le moment béni, il va leur falloir vivre, on ne sait combien de temps, dans cette cour carrée, cernée de hauts bâtiments sombres. L'un des officiers interpelle le groupe. Il leur débite d'un ton agressif les points essentiels du règlement intérieur et énumère les sanctions encourues pour ceux qui ne s'y conformeraient pas. Après avoir séparé les couples des célibataires, on répartit les nouveaux venus. Rock est expédié vers le fond de la cour tandis que Liza, Pjeter, Noja et Pashko sont dirigés vers une bâtisse de bois où sont alignés trente lits d'une personne sur deux rangées. Entrant dans l'unique pièce, le garde termine la visite des lieux en faisant remarquer d'une voix truculente que dans ces conditions, aucune intimité conjugale n'est possible… Il quitte les réfugiés en leur indiquant d'un doigt pointé vers l'extérieur la direction des latrines.

Gérovo fait penser à un camp de concentration. Du haut des miradors, des policiers armés tiennent en respect près de huit cents réfugiés. Originaires d'Albanie, de Grèce, de Tchécoslovaquie, de Bulgarie ou de Hongrie, certains d'entre eux y sont parqués depuis plus d'un an et tentent d'y survivre. Les conditions sont difficiles pour tous ces prétendants à la liberté. Beaucoup n'ont quasiment rien à manger. La ration journalière se compose pour tous d'une fine tranche de pain et d'une petite gamelle de brouet où nagent quelques haricots blancs.

En ce début mars, le climat est moins rude mais aucun point de chauffage n'a apporté de chaleur au plus froid de l'hiver. Cette ambiance de pénurie extrême a bien évidemment permis de créer un véritable marché noir, toléré et en partie contrôlé par les chefs du camp. Tout se vend, s'achète ou s'échange à Gérovo. Les plus riches se procurent aisément de la nourriture, des couvertures, du savon, du tabac, des vêtements et même des bijoux.

Dès le début, Pjeter troque son paquet de cigarettes journalier fourni par le camp puis, à court de pain ou de sucre, Liza en vient à vendre petit à petit les biens de sa dot. Elle échange pour commencer son trousseau de jeune mariée puis, la mort dans l'âme, se sépare de ses parures. La situation l'y oblige : elle est à nouveau enceinte. Si tous, autour d'elle, se réjouissent de cette naissance à venir, il n'y a pas grand-chose à partager. Cette fois, elle ne refera pas l'erreur qui a coûté la vie à Valentin, il faut qu'elle trouve à manger. Les responsables du camp contrôlant avec zèle tout courrier sortant de Gérovo, Liza trouve le moyen d'alerter sa famille pour demander de l'aide. Elle envoie un mot bref, laborieusement écrit en cyrillique : « Nous attendons avec impatience notre départ pour l'Amérique. Ici tout va bien. Je me trouve en bonne santé, tout comme grand-mère et notre tante à Podgorica. »

Quelques années auparavant, ces deux femmes, arrêtées au cours d'une tentative d'évasion d'Albanie, ont failli mourir de faim en prison… Pjeter, n'étant pas au courant, n'a pas réagi, les autorités non plus. Liza reçoit ainsi, quinze jours après l'envoi de son message codé, un gros colis de nourriture. En plus d'une imposante cuisse de jambon fumé et de belles pièces de viande séchées, Liza récupère un rouleau de billets, introduit dans la miche de pain rassis : désormais, Liza et Pjeter pourront acheter du lait et du pain frais. En attendant, c'est la fête, le colis fait le tour du dortoir et la joie de tous.

L'arrivée d'une délégation du Haut Commissariat aux Réfugiés des Nations Unies apporte enfin une note d'espoir. Les réfugiés sont reçus individuellement ou en couple par un officier du H.C.R. Interrogé sur ses raisons de quitter la Yougoslavie et de réclamer l'asile politique, chacun argumente le choix de son pays d'accueil. Les Preljocaj maintiennent leur destination initiale, les USA.

Prise de violentes nausées, Liza reste souvent allongée et Noja a trouvé le moyen de la distraire. Elle lui lit à haute voix et commente sur le mode humoristique de vieilles revues trouvées sous son lit. Les deux amies y trouvent leur bonheur. Elles décortiquent les échos de la rubrique mode, s'émerveillent sur les croquis des modèles de la haute couture française. Au fil des articles, Noja exagère son accent slave pour prononcer le nom des parfums ou des couturiers parisiens. La collection de mademoiselle Coco Chanel, le parfum « Jolie madame » de Pierre Balmain, le mythique rouge à lèvres « Rouge baiser » ou même la fragrance « La Fuite des heures » créée par Cristobal Balenciaga sont ainsi transformés par l'intonation rauque de la jeune femme en sons bizarres et même franchement ridicules. Ce massacre linguistique fait la joie de son auteur et de son unique spectatrice.

Les jours se suivent mais ne se ressemblent pas. Une vague de terreur vient s'abattre sur leur bâtiment. Une fois la délégation du H.C.R. partie, les agents de l'UDB, toujours présents dans le camp, s'emploient à terroriser certains groupes. Un matin, celui des Albanais est rassemblé en hâte dans la cour. L'un des officiers leur apprend solennellement la nouvelle: l'Albanie a négocié avec la Yougoslavie la restitution immédiate de ses ressortissants…

L'homme leur reproche longuement leur opposition au régime communiste avant de leur résumer, l'air satisfait, la chronologie de la transaction. Il égrène d'un ton grave la liste des formalités de leur futur rapatriement, sourd aux réactions qui ne se font pas attendre. Des femmes crient, d'autres pleurent et quelques-unes, dont Liza, se murent dans le silence. Prudent, Pjeter l'a prise par le bras dès le début du discours et lui a chuchoté de ne surtout pas réagir. Lui-même, ne pouvant y croire, s'interroge encore sur la meilleure attitude à tenir… quand un vent de panique gagne quelques détenus. Ceux-ci se détachent du groupe, courent jusqu'aux grilles, tentent d'escalader les barbelés… Ils sont stoppés net par les balles qui les atteignent tous les quatre dans le dos et les tuent sur le coup. Des femmes crient, les hommes serrent les dents, incrédules et impuissants devant ces meurtres. Les assassins menacent aussitôt le groupe, le rassemblent et le font reculer.

Les Albanais regagnent leur bâtiment en silence. Leur statut de réfugiés protégés par la convention de Genève vient d'être bafoué dans ce coin perdu des Balkans. Désormais sous le joug de leurs gardiens, la peur au ventre, ils ont beau essayer de se rassurer mutuellement, avoir des tenues et comportements impeccables, ils sont à bout… quand enfin la troupe des Nations Unies débarque à Gérovo!

L'ordre et la bonne humeur réapparaissent comme par miracle, on enregistre une dernière fois les réfugiés à qui l'on apprend que c'est de Belgique qu'ils partiront vers leurs destinations respectives. Une centaine d'entre eux, en majorité des célibataires, dont Rock, préfèrent s'installer en Italie. La veille du départ, les nombreux couples en attente d'un mariage civil deviennent légalement maris et femmes grâce aux fonctionnaires du H.C.R.

Juillet 1956, Liza et Pjeter sont enfin officiellement unis.

Le convoi des réfugiés de Gérovo entre en gare de Trieste. Les employés des Nations Unies remettent à chacun une grande sacoche bleue, dans laquelle se trouvent une couverture, une brosse à dent, un savon et une serviette de toilette. Pjeter surveille le départ du train à travers la vitre du compartiment. Ce n'est qu'une fois atteinte et dépassée la gare d'Udine, qu'il y croit enfin. Ils vont traverser l'Autriche, l'Allemagne, le Luxembourg et une partie de la Belgique. Parvenus à Bruxelles, des bus les conduiront près de Namur. La caserne de Seilles-Andenne leur paraît être Byzance ! Au niveau de la nourriture, c'est l'opulence, l'accueil humain est chaleureux, et Liza, souffrante et enceinte de cinq mois, reçoit enfin des soins. Les couples sont séparés la nuit dans des dortoirs distincts mais se reconstituent au petit-déjeuner. Un mois plus tard, le groupe d'Albanais est à nouveau déplacé. Cette fois, la France devient leur nouvelle terre d'accueil, avant l'exil vers les USA. Le moment des adieux est émouvant, des compagnons de Gérovo, ils ont décidé de stopper là leur exode, les accompagnent jusqu'à la sortie, où un car les attend.

La petite communauté arrive à Paris un soir d'août 1956. Les mains vides et la sacoche bleue à l'épaule, les Albanais sont pris en charge par une délégation officielle française et convoyés à douze kilomètres de la capitale. À Sucy-en-Brie, le car traverse un grand parc sombre avant de s'arrêter devant un bâtiment imposant qui fut autrefois un château. Beau mais vétuste… Des employés de la Cimade les accueillent sur le perron et les placent au fur à mesure. Vu qu'il n'y a plus une seule chambre disponible, ils invitent les couples à rejoindre le hall du deuxième étage qui est en fait un grand couloir où chaque couple dispose d'un petit lit séparé par un tissu plus ou moins opaque. Liza y passe ses journées allongée à tricoter ou à coudre. Elle a trouvé un grand morceau de velours rouge et de la dentelle qui feront l'affaire pour la couverture de son enfant. Ainsi, Liza et Pjeter, quoique dépourvus de la moindre garantie financière propre à rassurer les autorités américaines, restent optimistes pour la suite.

Mais une fois de plus, le destin intervient. À l'automne, alors qu'un convoi devrait partir bientôt pour les États-Unis, l'insurrection hongroise et l'invasion des chars russes à Budapest annulent l'opération. Les milliers de fugitifs hongrois sur les routes étant devenus prioritaires aux yeux de la communauté internationale, le rêve américain s'éloigne un peu plus pour les réfugiés de Gérovo. Cependant, par compassion pour ceux qui fuient la Hongrie, la petite tribu des Preljocaj accepte cette nouvelle période d'attente avec philosophie. Ils fêtent même Noël avec Rock, le petit frère, arrivé depuis peu d'Italie. Logé avec d'autres hommes dans une baraque construite dans le parc, Rock rejoint chaque matin Pjeter, Pashko et Noja et c'est ensemble qu'ils vont travailler à l'usine d'une ville voisine.

Peu après le nouvel an, la grossesse de Liza arrive à son terme. L'accouchement ne se présentant pas bien, on fait venir le médecin, assisté d'un traducteur.

– Le docteur pense que vous devriez aller à l'hôpital. Avez-vous de quoi payer les frais de l'hospitalisation ?

Le regard de Pjeter croise celui de Liza et celui du traducteur avant de se poser sur le médecin. Il secoue la tête. Non, ils n'ont pas un sou en poche.

– Bon, dit le médecin. Il va donc falloir qu'elle accouche ici.

Il leur tourne le dos, prêt à repartir. Liza crie, s'affole, interpelle le traducteur, le supplie d'intervenir en sa faveur :

– Vous ne pouvez pas me laisser là, toute seule. Mon mari travaille cette nuit ! L'année dernière, j'ai déjà eu une grossesse difficile en Yougoslavie avec mon premier enfant. Il est mort… Et où vais-je accoucher ? Tout le monde passe et repasse devant ce qui nous sert de chambre !

Elle sanglote de désespoir. Elle ne veut pas perdre encore une fois son enfant ! Elle le sent, c'est un garçon. Elle lui a déjà trouvé un prénom. Si c'est un garçon, elle l'appellera Angelin. Le médecin se tient sur le palier. Il a écouté avec attention la traduction mais n'en demeure pas moins distant :

– Je ne peux rien faire pour vous, madame… Je ne suis pas gynécologue !

Tournant les talons, suivi de l'interprète, il abandonne le couple désemparé.

« Il faut trouver une solution », se dit Pjeter en sortant de la « chambre ». Dans la cour, il croise un couple d'Albanais dont il sait qu'ils ont demandé l'asile politique en France. Ils engagent la conversation. Une fois passés en revue les projets et les difficultés de chacun, Hélène et son frère offrent leur chambre à Pjeter.

– Liza doit accoucher dignement. Ne vous inquiétez pas. Mon frère et moi, nous trouverons bien un coin pour dormir.

Ému, Pjeter accepte.

– Ce sera juste pour un jour ou deux, promet-il avant de partir travailler le cœur plus léger.

Ils sont plusieurs à soutenir Liza jusqu'à la chambre. Les contractions ont déjà commencé. Noja se retrouve seule à l'accompagner. Pourtant issue d'un milieu rural, à vingt ans, c'est la première fois qu'elle assiste à une naissance. Il n'y a pas d'eau chaude courante dans cette demeure et à cette heure, elle ne peut pas demander qu'on fasse bouillir de l'eau à la cuisine. Elle tremble de la tête aux pieds. Paniquée, quoique s'efforçant de ne pas le montrer, elle passe toute la nuit à essayer de guider celle qui d'épreuve en épreuve est devenue son amie. Au petit matin, l'étage est réveillé par les cris de la mère suivis de ceux du bébé. Noja porte l'enfant à bout de bras.

– Liza, c'est un garçon !

Elle le soupèse, l'air connaisseur.

– À mon avis, il pèse plus de trois kilos ! Comme il a l'air costaud ! Tiens Liza, il va bien.

Elle pose délicatement l'enfant près des seins de la jeune mère, place une couverture sur le nouveau duo et court à la recherche de la responsable du centre. Noja ne sait pas couper le cordon, elle tente de se faire comprendre par la femme encore à moitié endormie puis remonte à la chambre où elle trouve Liza épuisée. Celle-ci a tout juste le temps d'esquisser un sourire avant de s'évanouir dans ses bras. À la nappe de sang qui s'est élargie en son absence, Noja comprend qu'il y a hémorragie... Elle hurle à présent, en serbo-croate, à qui peut la comprendre... Qu'on fasse revenir le médecin !

Lorsqu'il se présente à neuf heures, le ventre de la mère est très distendu. Le médecin commence à le presser avec ses mains, mais le placenta qui n'a pas été totalement expulsé refuse de sortir. L'homme se déchausse alors, pose avec précaution ses pieds sur le ventre de Liza et, prenant appui sur l'épaule de Noja, donne de petits coups répétés jusqu'à ce que la masse gicle abondamment dans la cuvette qu'elle lui tend. En sueur, il s'essuie le front et se rechausse. Réalisant que Noja ne comprendra pas ce qu'il pourrait lui dire, il lui sourit. C'est ainsi qu'elle comprend que Liza est sauvée ! Il s'en va puis revient avec un responsable du centre. Tous deux poussent une table roulante où ils ont posé le matériel de transfusion.

Deux mois plus tard, les services sociaux leur ayant trouvé un logement à Bonneuil, Angelin et ses parents quittent « le château » pour leur nouvelle résidence située dans l'enceinte de l'usine où Pjeter travaille. Il vient d'être définitivement embauché et Liza le sera également.

Ils ont juste à traverser la cour pour rentrer chez eux. Bon, ce n'est pas le luxe, la baraque préfabriquée se compose de deux petites pièces sans chauffage ni coin cuisine, les sanitaires sont loin dehors... mais ils se sentent enfin à l'abri. Il en est de même pour Noya et Pashko. Heureuses d'être voisines, les deux amies confectionnent ensemble les rideaux de leurs fenêtres respectives. La vie en France s'organise. Pour assurer la garde d'Angelin, ses parents choisissent de travailler en horaires décalés ; lui sera en équipe de nuit, elle travaillera le jour.

Rock a rejoint le quatuor des adultes et il habite maintenant chez son frère. Le clan des Preljocaj est inséparable, autant au travail que durant leurs loisirs. Tous passionnés de cinéma, ils voient un film presque tous les samedis soirs. Ils ne comprennent pas les dialogues mais les interprètent au travers des images sur l'écran, et à la fin de la séance, ils échangent ce qu'ils croient avoir compris de l'histoire. Le dimanche, ils partent pour Paris, marchent jusqu'à la gare de Charenton-École où ils prennent le train jusqu'à la Gare de Lyon. Chaque expédition dans la capitale est une fête où ils cherchent l'aventure à la découverte d'un nouveau quartier de Paris. Il faut les voir lever les yeux ou tourner la tête, comme des gamins surexcités, au pied d'un monument, ou au détour d'une vieille ruelle. Peu leur importe qu'ils n'aient pas les moyens de se payer un verre dans l'une des brasseries des Champs-Élysées. À l'instar des touristes, ils arpentent les trottoirs de la plus belle avenue du monde et sourient aux passants, simplement heureux d'être libres, jeunes et vivants.

C'est dans une clinique, en toute sécurité cette fois, que Liza mettra au monde son troisième enfant, une fille, Gina. La petite doit son prénom à l'admiration de Pjeter pour Gina Lollobrigida. Découverte à Podgorica, l'actrice l'a définitivement séduit dans le rôle de l'Esmeralda de *Notre-Dame de Paris*.

Un matin, Liza se sent vraiment mal. Elle a déjà eu quelques petits malaises qu'elle a attribués à la fatigue. Depuis son installation à Bonneuil, elle n'a pas arrêté. S'occuper des enfants, faire des ménages après ses heures à l'usine… Il y avait de quoi se demander comment elle tenait encore debout. Elle en est venue à peser à peine quarante-sept kilos et, maintenant son teint vire au gris… Aujourd'hui, sans souffrir vraiment, elle se sent vide. Elle s'en inquiète d'autant plus qu'elle attend à nouveau un enfant. Elle finit par consulter différents médecins, fait même appel à un spécialiste. Tous lui prescrivent quantité d'analyses mais aucun ne trouve la nature du problème ni son remède. Elle prend peur : comment se fait-il qu'elle n'ait pas pris un gramme depuis sa grossesse ? Elle est enceinte de cinq mois… et elle a évidemment peur pour la santé du nouveau bébé. Cette fois, ce n'est plus la faim qui la ronge, elle n'assimile simplement plus ce qu'elle mange.

Elle n'ose confier ses angoisses, pas même à son mari. Pjeter, de son côté, ne lui dit rien, de peur de l'effrayer. Quant à sa famille… Liza ne l'a pas revue depuis l'ultime « Hoyyyee », crié le jour de son départ de Stoj. Seul un contact épistolaire épisodique la relie depuis six ans à ses sœurs et à sa mère qui lui manquent terriblement. Elle est si déprimée qu'elle leur adresse une longue lettre dans laquelle, après avoir décrit sa situation, elle avoue se croire atteinte d'une malédiction ou être victime d'un mauvais sort. « J'ai besoin d'aide », conclut-elle.

À réception de sa lettre, son oncle et sa mère se rendent immédiatement auprès de Mark, un guérisseur réputé. Mauvais sort ou non, Mark, muni d'une photo récente de Liza, règle son problème en la traitant à distance. On ne saura jamais comment il s'y est pris, mais peu à peu, au fil des mois suivants, Liza retrouve un meilleur teint, la sensation de vide intérieur disparaît, son ventre s'arrondit joliment et Catherine naît à terme. À terme, mais pas en bonne santé. Elle ne pèse que deux kilos et demi et présente les mêmes troubles que sa mère pendant sa grossesse. À la clinique, elle prend peu de poids et, dès sa sortie, se débrouille même pour en perdre. Durant des mois, malgré la prise quotidienne de fortifiants et une longue série de piqûres, le médecin de famille ne note aucune amélioration chez l'enfant, qu'il hospitalise à plusieurs reprises. Les médecins restent vagues face à ces immigrés qui comprennent difficilement leur langue, et Liza et Pjeter, craignant de perdre le bébé, ne savent plus à quel saint se vouer.

À l'usine, une des compatriotes de Liza lui conseille de ne pas trop croire aux miracles :

– Liza ! Ne t'épuise pas la santé ni les nerfs avec ta fille ! Elle ne tiendra pas le coup, au mieux elle finira sur une chaise roulante pour le restant de ses jours… Elle est si décharnée ! Tu devrais la confier à un organisme spécialisé…

Cette proposition les choque toutes. Quant à Liza, si elle reconnaît avoir perdu son courage, elle s'accroche à la foi… jusqu'à ce jour de décembre où Catherine est à nouveau hospitalisée pour une rhinopharyngite. Elle a maintenant plus d'un an mais résiste mal au froid de la baraque. Le diagnostic se précise et fait du coup renaître l'espoir. Les médecins sont rassurants : la solution existe et elle est radicale. L'homme en blouse blanche prend le temps d'expliquer à Pjeter, qui comprend un peu mieux le français, l'urgence à envoyer leur enfant en Bretagne pour qu'elle y suive une cure de plusieurs mois au centre héliomarin de Roscoff. Le médecin fait de son mieux pour être clair :

– Les derniers examens ne sont pas réjouissants. Important rachitisme évolutif. Comment vous expliquer ?... Vous voyez ces radiographies ? Votre fille a quatorze mois mais son âge osseux est de six mois. En fait, ses os ne se développent pas...

En dépit de la difficulté de la langue, Pjeter saisit la sévérité du problème, mais ils n'ont pas les moyens d'un tel traitement. Ils viennent enfin d'acheter un appartement et espèrent emménager sous peu... Le médecin le rassure : le séjour sera intégralement pris en charge par la Sécurité sociale. De plus, sa secrétaire les aidera pour la constitution des dossiers administratifs.

Avril 1961, gare Montparnasse, Pjeter et Catherine s'apprêtent à monter dans le train. Restée à Bonneuil, Liza ne peut cacher ses larmes ; Gina et Angelin comprennent enfin la raison de l'agitation des derniers jours. En cet instant, l'instinct maternel reprend ses droits : comment peut-elle abandonner son enfant aussi longtemps, même si c'est pour son bien ?

La veille encore, très avant dans la nuit, Liza a cousu sur tous les petits vêtements l'étiquette signalant l'identité de sa fille. Et du point de vue financier, ils n'ont lésiné sur rien de ce que « Roscoff » a demandé pour elle. La liste était longue et tous les articles mentionnés, de marque. Habituée à courir les marchés à la recherche des vêtements les moins chers pour elle-même, Liza est horrifiée par le prix d'un sous-vêtement « Petit Bateau ». Le centre en a réclamé une demi-douzaine... Ne parlons pas du billet de train, quatre-vingt-quinze francs pour l'aller-retour, ni des frais annexes comme le taxi, les repas et la chambre d'hôtel.

C'est simple, le salaire de Pjeter, trois cent vingt-quatre francs par mois, n'y a pas suffi.

Le train n'arrivera en gare de Morlaix qu'en début de soirée et, là, Pjeter et sa fille ne disposeront que de quelques minutes pour attraper la correspondance pour Roscoff. La petite dort, bercée par les mouvements réguliers du train, tandis que son père laisse vagabonder son esprit. Il se réjouit finalement d'être en France ; en Albanie ou en Yougoslavie, elle n'aurait pas survécu. À Vërmosh, bien souvent, les nouveau-nés n'atteignaient pas leur première année, ce que les familles vivaient comme une fatalité inéluctable... Soudain, une vague d'émotion le submerge... et le renvoie à son frère Djerdj, mort l'an dernier. Depuis son évasion, l'exilé maîtrise la souffrance. Et il est bien rare que Pjeter s'autorise à pleurer sur le sort de sa mère ou de ses frères emprisonnés en Albanie. D'un coup, l'image de son petit frère dans les bras de sa mère au bout d'un chemin, il y a déjà treize ans, le rattrape dans ce Paris-Brest... jusqu'à ce que l'entrée de deux jeunes femmes dans le compartiment le ramène au présent.

La vie est si bizarre... Parti pour les États-Unis, il s'est installé définitivement en France. Le visa de l'ambassade américaine à Paris lui était bien parvenu quelques semaines après la naissance de Gina, mais l'arrivée d'un deuxième enfant, combinée à l'acquisition d'une vieille Simca Aronde et d'un réfrigérateur, l'avaient détourné de son projet américain. Après tout, nul ne sait comment les choses se seraient déroulées de l'autre côté de l'Atlantique. Récemment, un ami lui a écrit de New York. Là-bas, les frais médicaux sont entièrement à la charge des malades !

En gare de Morlaix, Catherine dans les bras, il court vers la correspondance. À cette heure, entre chien et loup, Pjeter ne peut se faire une idée du charme de la Bretagne. Les seules informations qu'il a retenues sur le Finistère sont celles du petit guide du centre héliomarin, qu'il s'applique à lire et relire, en particulier la longue tirade d'une autorité médicale :

Spécialisé dans la prise en charge des enfants atteints de troubles de la croissance, le centre héliomarin de Roscoff est le plus parfait qui existe en France. Pour ma part, je ne crois pas qu'on eût pu choisir un endroit plus favorable. Cette presqu'île de Pérach'idy est protégée de la grosse mer du large par l'île de Batz et baignée par les eaux tièdes du Gulf Stream. De plus, les sœurs dominicaines de la Présentation de Tours sont toutes dévouées aux malades.

La plupart de ces mots ne lui évoquent pas grand-chose, mais il en retient que « Roscoff » a vraiment une excellente réputation.

Dans le taxi qui roule vers le centre héliomarin, une question le taraude : comment la petite va-t-elle vivre l'éloignement ? Huit mois, c'est long, surtout que ni lui ni Liza ne savent combien de fois ils pourront lui rendre visite durant ce séjour au centre. À la lumière des phares du véhicule, le centre a l'air immense. Pjeter embrasse tendrement Catherine au pli du cou, voudrait que cet instant dure toujours... Le chauffeur de taxi le rappelle à l'ordre : il est temps de régler le prix de la course.

Dehors, il fait nuit noire. Pjeter, les larmes aux yeux, respire un grand coup. « C'est vrai qu'ici l'air est frais, certainement revivifiant... » se dit-il avant de franchir l'entrée principale.

Assise derrière un grand bureau, une religieuse se lève. Habituée aux regards mouillés et aux mines crispées, elle lui sourit. Après s'être excusée d'écorcher son nom, elle lui présente des papiers à signer avant de lui enlever Catherine des bras. Elle est désolée, il est trop tard pour qu'il puisse monter à l'étage y installer lui-même sa fille. Tout en lui donnant quelques renseignements dont il aura besoin, elle s'adresse à lui d'une voix douce et d'une gentillesse rassurante. Le plan de la ville en main, il marche alors jusqu'à l'hôtel où, épuisé de fatigue et d'émotion, il s'endort sans dîner.

Les événements n'allaient pas leur permettre de rendre visite à Catherine. Tout d'abord, il y eut le déménagement à Champigny-sur-Marne. À peine sortis des soucis pratiques de l'installation, c'est l'accident d'Angelin qui est venu les obliger à reporter leur premier voyage en Bretagne. Assis sur un banc de l'aire de jeux de la cité, Pjeter lisait son journal tandis qu'Angelin s'amusait à glisser du haut de l'énorme éléphant-toboggan. La dernière exclamation de joie du petit garçon de quatre ans à son intention a rassuré le père attentif. Soudain, le bruit d'un choc suivi d'un cri de femme l'a arraché à sa lecture. Il a cherché des yeux la silhouette d'Angelin et, ne la trouvant pas, s'est levé d'un bond, courant instinctivement vers l'attroupement en train de se former autour d'un autobus. Angelin est vivant... Mais la voiture qui doublait le bus n'a pas pu l'éviter quand il s'est précipité pour traverser. Par la suite, sa jambe dans le plâtre n'ayant nullement empêché l'enfant intrépide de poursuivre son rythme d'activité de jeux, ses parents ont dû se rendre à l'hôpital plusieurs fois, pour la faire replâtrer.

De plus, les tracas financiers liés à l'achat de l'appartement ne permettent aucun dépassement de budget. Liza et Pjeter ne peuvent ni prendre deux journées sans solde pour un voyage en Bretagne, ni même assumer le prix d'un seul billet de train pour l'un des deux parents. Pris dans le tourbillon des obligations, Liza anesthésie son chagrin et Pjeter prend un deuxième emploi.

À la pouponnière numéro deux du centre héliomarin, Catherine attrape toutes les maladies initiatiques d'un enfant de son âge : varicelle, coqueluche, quelques staphylocoques. À deux mois de la fin de son séjour, le rapport de la visite médicale mensuelle fait état de l'apparition d'un strabisme divergent à l'œil gauche. L'âge osseux donne à présent treize points d'ossification, soit un an et trois mois pour un âge réel de deux ans. Enfin, la veille de son départ, le rapport final des médecins prévient que l'état général de santé de Catherine est moyen, mais confirme que le rachitisme de l'enfant ne semble plus très évolutif. En effet, les lésions osseuses sont plus ou moins réparées, sauf au niveau du tiers inférieur des tibias... Le bilan biologique est satisfaisant et le 23 décembre, Pjeter reprend le chemin de Roscoff. Le lendemain soir, la famille enfin réunie fête Noël.

La vie reprend son cours aux Acacias. On prend bien soin tout l'hiver d'administrer de la vitamine D à Catherine. Elle a maintenant presque trois ans, mais ses parents restent inquiets, moins de son état de santé que de son incapacité à s'adapter à son entourage. D'une part, dès son retour, elle est atteinte d'énurésie et, d'autre part, elle se chamaille avec tous les enfants de la cité. En guise d'explication, la petite fille n'a qu'une seule réplique : « Vilain cœur ! » Liza ne comprend pas pourquoi son enfant n'a que ces mots à la bouche. À y regarder de près, Liza trouve sa fille difficile, constamment à attendre d'elle plus qu'elle ne peut donner. Au fil des mois et des années, une incompréhension totale s'installe entre la mère et l'enfant. Seule Gina sait comment décrisper sa petite sœur et calmer ses accès de rage.

*

Catherine a maintenant cinq ans. Elle joue dehors au bac à sable quand son père l'appelle par la fenêtre du deuxième étage. Elle court, monte l'escalier prestement et trouve ses parents dans le salon. Sa mère tient un bébé dans les bras.

– Regarde, c'est ta nouvelle petite sœur Christine...

La petite fille les regarde, puis court dans sa chambre où elle a pris l'habitude de bouder.

Durant l'été 1966, le clan des Preljocaj retourne enfin en Yougoslavie, joyeux de retrouver leurs familles respectives et d'être témoins de deux noces. À Stoj, Liza marie sa jeune sœur Katrin à un Albanais résidant en France, et de Beranne, Pjeter, *dasmohre* à son tour, part à la rencontre de Maria, la fiancée de Rock. Les deux jeunes épousées vont rejoindre la communauté albanaise en France.

Catherine a presque dix ans quand on lui parle à nouveau d'une naissance. Cette fois, l'arrivée de sa dernière petite sœur ne l'émeut pas. Même quand elle comprend que le jumeau de Sylvie est mort dans le ventre de sa mère. Malgré le chagrin et la fatigue de sa mère, Catherine, ne comprenant pas grand-chose à l'enfantement, ne déplore qu'un détail pratique : cette fille va aller rejoindre les trois autres dans leur chambre. Et puis, elle aurait tant voulu que ce soit un frère. D'ailleurs, Liza aussi bien que Pjeter auraient préféré avoir d'autres garçons…

À l'avenir, ils se doivent d'être prudents. Liza, déjà usée par les naissances précédentes, se remet très difficilement de l'accouchement des jumeaux. À trente-cinq ans, elle réalise également que cinq enfants, c'est dur à élever, autant du point de vue financier que de celui de la gestion de l'espace. À présent, l'appartement est devenu trop petit.

La décision est lourde de conséquences mais ils ne voient pas d'autre solution que de vendre pour acheter plus grand. Le contexte économique aidant, ils réussissent en fait assez vite à acheter une maison dans la région. Le hasard les ramène à leur point de départ, Sucy-en-Brie. La somme disponible et le crédit accordé leur ont permis d'acheter un pavillon… vendu à moitié construit, ce qui réduit la somme à l'achat mais oblige à investir dans la construction.

Leurs trois aînés, perturbés d'avoir quitté la cité et leurs amis, vivent mal leur exil à Sucy. De plus – et cela n'allège pas l'ambiance – les parents leur imposent un nouveau cadre éducatif où l'absence et la rigidité seront de rigueur. Pour faire face à tous les frais, ceux du crédit de la maison, le coût des matériaux pour la finir, et l'entretien courant d'une famille de sept personnes, Liza et Pjeter travailleront longtemps comme des damnés. Ils accumulent les emplois et prennent parfois des petits travaux à domicile. Souvent absents, les liens familiaux en pâtissent.

Liza et Pjeter, tous deux orphelins, lui de sa mère, elle de son père, se sont bien trouvés. Pour eux, la famille ne peut tenir que par l'honneur et les sacrifices. Déracinés, perdus dans une société moderne, ils s'accrochent à leurs repères et trouvent leur équilibre dans leurs traditions et coutumes ancestrales, même si elles sont issues d'un pays qui sort à peine du Moyen Âge.

5 novembre 2000.

Guérir d'un cancer n'implique pas qu'on devienne heureux pour autant. Éplucher mon existence durant neuf ans pour en découvrir le nœud, à travers ma généalogie, là se trouvait l'essentiel de ma guérison. Cette longue course de fond, parsemée de remises en questions successives et d'accouchements difficiles eut raison de mes doutes et permit l'éclosion d'une rencontre avec moi, avec l'autre, avec les autres.

Si pour comprendre mes parents, il m'était indispensable de me mettre à leur place, de saisir leur manière d'appréhender la vie, les événements, les êtres ou les choses… L'intégralité de deux années n'y a pas suffi. Mais, dès le début de mon enquête, ma rancune tenace vis-à-vis d'eux fut sapée par la rencontre émouvante d'une petite fille et d'un petit garçon qui, en proie à un destin tourmenté, n'ont pu grandir jusqu'à hauteur de leurs rêves.

Je continuais d'avancer sur ma terra incognita quand la guerre éclata au Kosovo. Au travers des images qui me parvenaient, une douleur s'est réveillée : il aura fallu l'exode d'un million de kosovars pour qu'émergent la force d'intervention de l'Otan et l'urgence d'une aide humanitaire pour cette région des Balkans… Et pourtant, j'y ai vu deux avantages : le Kosovo et l'Albanie sont enfin sortis des ténèbres et, grâce aux reportages des médias internationaux, j'ai pu mieux évaluer, rétrospectivement, la magnitude des épreuves qu'avaient traversées mes parents. Comment n'avais-je pas saisi l'importance de la tragédie de l'exil sans fin qu'ils vivaient ? L'Albanie était devenue pour eux un grand trou noir, un sujet indicible mais dont les codes et traditions, inconnus du monde occidental, constituaient le socle qui les maintenait debout. Au regard de leurs drames, peurs et souffrances… Comment pourrais-je juger ou condamner ceux qui m'ont offert la vie ?

Puis l'année dernière, un soir, Gina m'apprit que ma mère ayant fait le voyage en ex-Yougoslavie afin de rapatrier les cendres de Valentin, l'enterrement aurait lieu le lendemain. Je fus impressionnée par le courage de cette femme qui, malgré sa peur et sa culpabilité, avait accepté de revisiter son passé, redonnant ainsi sa place à cet aîné perdu. Au cimetière, émue qu'elle offre enfin une belle cérémonie à Valentin, je fus étrangement soulagée de faire le deuil de ce frère inconnu mais si présent dans nos cœurs. J'accompagnais mes parents chez eux. J'étais prête. Eux aussi. Nous avons alors remonté le cours de notre histoire. En livrant sa perception des événements qui nous ont tant divisés, chacun a pu dire sa douleur et entendre celle de l'autre. Quelques heures écoulées à mesurer l'impact de l'incompréhension et des malentendus suffirent pour nous regarder sereinement, entre adultes. Il y eut ensuite quelques soubresauts parfois violents et douloureux mais, à présent, le dialogue sonnait juste. Il allait guérir le lien.

À ceux qui pourraient penser que j'ai gâché ces années, les plus belles de la vie d'une femme, je réponds que le temps ne compte pas quand il devient vital de balayer les idées fausses, les schémas inadaptés et les limites surdimensionnées. En réalité, ces années pèsent peu sur l'un des plateaux de la balance si l'autre, sous le poids des croyances, nous emporte vers le bas. On ne perd jamais de temps à chercher qui l'on est et d'où l'on vient. La vie est une série de portes : avant d'ouvrir celles du futur, assurons-nous d'avoir fermé celles du passé. Je me méfie des courants d'air… Le temps ne représente rien en considération des bénéfices de cette expérience puisque je peux dire que tous les événements de ma vie, même les plus douloureux, m'ont construite. Chacun d'eux m'obligea à me dépasser, à puiser dans mes ressources insoupçonnées et à me placer avec exigence à la cime de mes questions.

S'atteler à un témoignage comme celui-ci ne laisse pas indemne ; en dehors de sa qualité première d'avoir été un outil thérapeutique, proche de la catharsis, il m'a livré des révélations capitales pour mon évolution. Un exemple : ma notion de la prospérité de l'existence, sous toutes ses formes, ne s'était manifestée qu'en écho à la valeur de ma propre considération, laquelle s'était plaquée sur celles de mes parents. Répondant, de façon inconsciente, à leurs projections, derrière mes actes de « battante », la croyance d'être soit maudite soit victime avait placé à l'intérieur de mes scénarios la faille qui me ferait systématiquement échouer… Le syndrome « petit poussin persécuté par la vie » a tant été au centre de mes sensations, de mes rancœurs, de mes souffrances d'enfant mais aussi *d'adulte, qu'il ne pouvait autoriser le succès de mes projets. Depuis, ayant fait mienne la citation: « L'important n'est pas ce qu'on a fait de moi, mais ce que je fais moi-même de ce qu'on a fait de moi* », j'ai atteint les deux rêves de mon adolescence: je suis thérapeute et j'ai écrit deux livres**.*

Le retour sur l'intégralité de mon parcours me réclamait de reconsidérer ma féminité, de m'en approprier les qualités intimes afin de les vivre, non plus par réaction, dans un inutile combat contre mes parents ou les Albanais, mais guidée cette fois par le désir d'être épanouie et de m'ouvrir à l'amour. Malgré mes peurs: répéter les attitudes ou situations de la relation initiale avec mes parents, l'angoisse à m'engager, à me défendre de me perdre dans l'illusion de la fusion… Accompagnant la force de l'écriture, en résonance avec le processus latent mais puissant de la transformation, l'histoire d'amour s'est éteinte peu avant sa conclusion. En toute logique, rassembler les morceaux de son être éclaté, recomposer l'image intrinsèque de soi exige l'authenticité même si elle est difficile voire dérangeante, autant pour soi que pour les autres. Mais c'est au travail de ce récit et à cette rencontre majeure que je dois d'être parvenue au bout de ma quête: accepter d'être qui je suis.

Tel un serpent, je ressens les effets de la mue; des lambeaux de ma personnalité se détachent encore et laissent place à l'évidence; se connaître, c'est s'oublier. S'oublier, c'est aller vers le pardon, la part du don de soi aux autres. Dans le cycle incontournable des petites morts et renaissances, je me décolle de mes illusions. J'intègre qu'on ne peut prétendre à changer les autres ni leur reprocher ce qu'ils ne peuvent donner ou recevoir. N'être plus dans l'attente ou la volonté mais se placer dans le lâcher prise permet d'accueillir les cadeaux de la vie. Je l'écris avec émotion; je suis vivante.

Et je ne peux que rendre grâce pour ces années de répit: elles m'ont évité le pire. Si demain la mort me surprenait, je ne quitterais pas ce monde en colère. Ce terrible poison ne contenait que le désespoir de ne pouvoir prendre ma place sur l'échiquier de la vie.

* *J.-P. Sartre.*

** *L'auteur a collaboré à l'ouvrage « Le livre de l'essentiel 2 », paru aux éditions Albin Michel.*

Ainsi, tous mes remerciements vont à ma mère, à mon père, à mes frères et sœurs, aux amis présents, à Chantal Guez, au Professeur B., à Mark, à Tenzin Tchodrack, à Fatya, à Bernie et à Bob. Merci aux circonstances de la vie, aux nombreux compagnons de route, qui, alors que j'étais inconsciente, ont œuvré à ce que je sois un maillon de la grande chaîne humaine. Merci également aux nouvelles rencontres qui ont aidé mon âme à sortir d'une longue nuit.

Merci, aujourd'hui, sans honte ni regrets, j'ose pousser les battants de la porte du monde.

« La plus grande tâche que l'homme ait à accomplir
dans sa vie est de se donner naissance à lui-même
pour devenir ce qu'il est potentiellement. »

Erich Fromm

Pour entrer en contact avec l'auteur:
katrin.preljoc@netcourrier.com

Tout savoir sur les traitements antivieillissement, Prof. J. Proust	128 FF	SFr. 36.–
Tout savoir sur votre écriture, René Vaucher, 224 p.	115 FF	SFr. 32.50
Tout savoir sur les progrès du laser en esthétique, chirurgie, dermatologie: rides, paupières, bouche, etc. Dr B.Hayot, 144 p.	97 FF	SFr. 25.–
Tout savoir sur le génie génétique, Ph. Gay et J. Neirynck, 192 p.	115 FF	SFr. 28.70
Tout savoir sur le pied, Roselyne Landsberg, livre illustré, 224 p.	119 FF	SFr. 32.50
Tout savoir sur le maquillage permanent, E. Habnit, illustré	128 FF	SFr. 36.–
L'herbier des montagnes, François Couplan, 192 p.	129 FF	SFr. 38.–

Littérature

Ganesh, Jean-Louis Gouraud, roman initiatique, 224 p.	95 FF	SFr. 28.70
Ourasi, le roi fainéant, Homeric, 192 p.	129 FF	SFr. 36.–
Mortel anesthésique, Patrick Ledrappier, 464 p.	129 FF	SFr. 36.–
Les médecins vus par…, Dr Christian Roques, 256 p.	129 FF	SFr. 38.–
Les Blancs vus par les Africains, textes présentés par J. Chevrier, 224 p.	96 FF	SFr. 25.–
Serko, vrai faux roman, J.-L. Gouraud, 224 p.	95 FF	SFr. 24.–
Escapade en enfer et autres nouvelles, M. Kadhafi, 176 p.	95 FF	SFr. 24.–
Les Derniers les premiers: Baba Amte, un mythe incarné de l'Inde, Jean Buhler, 208 p.	115 FF	SFr. 28.70

Albums

Émotions gourmandes, Frédy Girardet, 208 pages illustrées en couleurs,	290 FF	SFr. 95.–
Svertchkov, le peintre russe du cheval, textes de Natalia Chapochnikova et David Gouriévitch, 176 pages illustrées en couleurs,	268 FF	SFr. 69.–
Atlas de l'imaginaire, Ch. Khaznadar et F. Grund, Maison des Cultures du Monde, 208 p.	245 FF	SFr. 64.–
Le Mythe de la Joconde, préfacé par Jack Lang, 128 p.	120 FF	SFr. 30.–
Le Livre et le journal chez les peintres, V. Anker, préfacépar Jack Lang et Michel Tournier, 252 p.	195 FF	SFr. 49.–
L'Orient d'un photographe, Lehnert & Landrock, textes de Philippe Cardinal, 102 p.	280 FF	SFr. 75.–

Caracole

L'équitation expliquée aux parents, 128 p.	96 FF	SFr. 25.–
Jeanne d'Arc écuyère, Louis Champion, 192 p.	95 FF	SFr. 24.–
L'Art de dompter les chevaux, J.-S. Rarey, 144 p.	85 FF	SFr. 22.–
Deux chevaux pour un cavalier, L. V. Evdokimov, 160 p.	85 FF	SFr. 22.–
L'Équitation pratique, J. Pellier fils, 144 p.	85 FF	SFr. 22.–
Michel Kohlhaas ou l'honneur du cheval, H. von Kleist, 160 p.	85 FF	SFr. 22.–
Le Cheval, comte de Buffon, extrait d'Histoire Naturelle, 144 p.	85 FF	SFr. 22.–
L'Achat du cheval, E. Gayot, 192 p.	95 FF	SFr. 24.–
Kikkuli, le plus ancien traité d'équitation du monde, traduction E. Masson, 128 p.	95 FF	SFr. 24.–
La Hussarde, Nadejda Dourova, 192 p.	95 FF	SFr. 24.–

Bestiaire divin, avec le Muséum National d'Histoire Naturelle

Le Cheval, Jean-Louis Gouraud, 192 p.	96 FF	SFr. 25.–
L'Hippopotame, Association l'Hippopotame, 192 p.	96 FF	SFr. 25.–
La Fourmi, textes présentés par J. Lhoste et J. Casevitz, 192 p.	96 FF	SFr. 25.–
Le Rat, textes présentés par M. Dansel, 192 p.	96 FF	SFr. 25.–
Le Chien, textes présentés par M. Contart, 192 p.	96 FF	SFr. 25.–
Le Requin, textes présentés par P. Deynat, 192 p.	96 FF	SFr. 25.–
La Vache, textes présentés par P. Commère, 192 p.	96 FF	SFr. 25.–
L'Escargot, textes présentés par L. Dubost, 192 p.	96 FF	SFr. 25.–

Guide littéraire, coll. le Vagabond enchanté

Le Sahara, Monique Vérité, 192 p.	96 FF	SFr. 25.–
Venise, textes présentés par J.-L. Marret, 192 p.	96 FF	SFr. 25.–
L'Himalaya, textes présentés par A. Velter, 192 p.	96 FF	SFr. 25.–
Istanbul, textes présentés par G.-G. Lemaire, 192 p.	96 FF	SFr. 25.–
La Corse, textes présentés par J.-E. Pieraggi, 192 p.	96 FF	SFr. 25.–
Le Tibet, textes présentés par M.-J. Lamothe, 192 p.	96 FF	SFr. 25.–
Le Kurdistan, textes présentés par C. Kutschera, 192 p.	96 FF	SFr. 25.–
La Loire, textes présentés par J.-L. Delpal, 192 p.	96 FF	SFr. 25.–

Les Planches : biographies

Leonardo DiCaprio, Ph. Durant, livre illustré, 176 p.	99 FF	SFr. 19.80
Will Smith, Philippe Durant, livre illustré, 96 p.	99 FF	SFr. 25.–
Jennifer Aniston et Courteney Cox, les héroïnes de Friends, tout illustré,Philippe Durant, 96 p.	99 FF	SFr. 25.–
Francis Cabrel: du poète engagé au chanteur troubadour, P. Spizzo-Clary, 224 p.	115 FF	SFr. 28.70
John Travolta, la star ressuscitée, Ph. Durant, livre illustré, 208 p.	115 FF	SFr. 28.70
Gérard Depardieu, 25 ans de cinéma, M. Mahéo, livre illustré	119 FF	SFr. 32.50
Alain Delon, splendeurs et mystères d'une superstar, E Haymann, livre illustré, 284 p.	119 FF	SFr. 32.50
Matt Damon, Philippe Durant, 172 p.	115 FF	SFr. 28.70
Georges Clooney, Gil Archer, livre illustré, 208 p.	115 FF	SFr. 28.70

Suisse

Au cœur de la Fête, Pierre-Alain Luginbuhl, 128 p., SFr. 29.-		
Jean-Pascal Delamuraz, Daniel Margot, 172 p.		SFr. 8.–
Suisses et juifs : Portraits et témoignages, Françoise Buffat et Sylvie Cohen	115 FF	SFr. 28.70
Entretiens avec Edmond Kaiser, fondateur de Terre des Hommes, Ch. Gallaz	115 FF	SFr. 28.70
Le CICR en question, entretiens entre Cornelio Sommaruga et Massimo Lorenzi	115 FF	SFr. 28.70
Les Derniers les premiers: Baba Amte, un mythe incarné de l'Inde, Jean Buhler	115 FF	SFr. 28.70
Comment créer son entreprise, Ch. Rausis, préfacé par S. Garelli, 306 p.		SFr. 28.70
Josef Zisyadis : c'est en marchant qu'on fait le chemin, entretiens avec B. Clément		SFr. 25.–
Les Chansons de Gilles, préfacé par J.-P. Delamuraz, 276 p.	140 FF	SFr. 59.–
Du Tableau noir aux petits écrans : l'information et l'éducation à l'ère du multimédia, René Duboux	115 FF	SFr. 28.70
Masques pour un théâtre imaginaire, W. Straub, 108 p.	195 FF	SFr. 49.–
Pierre Lacotte Tradition, J.-P. Pastori, 130 p.	200 FF	SFr. 52.–
L'aumônier du barrage, chanoine Joseph Putallaz, 176 p.		SFr. 28.70
Commune de Bex, J.-B. Desfayes, 132 p.		SFr. 45.–
Un Petit Bateau dans la tête : Roger Montandon, L. Antonoff, 160 p.	115 FF	SFr. 28.70
Charles-Henri Favrod : la Mémoire du regard, entretiens avec Patrick Ferla, livre illustré, 272 p.	140 FF	SFr. 35.–

Prix indicatifs et sujets à d'éventuelles modifications.

Éditions Favre

En Suisse : rue de Bourg 29, CH–1002 Lausanne

En France : 12 rue Duguay-Trouin, F–75006 Paris

Autres titres, maintenant épuisés, mais susceptibles d'être réédités.

EN QUESTION

Au cœur du racisme, Jean-Pierre Friedmann.
Chère médecine, Dr P. Rentchnick et Dr G. Kocher.
Demain la décroissance, N. Georgescu-Roegen.
Jusqu'où ira votre ordinateur?, René Berger.
L'argent secret et les banques suisses, Jean-Marie Laya.
L'aube solaire, J.-C. Courvoisier.
L'effet des changements technologiques, René Berger.
L'enjeu nucléaire, Jean Rossel.
L'esprit des mœurs, Dr Quentin Debray.
La relève énergétique, Jean Rossel.
La sexualité infantile, Pierre Debray-Ritzen.
Le consommateur averti, Jacques Neirynck.
Les dernières générations de l'écrit, René Duboux.
Les trafiquants de bébés à naître, J. Delaye.
Minitel story, Michel Abadie.
On peut quitter la drogue, Pierre Rey.
Que penser des apparitions de la Vierge, Marc Hallet.
Votre chien est intelligent, Frédérique Langenheim.

LES PLANCHES-STARS

Amicalement vôtre, Jean Villard Gilles.
Barbra Streisand, Françoise Gerber.
Benno Besson, Anne Cunéo.
Contes et chansons, Bernard Montangero.
Charlélie Couture, Alain Gilson.
Charles Dutoit, le maître de l'orchestre, G. Nicholson.
Christophe Lambert, Françoise Deriaz.
Conversation avec Marcel Maréchal, Patrick Ferla.
Dimitri Clown, Patrick Ferla.
Elvis, mon ami, Jacques Delessert.
Ennio Moricone, Anne et Jean Lhassa.
Eric Vu-An: la liberté en dansant, F. Levieux et J.-P. Pastori.
Fernand Raynaud, Renée Raynaud.
François Simon, Ana Simon.
Françoise Arnoul, Pierre Boiron.
Gérard Philippe, Philippe Durant.
I Lova you, Lova Golovtchiner.
Jean-Jacques Goldman, Didier Varrod et Christian Page.
Jean-Luc Bideau, René Zahnd.
Jean-Paul Belmondo, Philippe Durant.
Journal d'un cirque, Jean-Robert Probst.
Julie Andrews, Françoise Arnould.
Klaus Kinski, Philippe Rège.
La passion d'Adjani, Christian Roques.
Les filles du rock, Philippe Durant.
Les sept vies de César, Otto Hahn.
Lino Ventura, Philippe Durant.
Ma tête, Janry Varnel.
Maradona, Michel Di Tria.
Marilyn Monroe, Serge Antibi.
Marlène Dietrich, Michel Mahéo.
Contes et chansons de Michel Bühler, Parick Nordmann.
Mickey Rourke, Michel Mahéo.
Mummenschanz, Michel Bührer.
Renaud: dès que le vent soufflera, Régis Lefèvre.
Robert Hossein, Cécile Barthélémy.
Robert Redford, Philippe Durant.
Romy Schneider, princesse de l'écran, Françoise Arnould.
Silvia Monfort, Françoise Piazza.
Simone Signoret, Philippe Durant.
Véronique Sanson, F. Arnould.
Voyage dans le théâtre, Jean-Pierre Althaus.
Walt Disney n'est pas mort, Alain Duchêne.
Yves Montand, Richard Desneux.
Yves Simon, Tony Bachmann.

TOUS LES CHEMINS DE LA MÉDECINE

Apprenez l'accouchement accroupi, Dr Moyses Paciornik.
Ce qu'on vous cache sur le cancer, Dr Philippe Lagarde.
Changez votre alimentation, Dr Guido Fisch.
Chéri... tu ronfles, Dr J.-M. Pieyre.
Comment se sentir bien dans sa peau, Dr J.-J. Jaton.
Comment vous alimenter... acupuncteur, Dr Guido Fisch.
Faire face au sida, Dr Jean Martin.
L'influence des astres sur votre santé, Dr Claude Michelot.
La chiropractie, clef de votre santé, Dr Peter Huggler.
La douleur est inutile, Dr Pierre Soum.
Le cancer: tout ce qu'il faut savoir, Dr Philippe Lagarde.
Le temps d'aimer des précoces?, Dr Pierre Solignac.
Maîtrisez votre santé, Dr Charles Terreaux.
Mon approche du cancer, Dr Serge Neukomm.
Relaxation et sophrologie, Dr Jean-J. Jaton.
Tout savoir pour éviter l'obésité, Mick Wilhelm-Halimi.
Tout savoir pour guérir l'animal de compagnie, Bernard Sepieter.
Tout savoir sur cancer et sexualité, Dr Roland Cachelou.
Tout savoir sur l'eau, Claude Haumont.
Tout savoir sur l'homéopathie, Dr Yves Maillé.
Tout savoir sur la cocaïne, Dr Pierre Stein.
Tout savoir sur la mémoire, Guillemette Isnard.
Tout savoir sur la sophrologie, Dr R. Abrezol.
Tout savoir sur le regard, Marie-Noëlle Slonina.
Tout savoir sur les bébés amphibies, Jean Fouace.
Tout savoir sur les M.S.T., Dr Hubert Saada.
Tout savoir sur les maladies nerveuses, Dr van Renynghe.
Tout savoir sur son cerveau, Dr van Renynghe.
Vivre sans asthme, Dr S. Wasmer et Dr M. Reinhardt.
Vos vêtements et votre santé, Dr Gilbert Schlogel.

CARACOLE

Alfred de Dreux, le peintre du cheval, M.-Ch. Renauld.
Ces chevaux qui font du cinéma, François Nadal.
CH comme cheval, Isabel Domon et P.A. Poncet.
Cheval et tradition en Afrique du Nord, Annie Lorenzo.
Des hommes, des chevaux, des équitations, Denis Bogros.
Éperons de tous les temps, de tous les pays, G. Nabéra-Sartoulet.
Présentation des chevaux et spectacles équestres, Marlit Hoffmann.
Ferrez vous-même votre cheval, Christian Thomas.
L'Agenda 87 du cheval, Alain Turbot.
L'Agenda 88 du cheval, Alain Turbot.
L'équitation de légèreté, Jean-Claude Racinet.
La selle et le costume de l'Amazone à travers les âges, E. de Faucompret.

Le cheval barbe, D. Brogos.
Le cheval et son harnachement dans l'art indien, Jean Deloche.
Le grand livre du cheval en Algérie, Annie Lorenzo.
Le livre du bourrelier-sellier-harnacheur, P. Leurot.
Le livret du bourrelier, François Rivet.
Le manuel du bon charretier, L. Brasse-Brossard.
Les chevaux du pays de Marlboro, Jean-Louis Gouraud.
Les chevaux du Sahara, Général Eugène Dumas.
Les chevaux m'ont dit…, Dr Giniaux.
Les Hussards, Yves Barjaud.
Manuel de sellerie, Patrick Broux.
Merci les chevaux, J.-F. Ballereau.
Réponses équestres, René Bacharach.
Soignez vous-même votre cheval, A. Camus et C. Thomas.
Soulagez votre cheval aux doigts et à l'œil, Dr Giniaux.
Trucs et procédés pour le cheval difficile, Jean-Claude Racinet.
Un cheval modèle le pur-sang arabe, Rosalind Mazzawi.
Un vrai cinglé de cheval, Mario Luraschi.
Zingaro, A. Alt et C. Godard.

LITTÉRATURE

Affaires de famille, Thilde Barboni.
Appelez-moi Miller, Alain Van der Biest.
Baby-meurtre, Frédéric Dard.
Ça commence dans le ventre de sa mère, Rolf Kesselring.
Cannibale, Bolya Baenga.
Cherche ma place désespérément, Micheline Leroyer.
Des enfants et des chats, Fawzia Assad.
Et Malville explosa, Alex Décotte.
Hôtel Vénus, Anne Cuneo.
Il n'y a pas de femmes soumises, Micheline Leroyer.
Je n'ai pas pleuré quand papa est mort, Iris Galey.
Jesuit Joe, Hugo Pratt.
L'Abandon, Jacques-Edouard Meyer.
L'arrêt du cœur, N. Martin.
L'Empire helvétique, Henri de Stadelhofen.
L'enfant-terminus, Sylvia Moreno.
L'éternelle amoureuse, Anca Visdei.
L'homme des îles, Thomas O'Crohan.
L'île captive, Thilde Barboni.
L'oiseau de pluie, Ike Hidekel.
L'ombre des souvenirs, Jacques Bofford.
L'orgue de Barbarie, Louis-Albert Zbinden.
La 4e classe, Rolf Kesselring.
La Belle et l'Alouette, Michel Dansel.
La femme déserte, Bernadette Richard.
La fille du joueur de vielle, S. Jacques-Marin.
La folie des grandeurs, Jean-Pierre Ollivier.
La ligne bleue des mômes, Gérard Klein.
La ligne du cœur, Serge Creuz.
La marchande d'armes, Albert Marvin-H.
La mère porteuse, Guy des Cars.
La petite juive aux jeans serrés, Myriam Jeanjacquet.
La rue Bételgeuse, Flora Cès.
La tamponne, Jean Charles.
La tentation de l'Orient, M. Chappaz.
La trahison, Heidi Seray.
La voie indienne, Roger Moret.
Le Baiser de la mort, Jean-Louis Monnet.
Le cri du silence, Ch.-A. Gunziger.
Le présent peau de banane, Cécile Diézi.
Le professeur, Jeanlouis Cornuz.
Le roman de Criss Kenton, Hugo Pratt.
Le temps d'un canal, Dominique Ledouble.
Le Testament de Philadelphie, Claude Jaquillard.
Le voyage d'Emilie, Lise Wyon.
Les juges fous, Gilbert Baechtold.
Les noces de carnage, Philippe Schweizer.
Les pâles couleurs, Michael Gingrich.
Les voisins de la comète, Thilde Barboni.
Martiens d'avril, Rolf Kesselring.
Mimosa, X. Zhang.
Passage, Marie-Aude Murail.
Passages romantiques des Alpes, Daniel Sangsue.
Priscilla de Corinthe, Flora Cès.
Putain d'amour, Rolf Kesselring.
Quand les serpents naviguent, Gilbert Baechtold.
Quelque part une femme, Bernadette Richard.
Rien ne sert de mourir, Philippe Schweizer.
Swisschoc, Jean Dumur.
Un autre regard, Micheline Leroyer.
Voici Lou, Marie-Aude Murail.

GRANDS ENTRETIENS

Afrique: les chefs parlent, Hervé Bourges.
Kadhafi: «Je suis un opposant», M. Kravetz, *H. Barrada et M. Withaker.*
Le chantier de l'avenir: livre d'entretiens, Samuel Pisar et Edmond Valère.
Les trois frères d'Israël, Shalom Cohen.
Meïr Kahan, le rabbin qui fait peur aux juifs, Raphaël Mergui.
Sankara, un nouveau pouvoir africain, Jean Ziegler.
Un dialogue Est-Ouest, J. Ziegler et Y. Popov.

VOIES ET CHEMINS

250 millions de scouts, Laszlo Nagy.
A la conquête de la chance, Cyril Chessex.
Avant Corto, Hugo Pratt.
Avant-guerre nucléaire, Blaise Lempen.
Ces bêtes qu'on torture inutilement, Hans Ruesch.
Ciobanu dit…, Patrick Ferla.
Dieu a déménagé, Marcel Haedrich.
Exorcisme: un prêtre parle, Abbé Schindelholz.
Jean-Claude Nicole, l'éditeur aux mille défis, Michel Baettig.
L'énigme Dieuleveult, Arnaud Bédat.
La bande à Jésus, Marcel Haedrich.
La marche aux enfants, Edmond Kaiser.
La mémoire du chêne, Dr. Oscar Forel.
La nostalgie de la folie, B. Bierens de Haan.
Le Dali d'Amanda, Amanda Lear.
Le fou de Dieu, Juan Fernandez-Krohn.
Les routiers du ciel, Jean-Claude Rudaz.
Les secrets d'un guérisseur, André Besson.
Les voyages extraordinaires de Louis Moreau Gottschalk, Serge Berthier.
Mère Myriam, petite sœur de l'Immaculée, E. Haymann.
Moi Cannelle, call-girl, Cannelle.
Mourir pour la Palestine, F. Kesteman.
Terre et violence ou l'itinéraire de Maurice Zermatten, Micha Grin.
Personne déplacée, livre d'entretien, Vladimir Dimitrievic et J.-L. Kuffer.
Soraya, la malédiction des étoiles, Henri de Stadelhofen.

Sur la piste des cultures du monde, Chérif Khaznadar.

ALBUM

A corps perdu, Jean-Pierre Pastori.
America-America, Pascal Zähner.
Arc lémanique, Collectif.
Astrologie, Julia et Derek Parker.
Bali vue du ciel, L. Lueras et R. Helmio.
Béjart, le tournant, J.-P. Pastori.
Bravo UBS-Switzerland, Jacques-Henri Addor.
Cent artistes suisses, Jean-Christophe Fueg.
Guadeloupe vue du ciel, F. Valet et G. Rossi.
Histoire des hommes volants, Jacques Thyraud.
Histoire du DC-3, Moser Sepp.
Identity, Silvia Voser.
Impressions in black, P.-M. Delessert.
Jean-Charles Gil, Jean-Pierre Pastori.
Katarina Witt, C. Félix et B. Heimo.
L'album 90 du cyclisme, Pierre Chany.
L'album 90 du football, Jacques Thibert.
L'amour mortel, Simone Oppliger.
L'Orient d'un photographe, Lehnert et Landrock.
La Réunion vue du ciel, Rozine Mazin.
Le skieur de l'impossible, Sylvie Saudan.
Les meilleures photos de Christian Coigny, Christian Coigny.
Les métiers de la rue, J. Mohr et G.Silberstein.
Martinique vue du ciel, F. Valet et G. Rossi.
Maurice vue du ciel, Rozine Mazin.
Men, Joseph Caprio.
Monsieur Trictrac et autres dessins, Rodolphe Toepffer.
Ohmmes, Christian Coigny.
Oscar Araïz, Serge Buffat.
Patrick Dupond ou la fureur de danser, Jean-Pierre Pastori.
Portraits d'artistes, Christian Coigny.
Portraits de cinéastes, A. Portejoie.
Portraits de la littérature, Sophie Bassouls.
Singapour vue du ciel, Ian Lloyd et Irène Hoe.
Sylvain Saudan, P. Macaigne.
Tahiti vue du ciel, E. Christian.
Tango, Pablo Reinoso.
Thaïlande vue du ciel, L. Intermizzi Tettoni.

REGARDS SOCIOLOGIQUES

Cultes du corps, Eliane Perrin.
IBM, une entreprise au-dessus..., Peter Halbherr.
L'avenir instantané: mouvement des jeunes à Zürich, Alfred Willener.
L'échec scolaire, J.-C. Deschamps.
La logique du conflit, Christine Mironesco.
La maturescence, M. Gognalons-Nicolet.
Mariages au quotidien, Jean Kellerhals.
Temps libre, C. La live d'Epinay, Michel Bassand.

DES CAUSES ET DES HOMMES

Bonsoir, faites de doux rêves, Michèle Maillet.
De Gaulle: vous avez dit Belgique, Claude de Groulart.
Hommes et femmes: le partage, Gabrielle Nanchen.
La paix par les femmes, Richard Deutsch.
Le colonisateur colonisé, Luis San Marco.
Le paradis sauvé, Franz Weber.
Les Baha'is ou victoire sur la violence, Christine Hakim.
Ma vie de Kurde, Nourredine Zaza.
Pour le libéralisme communautaire, Paul Biya.
Roland Béguelin, Claude Froidevaux.

GRANDE ET PETITE HISTOIRE

Dossiers justice, Charles Poncet.
Histoires mystérieuses des trésors de France, E. Haymann.
Hitler milliardaire, Wulf Schwarzwäller.
KGB: objectif Pretoria, Rémi Kauffer.
L'épopée des Peaux-Rouges, Jean Pictet.
L'histoire cachée de la Croix-Rouge, Angela Bennett.
La grande histoire de la Corée, André Fabre.
Le camp du bout du monde, E. Haymann.
Le siège de Pékin, Alexandre Grigoriantz.
Le système Saoud, Claude Feuillet.
Leclerc vie et mort d'un croisé, Jacques Béal.
Les Amérindiens et leur extermination délibérée, Félix Reichlen.
Les enfants de Buchenwald, Judith Hemmendinger.
Les fils du Grand Esprit, Jean Pictet.
Mais qui a tué Markovic?, François Marcantoni.
Manifeste pour la révolution ouest-européenne, Claude Jaquillard.
Marie Durand ou les captives d'Aigues-Mortes, Anne Danclos.

CENTRE EUROPE-TIERS MONDE

Alcool, J. Cavanagh et F. Clairmonte.
Haïti: briser les chaînes, Collectif.
L'église et les pauvres, Julio de Santa Anna.
L'empire Nestlé, Pierre Harrisson.
L'épopée de Ségu, Adam Konare Ba.
La Bolivie sous le couperet, Théo Buss.
La civilisation du sucre, Al Imfeld.
Le réveil indien en Amérique, Alain Labrousse.
Le vieil homme et la forêt, Lorette Coen.
Les médicaments et le tiers monde, Andreas November.
Marchands de sang: un commerce dangereux, Collectif - Cetim.
Promesses de libération, Paul Jubin.
Quel avenir pour le Sahel?,
Pierre-Claver Damiba.
L'exportation du swiss made, Hilmar Steiter.
Tourisme et tiers Monde, Pierre Rossel.
Un continent torturé, Collectif.

NOUVELLE PLANETE

Développement: l'avenir par les femmes, Willy Randin.
Vers une entraide internationale efficace, Willy Randin.

DOCUMENTUM

A vos marques !, Philippe Rège.
Animalement vôtre, Pierre Lang.
Bokah ou le livre de tous les chiens, Fernand Loubet.
De l'esprit de conquête, Benjamin Constant.
Dictionnaire critique de psychiatrie, B. Bierens de Haan.
Ingénieur, métier de femme, Marie-Annick Roy.
Jacques Bergier, le dernier des magiciens, Jean Dumur.
La Capoeira du Brésil, Bruno Bachmann.
La saga du boulot, Florian Rochat.
Le crime nazi de Payerne, Jacques Pilet.
Maman-révolution, Alex Décotte.
Média et société, Stelio Molo.
Passeport pour l'immortalité, Pierre Baierlé.

BIOGRAPHIES

Corneille ou le Shakespeare français, René Guerdan.
Danton, le tribun de la révolution, Daniel Lacotte.
Gala, Chantal Vieuille.
Georges Simenon, romancier de l'instinct, Pierre Debray-Ritzen.
Godfried Keller, Jeanlouis Cornuz.
Hugo, l'homme des misérables, Jeanlouis Cornuz.
La Japolyonnaise, Monique Penissard.
Les séductrices du cinéma, Philippe Durant.
Lucrèce Borgia mon amie, René Guerdan.
Oscar Wilde ou l'amour qui n'ose dire son nom, Maud de Belleroche.
Pasteur, M. Vallery-Radot.
Verdi sous le regard de l'amour, Magda Martini.

L'ENSEIGNEMENT AUJOURD'HUI

Dieu à l'école, Jacques de Coulon.
Il n'y a pas de mauvais élèves, Jürg Jegge.
La tête pleine d'enfants, collectif d'enseignants.
Le bilinguisme, Anna Lietti.
Le toucher, A. Serrero et Gisèle Camy-Guyot.
Les ateliers de cinéma d'animation: film et vidéo, Robi Engler.
Lexique suisse romand-français, Catherine Hadacek.
Pour l'éducation bilingue, Anna Lietti.
Epanouir l'intelligence de votre enfant par le toucher, Anne Serrero.
Voyage dans le monde des sourds, Joëlle Lelu-Laniepce.

PHALANSTÈRE

Le sac à fouilles, Ricet Barrier.
Moi, j'aime les P., Jack Rollan.
Permis de conduire, L. Golovtchiner.
Petite encyclopédie du baiser, J.-L. Tournier.
Petite encyclopédie du rire, Monique Picard.
Portraits de saute-mouton, Janry Varnel.
Raccourcis, Claude Richoz.
Raccourcis II, Claude Richoz.

L'ÂGE D'OR DES LOISIRS

A la découverte de l'or en France, Xavier Schmitt.
Découvrez et maîtrisez le scrabble, Didier Clerc.
La chasse au trésors, Emmanuel Haymann.
Les recettes de vos vedettes, Jacques Bofford.
Répondez-moi, Monsieur Jardinier, Jean-Claude Gigon.

LES CAILLOUX BLANCS

Bon vent l'Iceberg, Pascale Allamand.
Guillaume Tell, P. Allamand et H. Dès.
La planète des gosses, Gérard Bruchez.

S COMME SPORT

Arc et arbalète, Pierre Dubay.
Caisses à savon, Micha Grin.
Check-lists du plaisancier, Georges Maisonneuve.
Delta, Jean-Bernard Desfayes.
Jogging = santé, Heinz Schild.
Médecine & Sport de montagne, Dr Jean-Louis Etienne.
Pierre Fehlmann: gagner la mer, P. Fehlmann et G. Piaget.
Roller skate, Alain-Yves Beaujour.
Ski acro: le ski libre, M. Luini et A. Brunner.
Sport en sécurité, Harold Potter.
Tout sur le breakdance et la hip-hop culture, Mister Fresh.
Trial et motocross, Bernard Jonzier.

EN SUISSE

Affaire de la bière au cyanure, Lova Golovtchiner.
Alerte citoyens !, Claude Monnier.
Armes individuelles suisses, Clément Bosson.
Asile en péril, Jésus Moreno.
Au film des jours, Pierre-Pascal Rossi.
Ceux qui font Genève, Michel Baettig.
Les obsessions tactiques d'un publiciraire, Georges Caspari.
Dehors !, Valérie Bory.
Faites diligence, J.-Charles et C. Froidevaux.
Genève doit-elle rester Suisse ?, Michel Baettig.
Histoire et actualité des chercheurs d'or, P.-A. Gonet.
L'album privé du général Guisan, Liliane Perrin.
La reine Berthe, Armand Lombard.
La Romandie chante, M. Grin et D. Curchod.
La Romandie dominée, G. Grimm-Gobat.
La Suisse et le défi européen, Pierre Du Bois.
Le colonel fasciste suisse, Arthur Fonjallaz, Claude Cantini.
Le dossier Medenica, B. Robert-Charrue.
Le sadique de Romont, Pijac.
Les petits déjeuners, Patrick Ferla.
Musiques de Romandie, Ch.-H. Bovet.
Pour une politique humaniste, Félix Glutz.
Roger Nordmann ou les chaînes du bonheur, Patrick Nordmann.

THÉÂTRE SUISSE

Dr Jekyll et Lady Hyde, Philippe Cohen.
Hôtel des familles, Philippe Lechaire.
Le cas, Andreas Brügger.
Les enfants de la truie, G. Sallin.
Lettres à une inconnue, Philippe Lüscher.
Papillonnement, Stéphan Honegger.
Scoop, Roland Berger.
Ta gueule, Pierre Naftule.
Une révolution en été, Michel Buenzod.

DIVERS

Amour et pouvoir, Gabrielle Nanchen.
Contre-enquête, P. Auchlin et F. Garbely.
Guide des carnavals du monde entier, Jean-Pierre Tzaud.
Le juge et son bourreau, Friedrich Durrenmat.
Les aventures de Célestin le petit moine, Kurt von Ballmoos.
Medical Engravings of 19th Century, P. Stein.
Parlons sexe, Dr Ruth Westheimer.
Tell 73, Kurt von Ballmoos.
Tout sur la breakdance, Mister Fresh.
Das Zürcher Schauspielhaus von 1921 bis 1938, Hervé Dumont.

Impression réalisée sur CAMERON par

BRODARD & TAUPIN

GROUPE CPI

La Flèche
en juin 2002

Imprimé en France
N° d'impression : 13575
Dépôt légal : juin 2001